ROCHES
ET MINÉRAUX

ROCHES ET MINÉRAUX

CHRIS PELLANT

Conseillère

HELEN PELLANT

Photographies de

HARRY TAYLOR

BORDAS

A Dorling Kindersley Book

Édition originale :
Eyewitness Handbook - Rocks and Minerals

— ◆ —

Édition française :
Traduction et adaptation : Abigail Caudron et Michel Janssens
Supervision scientifique : Karl Theunissen
Fabrication : Fabienne Rousseau
Édition : Yves Verbeek, Mathilde Majorel
Responsable d'édition : Jean Arbeille

Composition, mise en pages et films :
Charente Photogravure, L'Isle-d'Espagnac

ISBN : 2-04-760038-3
Dépôt légal : avril 2001
N° Editeur : 10081193
Achevé d'imprimer en mars 2001 à Singapour,
sur les presses de Kyodo Printing Co.

SOMMAIRE

COLLECTIONNER LES ROCHES ET LES MINÉRAUX

Les roches et les minéraux sont les composants fondamentaux de la croûte terrestre. Les collectionner et les étudier peut être une activité à la fois gratifiante et absorbante, impliquant voyages, recherches multiples, temps consacré au classement. Votre collection s'enrichissant, vous pouvez échanger des échantillons avec d'autres amateurs passionnés et acheter, auprès des revendeurs, des spécimens difficiles à trouver.

UNE EXPÉDITION sur le terrain peut vous conduire près de chez vous… ou à l'autre bout du monde. Vous pourrez trouver des parois rocheuses au bord de la mer, ou le long des rivières, ou encore dans les affleurements créés par l'homme : carrières, tranchées des routes, canaux de drainage… Récoltez les échantillons avec modération et traitez les sites naturels avec égards ; ne créez pas de nouvelles carrières en ôtant de grandes quantités de roche.

ÉCHANTILLONS DE TERRAIN

Vous pouvez explorer un site où, des millions d'années plus tôt, des fluides brûlants — probablement associés à du magma en fusion — ont formé des minéraux dans les couches supérieures. Vous pouvez y trouver plusieurs spécimens différents : des roches telles que le granite et le calcaire, et des minéraux comme la fluorite…

FALAISE MARITIME
Fouillez le rivage au pied des falaises pour les spécimens de roches et de minéraux. Les sites miniers abandonnés, tel ce sommet de falaise, sont d'excellents gisements.

GRANITE

le granite se trouve souvent dans des carrières désaffectées

CALCAIRE À CRINOÏDES

le calcaire à crinoïdes se rencontre dans des falaises de calcaire

FLUORITE CRISTALLINE

la fluorite cristalline se trouve souvent dans d'anciens crassiers miniers

Cartes géologiques

Elles montrent, par la couleur, les formations rocheuses d'une zone donnée et fournissent des informations sur l'allure des roches sous la surface. Les flèches de pente montrent la façon dont les roches descendent sous le sol ; les chiffres donnent les angles d'inclinaison par rapport à l'horizontale. Regardez d'abord la carte à une certaine distance afin d'en avoir une vue d'ensemble avant d'en étudier le détail. Ces cartes s'obtiennent dans les instituts de cartographie et les musées.

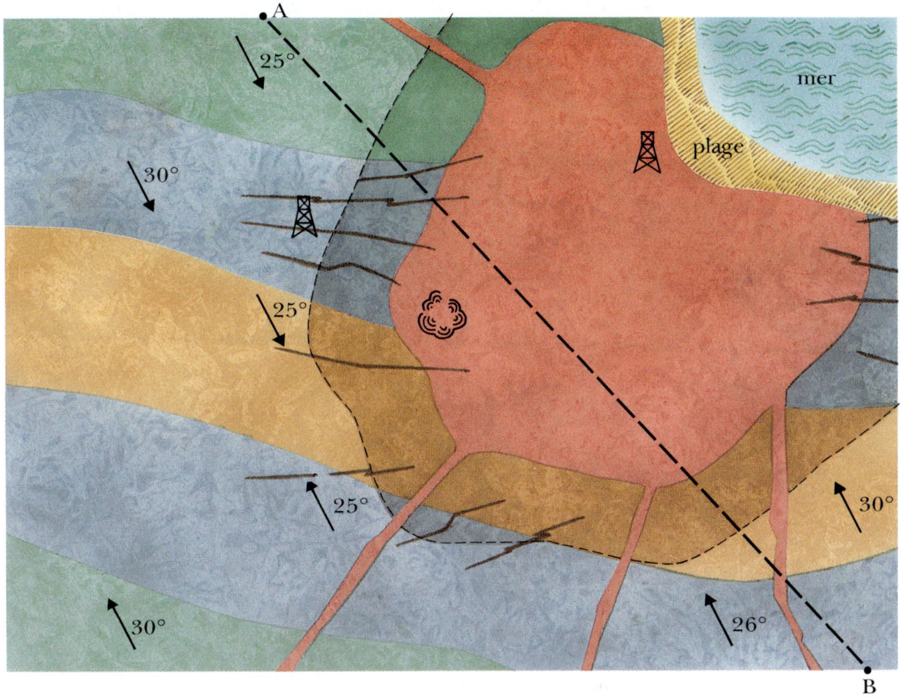

Légendes

- granite
- schiste argileux
- calcaire
- grès
- filons minéraux
- pente des couches
- mine
- carrière
- cornéenne
- marbre
- métaquartzite

} Dans l'auréole de métamorphisme (cornéenne, marbre, métaquartzite)

Coupe

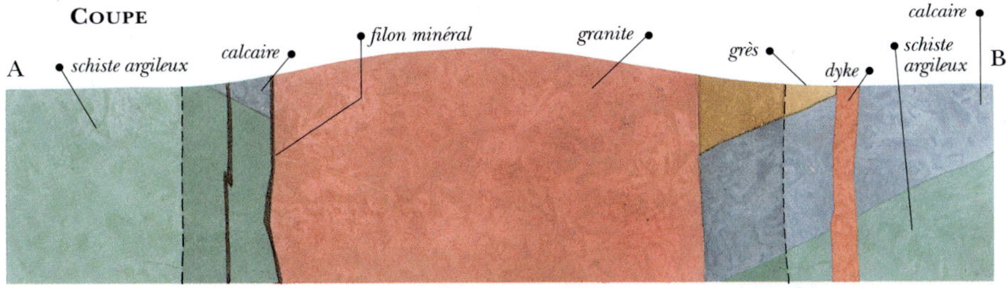

ÉQUIPEMENT DE TERRAIN

AVANT de partir sur le terrain, contrôlez votre matériel de base. Les cartes géologiques sont d'une grande utilité (voir p. 7) ; les couleurs imprimées pouvant masquer certaines caractéristiques du sol, (routes, carrières…), munissez-vous également de cartes à grande échelle afin de repérer votre site. Prenez une boussole pour les endroits où il n'y a que peu de repères. Au pied des falaises ou près des parois rocheuses, le port du casque est obligatoire. Des lunettes protégeront vos yeux des éclats de roche lors de l'utilisation du marteau, et portez des gants épais. Munissez-vous d'un marteau de géologue afin de briser les échantillons trouvés sur le sol, mais n'en abusez pas. Plusieurs burins peuvent se révéler utiles pour extraire les différents minéraux. Prenez des notes, faites des photos ou des films vidéo des sites de prélèvement. En effet, sans la description du lieu de prélèvement, les spécimens ont peu de valeur scientifique.

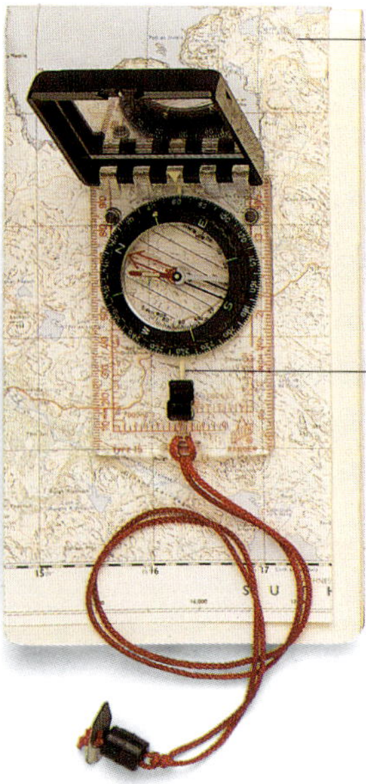

LOCALISATION DU SITE
S'il y a peu de points de repère, une boussole et une carte vous aideront à localiser votre site.

PROTECTION SUR LE TERRAIN
Un casque, des lunettes de protection et des gants épais sont indispensables : même la chute d'un petit fragment de roche peut provoquer des blessures.

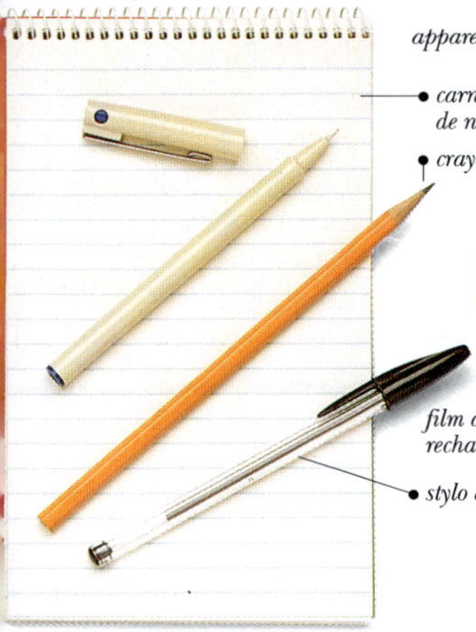

Enregistrement des échantillons

Les échantillons sont de peu d'intérêt sans des informations précises sur leur localisation. Notez les détails immédiatement sur le site, car vous risquez d'en oublier. Consignez vos observations dans un petit carnet et photographiez les différentes strates ou structures des roches. Si vous avez une caméra vidéo, profitez-en pour réaliser des enregistrements audiovisuels.

Loupe de terrain

Une loupe (grossissement × 10) vous permettra de voir au mieux les différents détails, ce qui facilitera l'identification de vos spécimens.

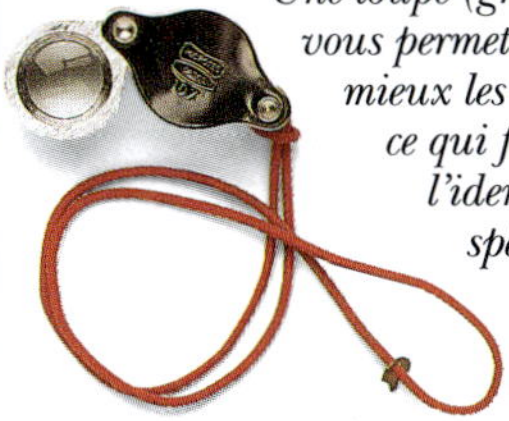

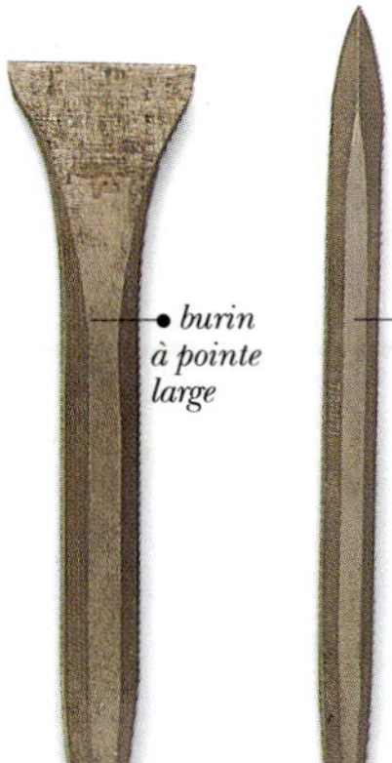

Prise et emballage des échantillons

N'employez votre marteau que pour briser les roches se trouvant déjà sur le sol. Ne créez jamais de nouvelles carrières. Emballez vos échantillons dans du papier journal, de vieux vêtements ou du plastique d'emballage à bulles d'air. Étiquetez soigneusement chacun de ceux-ci.

MATÉRIEL NÉCESSAIRE CHEZ SOI

VOUS AVEZ COLLECTÉ et rapporté vos spécimens. Il va falloir passer à l'identification et à l'exposition ou au stockage. Votre trousse doit contenir l'équipement montré ci-dessous. Beaucoup d'échantillons seront recouverts de terre et de débris : vous devrez donc bien les nettoyer, avec une brosse douce. Évitez de marteler les spécimens avec des outils durs ou pointus, à moins que vous ne désiriez mettre en évidence de nouvelles surfaces. Prenez l'échantillon dans la main pendant que vous le brossez : un étau ou une presse métallique pourraient l'endommager. Si vous préparez un spécimen de roche dure, tels le granite ou le gneiss, vous ne risquez guère de l'abîmer, même avec une brosse grossière et de l'eau courante. Pour des minéraux délicats, comme les cristaux de calcite, employez de l'eau distillée et une très fine brosse. Pour les minéraux qui se dissolvent dans l'eau (les cubes de halite perdent leurs arêtes), employez d'autres liquides. L'alcool élimine les nitrates, les sulfates et les borates, et l'acide chlorhydrique dilué est un bon nettoyant, mais il dissout les carbonates. Des silicates plongés dans l'acide toute une nuit seront débarrassés de la pellicule de débris carbonatés.

OUTILS DE GRATTAGE ET D'EXTRACTION

Débarrassez les débris de certains de vos spécimens avec des ustensiles métalliques pointus. Un outil pointu, tel un poinçon, est très utile pour extraire du matériel, mais prenez beaucoup de précautions pour ne pas abîmer la roche.

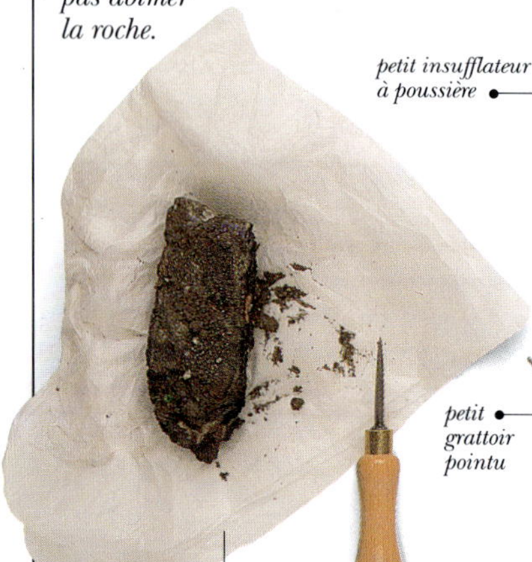

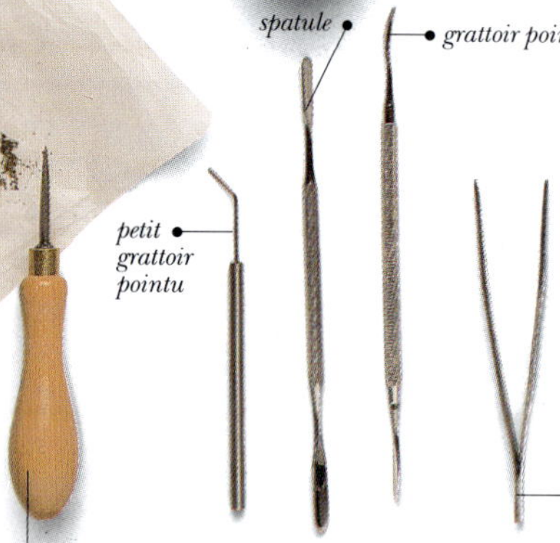

BROSSES DE NETTOYAGE

Elles auront différentes tailles, selon la fragilité de l'échantillon. Un pinceau doux sera préféré pour éliminer les grains de sédiments fins sur les minéraux. Une brosse à ongles sera plus appropriée pour le gneiss ou le gabbro, qu'elle ne pourra pas abîmer.

eau distillée

LIQUIDES NETTOYANTS

Employez de l'eau distillée pour vos opérations de nettoyage, afin d'éviter les composés chimiques qui peuvent réagir avec les minéraux. L'acide chlorhydrique dilué, sans danger, dissout les débris carbonatés.

acide chlorhydrique dilué

TESTS DES MINÉRAUX

Les tests chimiques de base permettent d'identifier les minéraux. Les acides dilués ont des réactions spécifiques selon le minéral : par exemple, l'acide chlorhydrique entre en effervescence avec de nombreux carbonates. Une flamme contrôlée offre un autre bon test. Placez un échantillon sur un morceau de charbon de bois, et concentrez sur lui la flamme d'un bec Bunsen. Le minéral peut colorer la flamme, selon sa composition chimique, ou fondre en petites masses globulaires.

coton-tige pour accéder aux petites cavités

papier-tissu pour absorber les liquides nettoyants

loupe grossissant 10 fois pour l'identification des spécimens

plaque ou tuile de porcelaine à rayer

AIDES À L'IDENTIFICATION

Une plaque à rayer, des outils pour tester la dureté et une loupe sont indispensables. Pour la dureté et le pouvoir rayant des minéraux, *voir pp. 24 et 26.*

POUR TESTER LA DURETÉ

Si vous griffez un minéral avec des objets courants – une pièce de monnaie, un couteau, un morceau de verre ou de quartz – vous pouvez déterminer sa dureté.

spécimen sur plastique à bulles

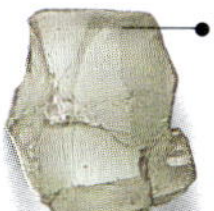

verre indiquant une dureté de 6

quartz indiquant une dureté de 7

pièce de monnaie indiquant une dureté de 3

lame de couteau indiquant une dureté de 5,5

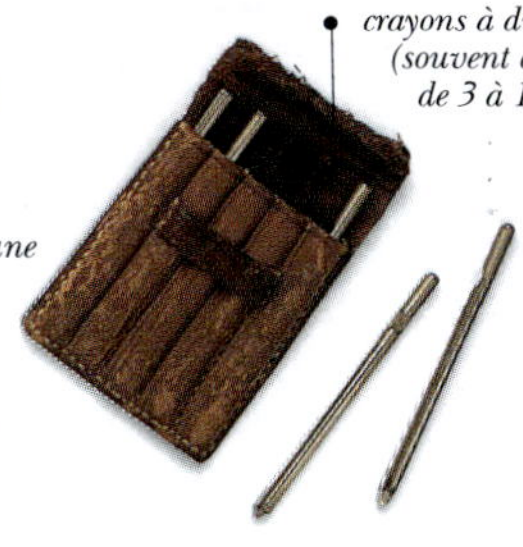

crayons à dureté (souvent classés de 3 à 10)

Conserver sa collection

Une collection de roches et de minéraux n'a de valeur scientifique que judicieusement conservée. Sitôt le nettoyage terminé, vous devez organiser vos échantillons pour les stocker, les étaler, les cataloguer et les étiqueter. Vous voudrez probablement exposer les spécimens les plus attrayants. Conservez-les dans un meuble vitré, sinon la poussière se déposera dans les trous et les renfoncements. Disposez les spécimens délicats dans des plateaux ou des boîtes légèrement plus larges que les échantillons eux-mêmes. Placez une carte d'identification à la base de chaque spécimen, avec son nom, sa localisation d'origine, la date de prélèvement et un numéro de catalogue. Celui-ci peut revêtir la forme d'un fichier de cartes indexées ou d'un système informatisé. Les entrées au catalogue doivent porter un numéro figurant sur la carte d'identification accompagnant le spécimen. Il faut également laisser de la place pour noter des informations complémentaires, notamment sur la géologie locale : les références de la carte, les autres minéraux ou roches présents sur le site, des détails sur la structure de la roche, toutes les caractéristiques observées sur le terrain – peut-être un filon minéral et la roche encaissante –, ainsi que d'autres traits typiques aidant à l'identification.

carnet et stylo à bille

Notes et divers

Transcrivez vos notes de terrain dans votre catalogue. Posez une marque de fluide correcteur ou de peinture blanche (sur un endroit sans importance de votre échantillon) pour noter son numéro.

marque pour numérotation

fluide correcteur

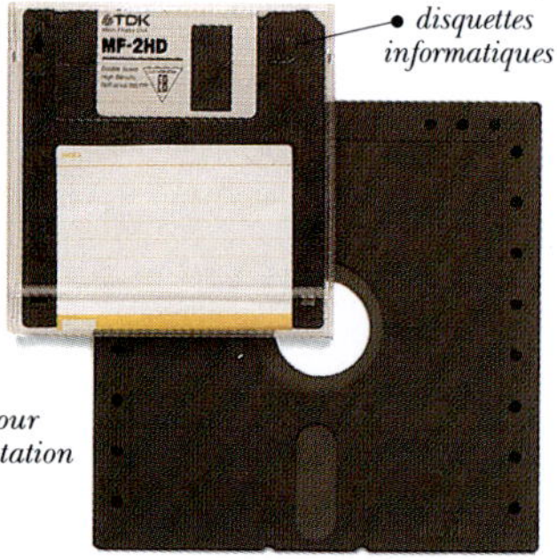

disquettes informatiques

Informatique

Une façon pratique pour stocker, et modifier les données.

cartes pour le catalogue

Cartes indexées

Un tel catalogue, alphabétique, est peu coûteux, sûr et rapide à l'usage. Laissez de l'espace libre pour consigner vos notes et croquis de terrain.

boîte pour cartes indexées

tiroir

STOCKER LES ÉCHANTILLONS

Mettez vos roches et minéraux à l'abri dans un plateau et un meuble à tiroirs. Vous pouvez fabriquer ces plateaux en adaptant des tiroirs aux spécimens, ou les acheter chez un spécialiste. Placez les minéraux les plus fragiles sur un morceau de feutre pour les empêcher de bouger ou de se heurter. De petites boîtes en plastique peuvent aussi faire l'affaire.

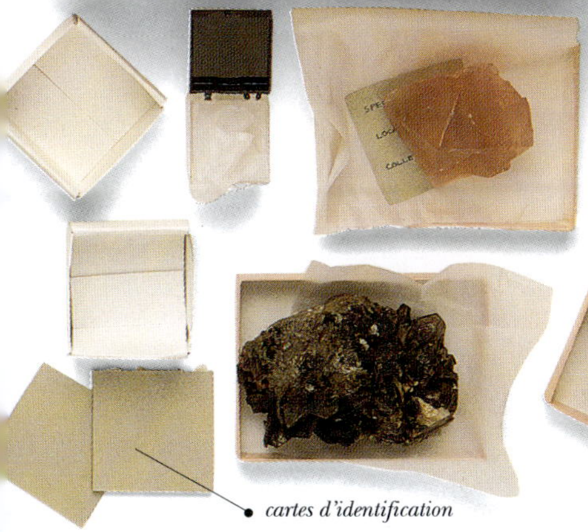

cartes d'identification

plateau tapissé de feutre

Comment employer ce guide

Ce guide est structuré en deux parties : les minéraux, puis les roches. Les minéraux (pp. 46-179) sont divisés en huit groupes chimiques principaux (pp. 20-21). Les groupes de minéraux de formes chimiques les plus simples précèdent les variétés plus complexes. Une petite introduction décrit les caractéristiques générales. Les explications qui suivent donnent des informations plus détaillées sur les minéraux se trouvant dans les groupes. L'exemple annoté ci-dessous présente une description typique. Les roches (pp. 180-249) sont disposées en trois grandes classes (pp. 30-31).

Minéraux

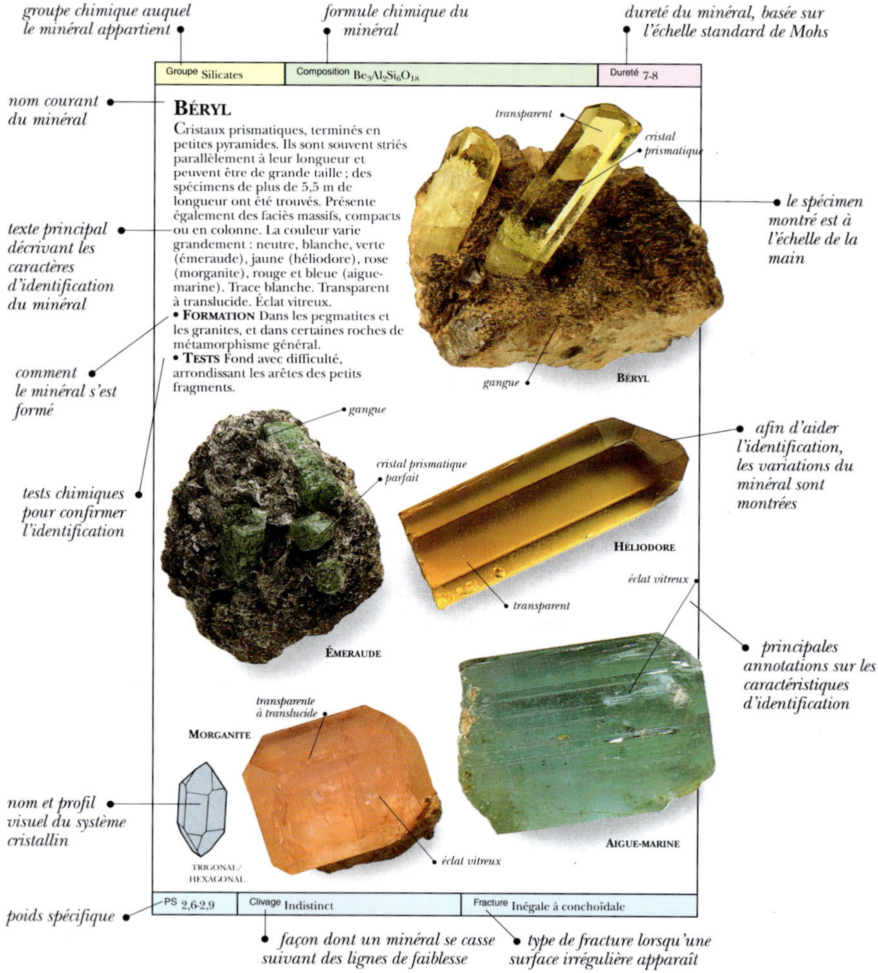

ROCHES MAGMATIQUES

classification de la roche • *matériel à partir duquel la roche a été formée* • *taille des cristaux dans la roche* • *comment les cristaux sont formés (euédrique : bien formé ; anédrique : pauvrement formé)*

Groupe Magmatique | Origine Lave | Taille du grain Fin | Forme cristalline Anédrique, euédrique

SPILITE

Contient moins de 10 % de quartz et de 45 à 55 % de silice au total. Plagioclase souvent riche en sodium. L'augite est aussi un composant essentiel. Le pyroxène contenu est souvent altéré en chlorite.

• **TEXTURE** Finement grenue avec des cavités remplies de gaz. Les amygdales sont parfois visibles, enchâssées dans la gangue.

• **ORIGINE** Dans les coulées de laves sous-marines et les laves en coussin formées sur le fond des océans, dans des zones comme la dorsale médio-atlantique.

amygdales vert pâle enchâssées dans la gangue

Classification Basique | Formation Volcanique | Couleur Sombre

contenu minéral de la roche

description des grains

indications sur les formes détaillées que peut prendre la roche

les spécimens montrés sont de la taille de la main : ils sont suffisamment larges pour y distinguer les détails et donc aider à l'identification

composition chimique : acide, intermédiaire, basique, ultrabasique • *processus par lequel la roche s'est formée* • *description de la couleur : clair, moyen, sombre*

ROCHES MÉTAMORPHIQUES

Groupe Métamorphique | Origine Auréoles de contact | Taille du grain Fin | Classification Contact

situation de formation de la roche

CORNÉENNE À CHIASTOLITE

Roche grise ou brunâtre contenant du quartz et du mica ainsi que de l'andalousite et de la cordiérite. Les cristaux en fines lames qui émergent de la gangue sont de la chiastolite, une variété de l'andalousite.

• **TEXTURE** Composée de cristaux finement grenus de taille régulière et enchâssant des porphyroblastes de chiastolite ; vus par l'extrémité, ils sont rhombiques et disposés sans orientation préférentielle.

• **ORIGINE** Se forme très près des intrusions magmatiques fournissant la chaleur du métamorphisme.

chiastolite en lam

chiastolite rhombique

Pression Élevée | Température Modérée à élevée | Structure Cristalline

intensité de pression pendant le processus de formation de la roche • *indication générale des conditions de température du métamorphisme* • *subdivision selon la structure, ou absence de structure*

ROCHES SÉDIMENTAIRES

Groupe Sédimentaire | Origine Marine | Taille du grain Cristallin

AMBRE

Cette résine de conifères, durcifiée et solidifiée, est tendre et présente un éclat résineux ou subvitreux. Varie de transparente à translucide. Des insectes et de petits vertébrés englués dans la résine d'origine sont parfois trouvés fossilisés dans l'ambre. Roche utilisée en bijouterie.

• **TEXTURE** Fracture conchoïdale. Structure presque cristalline.

• **ORIGINE** Se forme à partir de résine de conifères et s'accumule en dépôts sédimentaires.

fracture conchoïdale

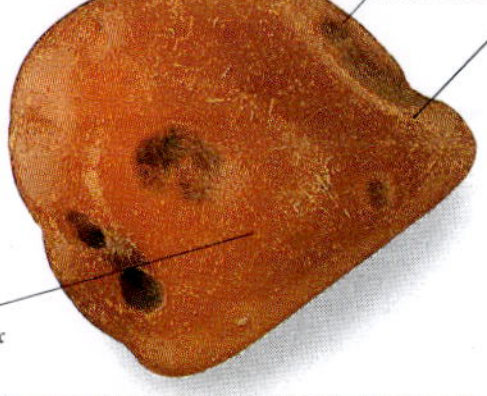

éclat résineux

spécimen montré tel qu'il peut être observé sur le terrain — mais soigneusement nettoyé afin de mettre en évidence ses propriétés visibles

Classification Organique | Fossiles Vertébrés, invertébrés | Forme du grain Aucune

type de roche, déterminé suivant l'origine des grains • *indication sommaire du type de fossile que la roche peut contenir* • *description de la forme des grains*

Minéral ou roche ?

Les roches sont constituées de minéraux (habituellement plusieurs, rarement un ou deux) et les minéraux d'éléments chimiques : les uns, d'un seul élément, tels les éléments natifs comme l'or ou le cuivre ; les autres, de plusieurs éléments liés pour former un matériau complexe, comme les minéraux silicatés des roches, par exemple les feldspaths, pyroxènes, amphiboles et micas.

Qu'est-ce qu'un minéral ?

Par définition, un minéral est un corps qui présente une chimie fixe (avec des composés chimiques constants) et des propriétés physiques qui, bien que variant légèrement, sont elles aussi sensiblement constantes. De plus, tous les minéraux sont inorganiques, et ils se forment de manière naturelle. Ils peuvent, par exemple, se former dans la lave volcanique.

Propriété physique

Tous les spécimens d'un même minéral auront une structure atomique similaire.

Propriété chimique

Chaque minéral a une chimie précise, avec des composants chimiques constants.

Rhomboèdres clivés de calcit[e]

Formation naturelle

Les minéraux cristallisent souvent à partir d'un fluide, telle la lave, avant ou après que celle-ci ait jailli à la surface de la terre (à gauche). Une croûte minérale peut également se former autour de la cheminée d'un volcan.

QU'EST-CE QU'UNE ROCHE ?

Les roches sont les composés essentiels de notre planète. Leur classification, plus simple que celle des minéraux, se subdivise en seulement trois groupes principaux, déterminés par les différents processus de formation : magmatique, métamorphique et sédimentaire (pp. 30-31). Les roches sont formées de nombreuses particules de minéraux différents.

ROCHE : UN AGRÉGAT DE MINÉRAUX

Le granite est composé de trois minéraux majeurs : quartz, mica, et feldspath, qui s'emboîtent en fonction de leur cristallisation au cours du refroidissement du magma. Le quartz est gris et vitreux, le feldspath est pâle, souvent à cristaux prismatiques, le mica est brillant et sombre ou argenté.

QUARTZ

Minéral commun dans le granite ; de couleur pâle, il est dur.

FELDSPATH

Deux types de feldspaths dans le granite. Dans la roche, ils forment souvent de beaux cristaux.

MICA

Formant de petits cristaux vitreux dans le granite, le mica peut être de la biotite sombre ou de la muscovite pâle.

GROS PLAN MICROSCOPIQUE

Le granite ci-contre est représenté à un grossissement approximatif par 30. Notez la façon dont les cristaux formant la roche sont bien emboîtés les uns dans les autres.

FORMATION DES MINÉRAUX

LA CROÛTE TERRESTRE est faite de roches, elles-mêmes formées de minéraux. Les beaux spécimens de minéraux proviennent fréquemment des filons, fractures dans la croûte terrestre où circulent des fluides très chauds. On en trouve aussi dans les roches magmatiques, provenant du magma (roche en fusion sous la surface) refroidissant ou de la lave (roche en fusion éjectée à la surface). Des minéraux se forment dans les roches métamorphiques, par altération de la roche déjà existante. Dans quelques roches sédimentaires, (calcaires, évaporites, minerais de fer), des minéraux se développent à partir des solutions à basse température, souvent près de la surface.

FILONS MINÉRAUX

Minéraux en forme de panneaux, ils recoupent souvent les structures de la roche. À l'origine, il pouvait y avoir des failles aux endroits où les roches ont été fracturées, et où une masse de roche s'est déplacée par rapport à une autre, ou encore des joints, là où les fractures existent sans mouvements. Les filons peuvent être pleins de minéraux ou de roche fragmentée.

CASSITÉRITE

minéral typique d'un filon hydrothermal

minéral filonien typique formé dans une solution chimique chaude au-dessous de la croûte terrestre

QUARTZ LAITEUX

FILON DE QUARTZ

Un filon de quartz blanc laiteux recoupant une ardoise sombre. Formé à l'origine à grande profondeur, le filon a ensuite été exposé à la désagrégation et à l'érosion.

ROCHES MAGMATIQUES

Les minéraux s'y forment (voir p. 32) lorsque le magma se solidifie. Les plus denses, comme les silicates ferromagnésiens incluant l'olivine et le pyroxène, se forment aux températures les plus élevées ; les moins denses (feldspath, quartz) lors du refroidissement. Ces minéraux, croissant sans encombrement, présentent une forme cristalline nette.

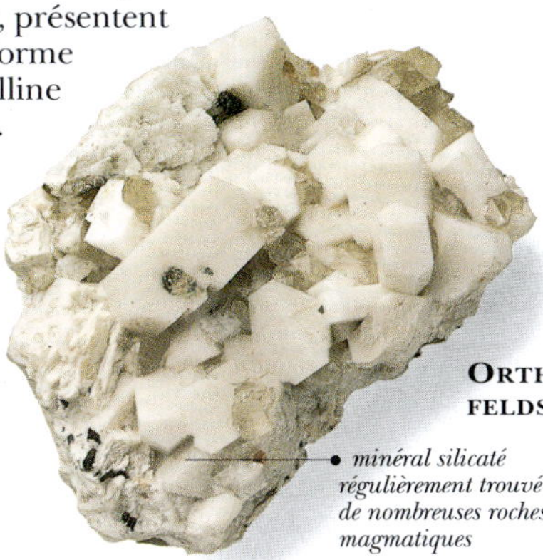

ORTHOSE FELDSPATH

minéral silicaté régulièrement trouvé dans de nombreuses roches magmatiques

AFFLEUREMENT DE GRANITE

Un affleurement de la roche magmatique, le granite, montre de gros cristaux de feldspath dans le fondement de la roche.

ROCHES MÉTAMORPHIQUES

Une série de minéraux (grenat, mica, disthène) se forment dans les roches métamorphiques (voir p. 34). La température et la pression peuvent réorganiser la chimie des roches existantes pour créer de nouveaux minéraux; un fluide chimiquement potentiel circulant à travers la roche peut également ajouter certains éléments.

GRENAT

almandin, un grenat fréquemment trouvé dans les roches métamorphiques

MICA MUSCOVITE

minéral pelliculaire trouvé dans beaucoup de roches métamorphiques, spécialement les schistes

AFFLEUREMENT DE SCHISTE

Les schistes se forment là où les roches ont été intensément plissées, au sein de la croûte terrestre.

COMPOSITION DES MINÉRAUX

LES MINÉRAUX sont faits soit d'une combinaison d'éléments chimiques, soit d'un seul élément, lorsqu'ils sont connus comme étant des éléments natifs. La composition est représentée par la formule chimique. La formule de la fluorite est CaF_2 : les atomes de calcium (Ca) sont combinés avec des atomes de fluor (F). L'indice ($_2$) précise qu'il y a deux atomes de fluor pour un atome de calcium. Les minéraux sont regroupés en fonction de leur composition.

ÉLÉMENTS NATIFS

Ceux-ci sont faits d'atomes d'un seul élément qui n'est pas combiné avec d'autres. Ce groupe, relativement petit, comprend une cinquantaine de membres, dont certains sont très rares et d'une grande valeur commerciale.

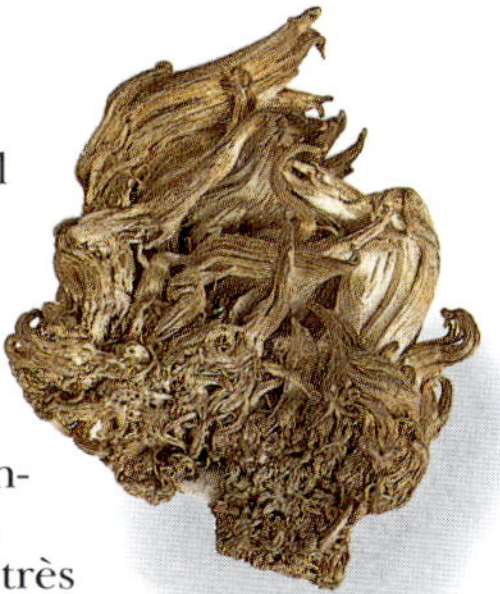

ARGENT

SOUFRE

HALOGÉNURES

Tous les minéraux de ce groupe contiennent au moins un halogène : fluor, chlore, brome, ou iode. Les atomes de ces éléments se combinent avec des atomes métalliques pour former des minéraux tels que l'halite (sodium et chlore) ou la fluorite (calcium et fluor). C'est un petit groupe de minéraux d'environ cent membres.

HALITE

OXYDES ET HYDROXIDES

Groupe de plus de 250 minéraux. Les oxydes ont de l'oxygène (O ou O_2) dans leur structure chimique, les hydroxydes de l'oxygène et de l'hydrogène (OH ou OH_2).

HÉMATITE

SULFURES

C'est un groupe commun de plus de 300 minéraux, qui se forment lorsque des atomes de soufre (S ou S_2) se combinent avec des atomes d'autres éléments, principalement des métaux. La pyrite (sulfure de fer) et le réalgar (sulfure d'arsenic) sont des exemples de ce groupe.

PYRITE

RÉALGAR

OPALE

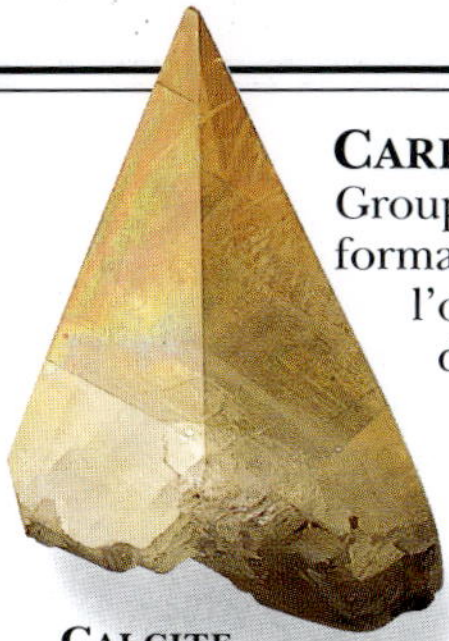

CALCITE

CARBONATES
Groupe de 200 minéraux se formant lorsque le carbone et l'oxygène (CO_3) se lient à d'autres atomes. Un exemple : la calcite est faite de calcium lié à une combinaison de carbone et d'oxygène, ce qui donne du carbonate de calcium ($CaCO_3$).

SULFATES
Minéraux à structure chimique faite de soufre et d'oxygène combinés dans un rapport atomique de 1 : 4 (SO_4).

GYPSE

PYROMORPHITE

PHOSPHATES
Minéraux qui contiennent à la fois du phosphore et de l'oxygène combinés dans un rapport atomique de 1 : 4 (PO_4). Cette structure chimique se combine avec des atomes d'autres éléments pour former le groupe des phosphates.

SILICATES
Groupe important et commun de plus de 500 minéraux, combinaisons de multiples atomes, souvent d'éléments métalliques, avec une structure de base silicatée : un mélange de silice et d'atomes d'oxygène, souvent dans des rapports atomiques de 1 : 4 ou de 2 : 7.

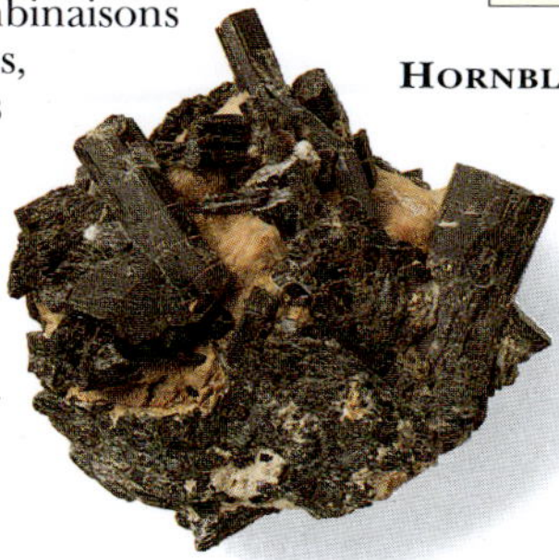

HORNBLENDE

GRENAT GROSSULAIRE

ÉLÉMENTS CHIMIQUES

Symbole	Nom	Symbole	Nom
Ac	Actinium	Mn	Manganèse
Ag	Argent	Mo	Molybdène
Al	Aluminium	N	Azote
Am	Américium	Na	Sodium
Ar	Argon	Nb	Niobium
As	Arsenic	Nd	Néodyme
At	Astate	Ne	Néon
Au	Or	Ni	Nickel
B	Bore	No	Nobélium
Ba	Baryum	Np	Neptunium
Be	Béryllium	O	Oxygène
Bi	Bismuth	Os	Osmium
Bk	Berkélium	P	Phosphore
Br	Brome	Pa	Protactinium
C	Carbone	Pb	Plomb
Ca	Calcium	Pd	Palladium
Cd	Cadmium	Pm	Prométhium
Ce	Cérium	Po	Polonium
Cf	Californium	Pr	Praséodyme
Cl	Chlore	Pt	Platine
Cm	Curium	Pu	Plutonium
Co	Cobalt	Ra	Radium
Cr	Chrome	Rb	Rubidium
Cs	Césium	Re	Rhénium
Cu	Cuivre	Rh	Rhodium
Dy	Dysprosium	Rn	Radon
Er	Erbium	S	Soufre
Es	Einsteinium	Sb	Antimoine
F	Fluor	Sc	Scandium
Fe	Fer	Se	Sélénium
Fm	Fermium	Si	Silicium
Fr	Francium	Sm	Samarium
Ga	Gallium	Sn	Étain
Gd	Gadolinium	Sr	Strontium
Ge	Germanium	Ta	Tantale
H	Hydrogène	Tb	Terbium
He	Hélium	Tc	Technétium
Hf	Hafnium	Te	Tellure
Hg	Mercure	Th	Thorium
Ho	Holmium	Ti	Titane
I	Iode	Tl	Thallium
In	Indium	Tu	Thulium
Ir	Iridium	U	Uranium
K	Potassium	V	Vanadium
Kr	Krypton	W	Tungstène
La	Lanthane	Xe	Xénon
Li	Lithium	Y	Yttrium
Lu	Lutétium	Yb	Ytterbium
Lw	Lawrencium	Zn	Zinc
Md	Mendelévium	Zr	Zirconium
Mg	Magnésium		

CARACTÉRISTIQUES DES MINÉRAUX

LES MINÉRAUX se reconnaissent à certaines propriétés. Une approche scientifique s'impose pour les identifier. Il faut observer successivement la couleur (p. 26), l'éclat (p. 27), l'apparence (p. 23), la dureté (p. 25), le poids spécifique (p. 25) et la trace (p. 26). Si le clivage et la fracture ne sont pas évidents, brisez le minéral.

SYSTÈME CRISTALLIN

Les formes géométriques dans lesquelles les minéraux cristallisent sont organisées, en fonction de leur symétrie, dans six groupes principaux, appelés systèmes cristallins. Dans chaque système, de nombreuses formes sont possibles, mais toutes peuvent être mises en rapport avec la symétrie de ce système. L'apparence du minéral permet de prévoir à quel système cristallin il appartient. Le petit diagramme bleu qui apparaît avec chaque minéral représente son système cristallin.

sélénite

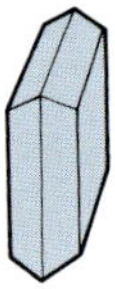

MONOCLINIQUE
Système très courant qui a un faible degré de symétrie par rapport à celui du système cubique.

pyrite

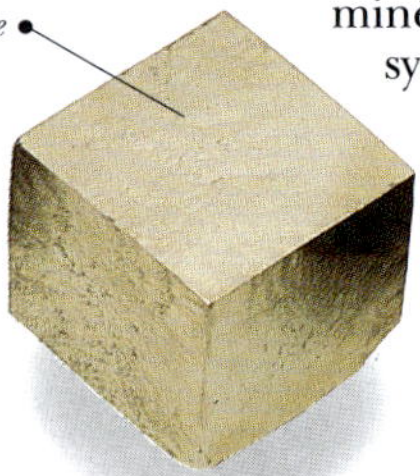

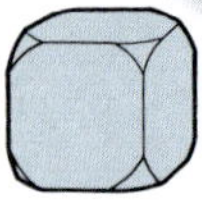

CUBIQUE
Cristaux essentiellement en forme de cubes ; cette catégorie regroupe aussi des cristaux de formes octaédriques (8 côtés) ou dodécaédriques (12 côtés).

barite

axinite

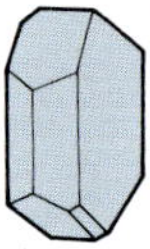

TRICLINIQUE
Le moins symétrique des systèmes cristallins.

idocrase

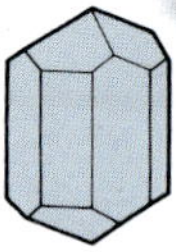

TÉTRAGONAL
Une forme habituellement plus allongée que celle du cube.

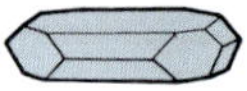

ORTHORHOMBIQUE
Formes prismatiques et tabulaires aplaties sont les traits typiques de ce système.

béryl

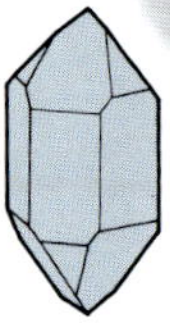

HEXAGONAL/ TRIGONAL
Deux systèmes regroupés ici, leur symétrie étant similaire.

Le faciès

Il décrit la forme réelle d'un échantillon. Soit la forme d'un système cristallin, comme ceux décrits ci-contre ; soit une forme qui, n'étant pas clairement reliée à un système cristallin, est décrite en d'autres termes, expliqués ci-dessous.

DENDRITIQUE
Forme arborescente.

LAMELLÉ
Ressemble à une lame de couteau.

PRISMATIQUE
Montre une section transversale uniforme.

ACICULAIRE
Masses d'aiguilles fines.

PRISMATIQUE
Prismes à terminaisons hexagonales.

MASSIF
Ne présentant pas de forme définie.

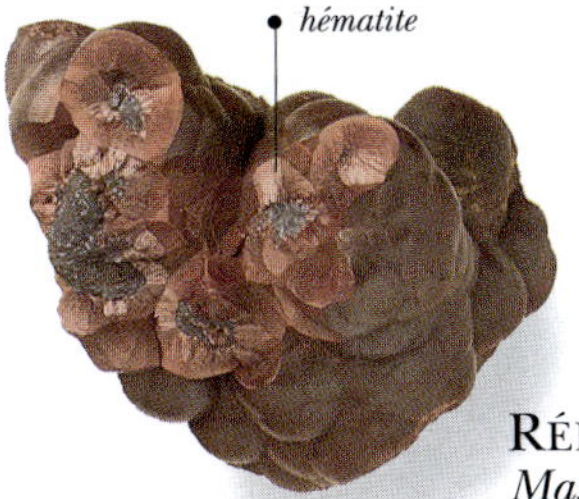

RÉNIFORME
Masses arrondies en forme de reins.

Maclage

Des cristaux à la surface d'un minéral croissent fréquemment accolés. Ou simplement ils se touchent, ou un cristal en pénètre un autre. Le maclage est commun dans les minéraux des filons et des cavités ; il l'est moins dans des situations de formation de roche, par exemple là où les minéraux cristallisent à partir du magma ou de la lave.

MACLES PAR ACCOLEMENT
Masse radiaire de cristaux accolés.

MACLES DE PÉNÉTRATION
Montrant deux parties d'un cristal en intercroissance.

CLIVAGE

C'est l'aptitude du minéral à se fendre, suivant des plans de faiblesse bien définis, souvent situés entre les couches d'atomes, ou aux endroits à liens atomiques faibles. Les surfaces de clivage sont en général moins parfaites que les faces d'un cristal, bien que presque uniformes et réfléchissant la lumière de manière régulière. Le clivage est décrit comme parfait, distinct, indistinct ou absent.

CLIVAGE BASAL PARFAIT

cassé parallèlement à la base du cristal de lépidolite

le spath d'Islande montre un clivage parfait

CLIVA… RHOMBOÉDRIQU… PARFA…

CLIVAGE CUBIQUE PARFAIT

cassure en forme de cube dans la galène

CLIVAGE PRISMATIQUE

les surfaces sont parallèles à un prisme dans la cérusite

FRACTURE

Un minéral brisé montre des surfaces rugueuses et inégales, appelées fractures. Les surfaces de clivage sont habituellement plates : par des coups de marteau répétés, on obtient la même forme. C'est différent avec une fracture. La plupart des minéraux se clivent et se fracturent ; certains se fractureront seulement. On parlera de fracture inégale, conchoïdale (comme un coquillage), éclatée ou irrégulière.

FRACTURE INÉGALE

surfaces rugueuses et inégales d'un cristal de roche

CONCHOÏDALE

fracture en courbe dans l'opale

DURETÉ

Le test de dureté (résistance à la rayure) est précieux pour identifier un minéral. La classification établie par Friedrich Mohs va de 1 (talc) à 10 (diamant). Chaque minéral classé peut rayer les minéraux moins durs, donc inférieurs dans la classification. La calcite rayera donc le gypse mais pas la fluorite. Les minéraux peuvent aussi être testés avec des objets courants : un minéral rayé par une pièce de monnaie présente une dureté inférieure à 3,5.

ONGLE : 2,5

PIÈCES DE MONNAIE : 3,5

LAME DE COUTEAU : 5,5

VERRE : 6

QUARTZ : 7

ÉCHELLE DE DURETÉ DE MOHS

ALC : 1
GYPSE : 2
CALCITE : 3
FLUORITE : 4
APATITE : 5
ORTHOSE : 6
QUARTZ : 7
TOPAZE : 8
CORINDON : 9
DIAMANT : 10

POIDS SPÉCIFIQUE

Le poids d'un minéral comparé avec le poids d'un volume égal d'eau donne son poids spécifique. Exemple numérique : un PS de 2,5 indique que le minéral est deux fois et demi plus lourd que l'eau. L'échantillon de quartz (à droite), quoique plus grand que celui de galène, pèse moins, puisqu'il présente un PS inférieur.

GALÈNE
PS : 7,5

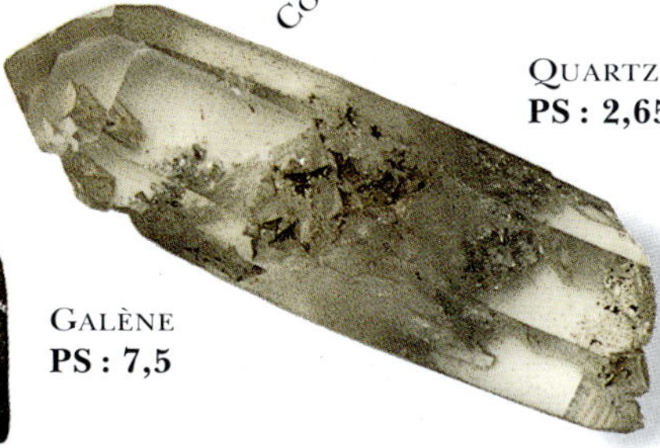

QUARTZ
PS : 2,65

COULEUR

La couleur d'un minéral – observé à la lumière naturelle – est un trait d'identification évident pour les minéraux à couleurs caractéristiques. Il est cependant dangereux de se baser sur la couleur seule. De nombreux minéraux, tel le quartz, présentent une grande variété de couleurs et beaucoup sont blancs ou incolores. La sélection de quartz ci-dessous montre la gamme de couleurs observées dans les minéraux.

ROSE

BLANC - BLANC-GRIS

JAUNE - BRUN JAUNÂTRE

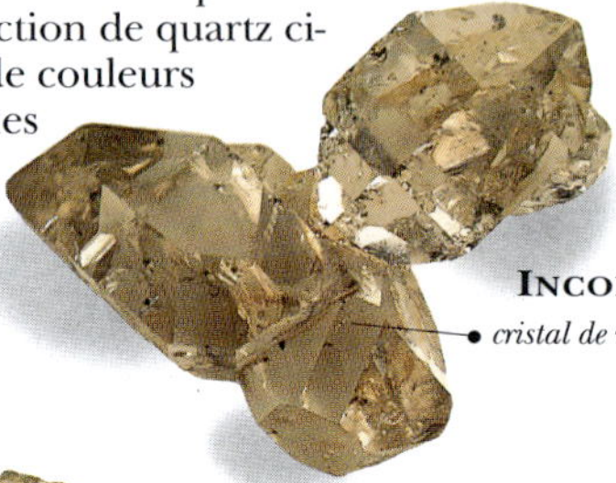

INCOLORE

BRUN-NOIR

VIOLET-POURPRE

TRACE

La couleur de la poudre d'un minéral se nomme trace. Elle se visualise en frottant l'échantillon sur un morceau de porcelaine non polie. Si vous testez un minéral très dur, écrasez-en un petit morceau avec le marteau ou frottez-le sur une surface très dure. La trace peut être un meilleur moyen d'identification que la couleur, car elle est plus constante.

orpiment

JAUNE OR

hématite

BRUN-ROUGE

crocoïte

JAUNE

chalcopyrite

NOIR

cinnabarite

ROUGE

molybdénite

GRIS

Transparence

Ce terme se réfère à la façon dont la lumière passe à travers un minéral. Ce caractère est fonction des liaisons atomiques du minéral. Les spécimens qui permettent de voir à travers eux sont transparents. Si la lumière passe, mais sans que l'objet puisse être vu clairement, on dira qu'il est translucide. Lorsque la lumière ne peut pas passer, même si le spécimen est taillé très fin, ce dernier est opaque.

Transparent

des objets vus à travers de la calcite rhomboédrique apparaissent doublés à cause de la double réfraction

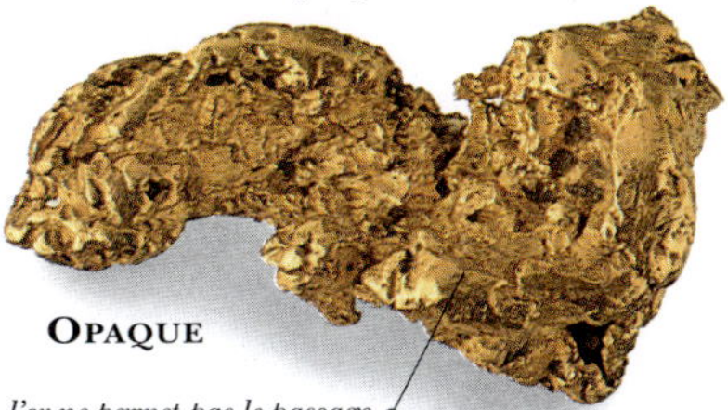

Opaque

l'or ne permet pas le passage de la lumière

Translucide

l'aigue-marine permet le passage de la lumière

Éclat

L'éclat suggère la façon dont la lumière est réfléchie à la surface d'un minéral. Son type et son intensité varient selon la nature de la surface du minéral et la quantité de lumière absorbée. Des termes de reconnaissance assez explicatifs sont employés pour le décrire : terne, métallique, perlé, vitreux, gras et soyeux.

Vitreux

cristal de roche quartzique avec des surfaces vitreuses

éclat graisseux d'une surface de halite

Gras

Soyeux

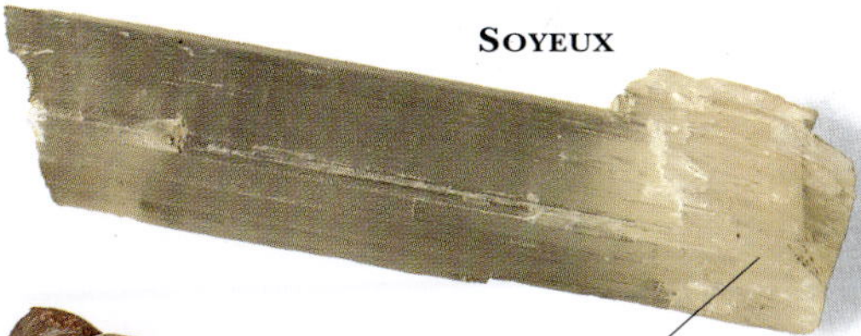

gypse « spath satin » avec une surface soyeuse

éclat métallique d'une surface de galène

Métallique

Terne, métallique

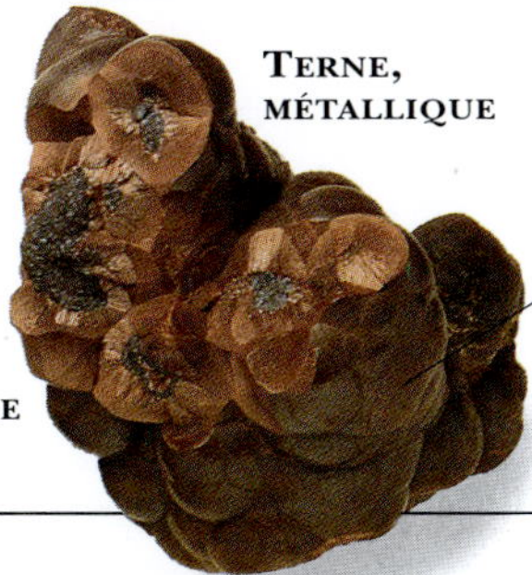

éclat terne et métallique de l'hématite

IDENTIFICATION DES MINÉRAUX

POUR AIDER à l'identification, les minéraux sont regroupés selon leur dureté ; les propriétés évidentes et fiables sont données à la suite.

CLEF DES ABRÉVIATIONS :
conc.-conchoïdale ; dis.-distinct ; imp.-imparfait ; ind.-indistinct ; iné.-inégale ; l.-lourd ; moy.-moyen ; non dét.-non déterminé ; oct.-octaèdre ; par.-parfait ; pin.-pinachoïdale ; prism.-prismatique ; rhom.-rhomboédrique ; subconc.-subconchoïdale ; tlég.-très léger ; tlou.-très lourd ; <-moins que ou égal à ; >-plus que.

MINÉRAL	PS	CLIVAGE	FRACTURE
DURETÉ < 2,5			
Acanthite	tlou.	aucun	inégale
Annabergite	l.	parfait	inégale
Artinite	moy.	parfait	inégale
Aurichalcite	l.	parfait	inégale
Autunite	l.	basal parfait	inégale
Bismuth	tlou.	basal parfait	inégale
Bismuthine	tlou.	parfait	inégale
Borax	tlég.	parfait	conc.
Brucite	moy.	parfait	inégale
Carnallite	tlég.	aucun	conc.
Carnotite	l.	basal parfait	inégale
Chalcanthite	moy.	imparfait	conc.
Chlorargyrite	tlou.	aucun	iné.-subconc.
Chrysotile	moy.	aucun	inégale
Cinnabarite	tlou.	prism. parfait	conc.-iné.
Clinochlore	moy.	parfait	inégale
Covellite	l.	basal parfait	inégale
Cryolite	moy.	aucun	inégale
Cyanotrichite	moy.	aucun	inégale
Epsomite	tlég.	parfait	conc.
Érythrite	l.	parfait	inégale
Galène	tlou.	cubique parfait	subconc.
Glauconite	moy.	basal parfait	inégale
Graphite	moy.	basal parfait	inégale
Gypse	moy.	parfait	irrégulière
Halite	moy.	cubique parfait	iné.-conc.
Hydrozincite	l.	parfait	inégale
Jamesonite	tlou.	basal bon	iné.-conc.
Kaolinite	moy.	basal parfait	inégale
Linarite	tlou.	parfait	conc.
Molybdénite	l.	basal parfait	inégale
Muscovite	moy.	basal parfait	inégale
Nitratine	moy.	rhom. parfait	conc.
Orpiment	l.	parfait	inégale
Phlogopite	moy.	basal parfait	inégale
Proustite	tlou.	rhom. distinct	conc.-iné.
Pyrargyrite	tlou.	rhom. distinct	conc.-iné.
Pyrophyllite	moy.	parfait	iné.
Réalgar	l.	bon	conc.
Sépiolite	moy.	non dét.	inégale
Soufre	moy.	basal imp.	iné.-conc.
Stéphanite	tlou.	imparfait	iné.-subconc.
Stibine	l.	parfait	iné.-subconc.
Sylvanite	tlou.	parfait	inégale
Sylvite	tlég.	cubique parfait	inégale
Talc	moy.	parfait	inégale
Torbernite	l.	basal parfait	inégale
Tungstite	tlou.	parfait	inégale
Tyuyamunite	l.	basal parfait	inégale
Ulexite	tlou.	parfait	inégale
Vermiculite	moy.	parfait	inégale
Vivianite	moy.	parfait	inégale
Wad	l.	aucun	inégale
DURETÉ < 3,5			
Adamite	l.	bon	subconc.-iné.
Anglésite	tlou.	basal bon	conc.
Anhydrite	moy.	parfait	iné.-irrégulière
Antigorite	moy.	basal parfait	conc.-irrégulière
Antimoine	tlou.	basal parfait	inégale
Argent	tlou.	aucun	rugueuse
Astrophyllite	l.	parfait	inégale
Atacamite	l.	parfait	conc.

MINÉRAL	PS	CLIVAGE	FRACTURE
Barite	l.	parfait	inégale
Bauxite	moy.	aucun	inégale
Biotite	moy.l.	basal parfait	inégale
Boléite	tlou.	parfait	inégale
Bornite	tlou.	très médiocre	iné.-conc.
Boulangérite	tlou.	bon	inégale
Bournonite	tlou.	imparfait	subconc.-iné.
Calcite	moy.	parfait	subconc.
Célestine	l.	parfait	inégale
Cérusite	tlou.	prismatique dis.	conc.
Chalcosine	tlou.	indistinct	conc.
Chamosine	l.	non dét.	inégale
Clinoclase	l.	parfait	inégale
Copiapite	moy.	parfait	inégale
Crocoïte	tlou.	prismatique dis.	conc.-iné.
Cuivre	tlou.	aucun	rugueuse
Descloisite	tlou.	aucun	iné.-conc.
Énargite	l.	parfait	inégale
Gibbsite	moy.l.	parfait	inégale
Glaubérite	moy.	parfait	conc.
Greenockite	l.	distinct	conc.
Jarosite	moy.l.	distinct	inégale
Leadhillite	tlou.	basal parfait	conc.
Lépidolite	moy.l.	basal parfait	inégale
Millérite	tlou.	rhom. parfait	inégale
Olivénite	l.	indistinct	iné.-conc.
Or	tlou.	aucun	rugueuse
Polybasite	tlou.	basal imp.	inégale
Polyhalite	moy.	parfait	inégale
Strontianite	l.	prismatique par.	inégale
Thénardite	moy.	parfait	inégale
Trona	moy.	parfait	inégale
Vanadinite	tlou.	aucun	conc.-iné.
Volborthite	l.	basal parfait	inégale
Withérite	l.	distinct	inégale
Wulfénite	tlou.	pyramidal dis.	subconc.
DURETÉ < 5,5			
Alunite	moy.	basal distinct	conc.
Analcime	moy.	très médiocre	subconc.
Ankérite	moy.	rhom. parfait	subconc.
Apatite	l.	médiocre	conc.-iné.
Apophyllite	moy.	parfait	inégale
Aragonite	moy.	pin. distinct	subconc.
Azurite	l.	parfait	conc.
Bayldonite	tlou.	aucun	inégale
Brochantite	l.	parfait	conc.-iné.
Chabasite	moy.	indistinct	inégale
Chalcopyrite	l.	médiocre	iné.-conc.
Chromite	l.	aucun	inégale
Chrysocolle	moy.l.	aucun	iné.-conc.
Cobaltite	tlou.	parfait	inégale
Colémanite	moy.	parfait	iné.-conc.
Cuprite	tlou.	oct. médiocre	conc.-iné.
Datolite	moy.	aucun	iné.-conc.
Dioptase	l.	parfait	iné.-conc.
Disthène	l.tlou.	parfait	inégale
Dolomite	moy.	rhom. par.	subconc.
Eudialyte	moy.	indistinct	inégale
Fluorite	l.	oct. par.	conc.
Glaucodot	tlou.	parfait	inégale
Goethite	l.	parfait	inégale
Gyrolite	moy.	parfait	inégale
Harmotome	moy.	distinct	iné.-subconc.

MINÉRAL	PS	CLIVAGE	FRACTURE
Hauérite	l.	parfait	subconc.-iné.
Hausmannite	l.	bon	inégale
Hémimorphite	l.	parfait	iné.-conc.
Herdérite	moy.l.	médiocre	subconc.
Heulandite	moy.	parfait	inégale
Laumontite	moy.	parfait	inégale
Lazurite	moy.	imparfait	inégale
Lépidocrocite	l.	parfait	inégale
Limonite	l.	aucun	inégale
Magnésite	l.	rhom. parfait	conc.-iné.
Malachite	l.	parfait	subconc.-iné.
Manganite	l.	parfait	inégale
Mésolite	moy.	parfait	inégale
Mimétite	tlou.	aucun	subconc.-iné.
Monazite	l.tlou.	distinct	conc.-iné.
Natrolite	moy.	parfait	inégale
Nickéline	tlou.	aucun	inégale
Noséane	moy.	indistinct	iné.-conc.
Pectolite	moy.	parfait	inégale
Pentlandite	l.	aucun	conc.
Pérovskite	l.	imparfait	subconc.-iné.
Phillipsite	moy.	distinct	inégale
Pyrochlore	l.	distinct	subconc.-iné.
Pyrrhotite	l.	aucun	subconc.-iné.
Rhodochrosite	l.	rhom. parfait	inégale
Riebeckite	l.	parfait	inégale
Scheelite	tlou.	distinct	subconc.-iné.
Scolécite	moy.	parfait	inégale
Scorodite	l.	imparfait	subconc.
Sidérite	l.	rhom. parfait	inégale
Smithsonite	l.	rhom. parfait	subconc.-iné.
Sphalérite	l.	parfait	conc.
Sphène	l.	distinct	conc.
Stilbite	moy.	parfait	inégale
Tennantite	l.	aucun	iné.-subconc.
Tétraédrite	l.tlou.	aucun	iné.-subconc.
Thomsonite	moy.	parfait	iné.-subconc.
Wavellite	moy.	parfait	subconc.-iné.
Willemite	l.	basal	inégale
Wolframite	tlou.	parfait	inégale
Wollastonite	moy.l.	parfait	irrégulière
Xénotime	l.tlou.	prismatique par.	inégale
Zincite	tlou.	parfait	conc.
DURETÉ < 6			
Actinolite	l.	bon	iné.-subconc.
Aegirine	l.	bon	inégale
Akermanite	moy.	distinct	iné.-conc.
Amblygonite	l.	parfait	inégale
Anatase	l.	basal parfait	subconc.
Anthophyllite	moy.l.	parfait	inégale
Arfvedsonite	l.	parfait	inégale
Arsénopyrite	tlou.	indistinct	inégale
Augite	l.	bon	iné.-conc.
Brookite	l.	médiocre	subconc.-iné.
Cancrinite	moy.	parfait	inégale
Chloanthite	tlou.	distinct	inégale
Enstatite	l.	bon	inégale
Gehlenite	l.	distinct	iné.-conc.
Glaucophane	l.	parfait	iné.-conc.
Grunérite	l.	bon	inégale
Haüyne	moy.	indistinct	iné.-conc.
Hedenbergite	l.	bon	iné.-conc.
Hématite	tlou.	aucun	iné.-subconc.
Hornblende	l.	parfait	inégale
Humite	l.	médiocre	inégale
Hypersthène	l.	bon	inégale
Ilménite	l.	bon	conc.-iné.
Ilvaïte	l.	distinct	inégale
Lazulite	l.	indis. pris.	iné.-rugueux

MINÉRAL	PS	CLIVAGE	FRACTURE
Leucite	moy.	très médiocre	conc.
Milarite	moy.	aucun	conc.-iné.
Néphéline	moy.	indistinct	conc.
Neptunite	l.	parfait	conc.
Richtérite	moy.l.	parfait	inégale
Romanéchite	tlou.	non dét.	inégale
Samarskite	tlou.	indistinct	conc.
Scapolite	moy.	distinct	iné.-conc.
Skuttérudite	tlou.	distinct	inégale
Smaltite	tlou.	distinct	inégale
Sodalite	moy.	médiocre	iné.-conc.
Trémolite	moy.l.	bon	iné.-subconc.
Turquoise	moy.	bon	conc.
DURETÉ < 7			
Albite	moy.	distinct	inégale
Andésine	moy.	parfait	iné.-conc.
Anorthite	moy.	parfait	conc.-iné.
Anorthose	moy.	parfait	inégale
Axinite	l.	bon	iné.-conc.
Bytownite	moy.	parfait	iné.-conc.
Cassitérite	tlou.	médiocre	subconc.-iné.
Chloritoïde	l.	parfait	inégale
Chondrodite	l.	médiocre	inégale
Clinozoïsite	l.	parfait	inégale
Columbite	tlou.	distinct	subconc.-iné.
Diaspore	l.	parfait	conc.
Diopside	l.	bon	inégale
Épidote	l.	parfait	inégale
Franklinite	tlou.	aucun	conc.
Jadéite	l.	bon	irrégulière
Labradorite	moy.	parfait	iné.-conc.
Magnétite	tlou.	aucun	subconc.-iné.
Marcassite	l.	distinct	inégale
Microcline	moy.	parfait	inégale
Oligoclase	moy.	parfait	iné.-conc.
Opale	moy.	aucun	conc.
Orthose	moy.	parfait	iné.-conc.
Pétalite	moy.	parfait	subconc.
Préhnite	moy.	distinct	inégale
Pyrite	l.	indistinct	conc.-iné.
Pyrolusite	tlou.	parfait	inégale
Quartz	moy.	aucun	conc.-iné.
Rhodonite	l.	parfait	conc.-iné.
Rutile	l.	distinct	conc.-iné.
Sanidine	moy.	parfait	conc.-iné.
Stibiconite	l.tlou.	non dét.	inégale
Tourmaline	l.	très ind.	iné.-conc.
Vésuvianite	l.	indistinct	iné.-conc.
Zoïsite	l.	parfait	iné.-conc.
DURETÉ > 7			
Andalousite	l.	prismatique dis.	iné.-subconc.
Béryl	moy.	indistinct	iné.-conc.
Calcédoine	moy.	aucun	conc.
Chrysobéryl	l.	prismatique dis.	conc.-iné.
Cordiérite	moy.	distinct	conc.
Corindon	l.	aucun	conc.-iné.
Diamant	l.	oct. par.	conc.
Dumortiérite	l.	bon	inégale
Euclase	l.	parfait	conc.
Grenat	l.	aucun	iné.-conc.
Olivine	l.	imparfait	conc.
Phénacite	moy.	distinct	conc.
Rubis	l.	aucun	conc.-iné.
Sillimanite	l.	parfait	inégale
Spinelle	l.	aucun	conc.-iné.
Spodumène	l.	parfait	inégale
Staurotide	l.	distinct	iné.-subconc.
Topaze	l.	parfait	subconc.-iné.
Zircon	l.	imparfait	iné.-conc.

Formation des roches

Les roches sont formées au cours d'un cycle. La matière en fusion dans la croûte terrestre monte lentement vers la surface, sous forme de larges masses, plutons (**1**), de plus petites intrusions, dykes (**2**), ou de coulées de lave et de volcans. En refroidissant, les roches magmatiques se forment. Portées à la surface par les mouvements terrestres, elles

Cycle de la roche
Ce cycle, représenté ci-dessous, se déroule sur plusieurs millions d'années.

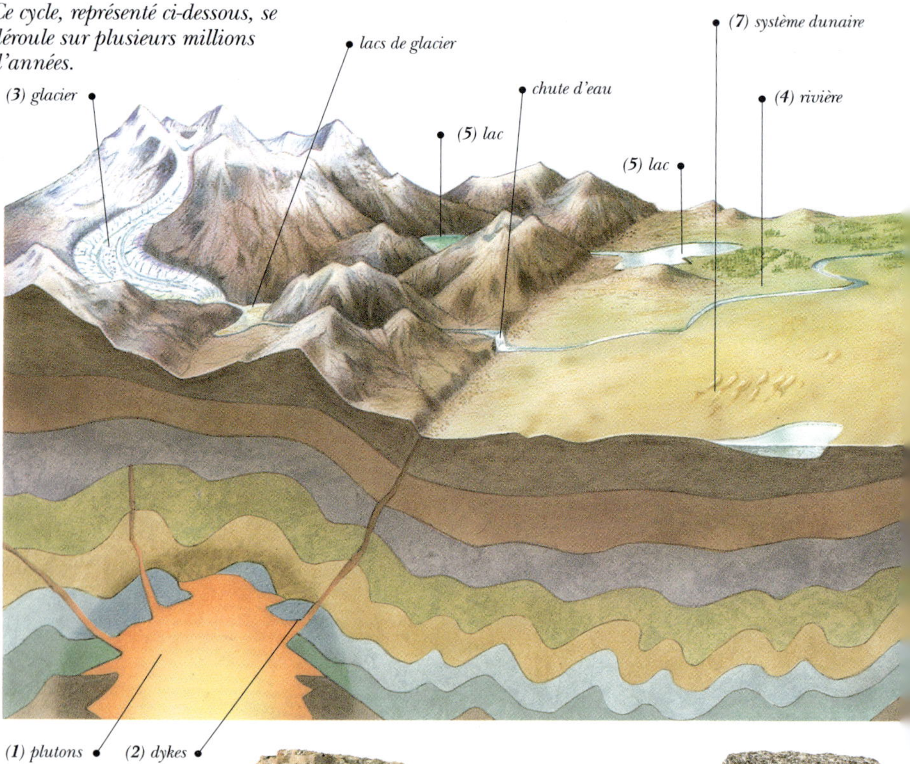

Magmatique
Le magma en fusion passe à travers les autres roches. En refroidissant, il forme des dykes de granite (à gauche).

Métamorphiqu
La température et la pression, lors de l'orogenèse, changent les roches sédimentair et magmatiques en métamorphiques.

apparaissent suite à l'érosion et l'altération. L'érosion ultérieure (glace, eau, vent…) brise la roche en morceaux, qui seront transportés par les glaciers (**3**), les rivières (**4**) et le vent. Les particules déposées forment les couches sédimentaires dans les lacs (**5**), les deltas (**6**), les dunes (**7**) et, sur le fond de la mer, constituent les roches sédimentaires telles l'argile ou l'argile schisteuse (**8**). Beaucoup de sédiments sont déposés sur la plate-forme continentale (**9**) ; une partie est apportée sur le fond de l'océan par les courants des canyons océaniques (**10**). Les roches sédimentaires et magmatiques soumises à des températures et à des pressions élevées deviennent métamorphiques. L'élévation de la température et de la pression peut entraîner la fusion des roches ; le cycle est alors complet.

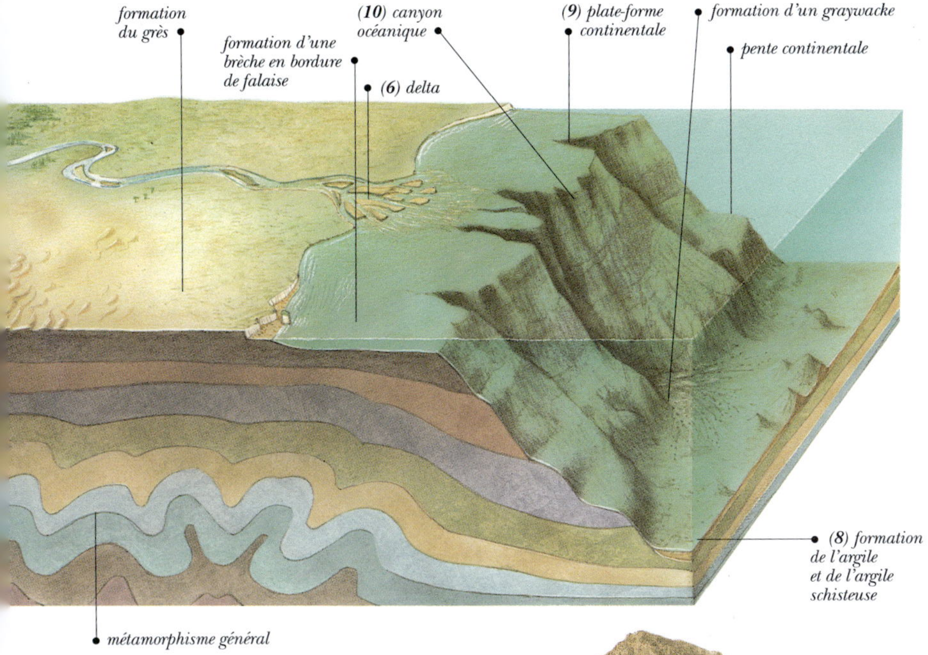

SÉDIMENTAIRE

Le grès (ci-dessus) se compose de particules de quartz déposées sur le fond des rivières ou des mers. Enfouis et comprimés, les grès peuvent se plisser, comme on le voit sur une falaise marine (à gauche).

CARACTÉRISTIQUES DES ROCHES MAGMATIQUES

ELLES SE FORMENT lors du refroidissement de magmas fondus ou de laves. Les modalités de transfert des matériaux des profondeurs vers la surface ainsi que leur vitesse de refroidissement déterminent les traits distinctifs d'une roche magmatique : taille du grain, forme cristalline, composition minérale (chimique), couleur générale.

gabbro grossièrement grenu, une roche magmatique plutonique à grands cristaux

ORIGINE

Cette rubrique spécifie si la roche s'est formée à partir d'un magma qui a cristallisé sous terre, ou d'une lave qui a refroidi en surface. Les fragments éjectés par un volcan sont appelés pyroclastes.

DYKE BASIQUE INTRUSIF

Un dyke de dolérite, intrusion d'une roche magmatique dans un schiste argileux sédimentaire.

augite

FORMATION

Description de la forme que la masse en fusion avait en refroidissant. Pluton : intrusion large et profonde, qui peut mesurer des kilomètres de diamètre. Dyke : lame de roche étroite et discordante. Filon-couche lame concordante.

CONTENU MINÉRAL

La majorité des roches magmatiques sont composées de feldspaths, de micas, de quartz ou de ferromagnésiens. L'action des minéraux sur la chimie de la roche est abordée à la rubrique « composition ».

labradorite

TAILLE DU GRAIN

La taille des grains ou des cristaux est utile pour identifier les roches magmatiques. À granulométrie grossière, tel le gabbro, elles contiennent des cristaux de plus de 5 mm de diamètre ; moyennement grenues, comme la dolérite, elles contiennent des cristaux de 0,5 à 5 mm ; à grain fin, comme le basalte, elles présentent des cristaux de moins de 0,5 mm.

1

2

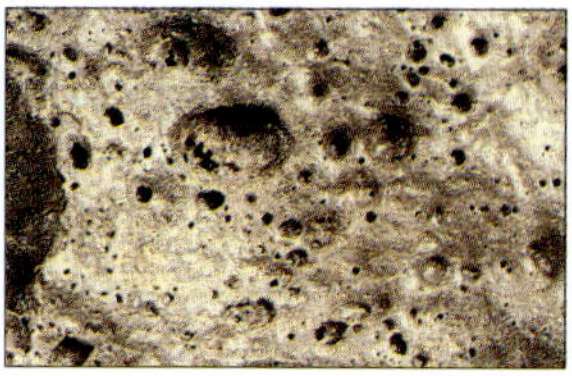

3

VUE DES GRAINS

*Les grains individuels du gabbro (**1**) sont visibles à l'œil nu mais il faut la loupe pour discerner les grains de la dolérite (**2**). Le basalte (**3**), finement grenu, requiert le microscope.*

FORME CRISTALLINE

Un refroidissement lent permet au minéral de former des cristaux bien développés (euédriques). À l'opposé, un refroidissement rapide donne des cristaux peu développés (anédriques).

TEXTURE

Elle se rapporte à l'agencement des grains ou des cristaux dans l'espace et à leurs tailles relatives.

CRISTAUX EUÉDRIQUES

Section fortement agrandie dans une dolérite à cristaux bien développés (à gauche).

COULEUR

C'est un bon indice pour déterminer la chimie d'une roche magmatique, puisqu'elle dépend du contenu minéral. Pâle, elle témoigne d'une roche acide contenant plus de 65 % de silice. Les roches basiques sont foncées avec peu de silice et beaucoup de minéraux ferromagnésiens denses comme l'augite.

COULEUR PÂLE

La rhyolite, une lave acide, contient plus de 65 % de silice et plus de 10 % de quartz.

COULEUR INTERMÉDIAIRE

L'andésite, une roche intermédiaire dont le contenu en silice total varie de 55 à 65 %.

COMPOSITION

Ces roches sont réparties en groupes selon leur composition chimique : les roches acides avec un contenu en silice total de plus de 65 % dont plus de 10 % de quartz ; les intermédiaires avec 55 à 65 % de silice ; les basiques avec 45 à 55 % de silice et moins de 10 % de quartz ; les ultrabasiques avec moins de 45 % de silice.

COULEUR FONCÉE

Le basalte, une roche basique contenant de 45 à 55 % de silice.

TYPES DE MÉTAMORPHISME

LES ROCHES métamorphiques sont des roches qui se sont modifiées à partir d'une structure et d'une composition originales magmatiques, sédimentaires ou d'un état métamorphique antérieur. Elles sont transformées par la pression et la chaleur (les plus élevées près des chaînes de montagnes en formation).

MÉTAMORPHISME RÉGIONAL

Lorsqu'une roche, dans une région de formation de montagne, est transformée par la chaleur et la pression, elle devient une roche régionalement métamorphosée. La zone de métamorphisme peut couvrir des milliers de kilomètres carrés. Ci-dessous, les changements de nature d'une roche lorsque la chaleur et la pression s'intensifient.

PAYSAGE MÉTAMORPHIQUE

Le gneiss, une roche altérée par un haut degré de métamorphisme général, forme un paysage accidenté.

SCHISTE ARGILEUX

1. PAS DE PRESSION

Un schiste argileux fossilifère, roche sédimentaire finement grenue riche en minéraux argileux, en quartz contenant des fossiles de brachiopodes, et pas encore affectée par le métamorphisme.

ARDOISE

2. PRESSION FAIBLE

Dans un schiste fossilifère soumis à des pressions faibles, les fossiles sont déformés ou détruits ; il en résulte une ardoise.

SCHISTE

3. PRESSION MODÉRÉE

L'ardoise, comme de nombreuses autres roches, forme un schiste à grain moyen sous l'effet d'augmentations modérées de température et de pression.

GNEISS

4. PRESSION ÉLEVÉE

Aux températures et pressions les plus élevées, et lorsque des fluides actifs circulent dans les roches, le gneiss, roche à grain grossier, se forme. Toutes les roches sont altérées dans ces conditions.

MÉTAMORPHISME DE CONTACT

Les roches situées dans l'auréole de métamorphisme, zone entourant une intrusion magmatique, ou côtoyées par une coulée de lave, peuvent être altérées par la chaleur directe. Elles sont appelées roches métamorphiques de contact. La chaleur change les minéraux d'origine et rend la roche plus cristalline ; les fossiles peuvent disparaître. L'extension de l'auréole de métamorphisme est fonction de la température du magma ou de la lave et de la taille de l'intrusion.

GRÈS

grains peu soudés entre eux

INTRUSION DU MAGMA
De la dolérite sombre (à la base de la falaise) a intrudé et chauffé le schiste argileux originellement noir, le métamorphosant en une roche plus claire.

cristaux de quartz entrecroisés

MÉTAQUARTZITE

ACTION DE LA CHALEUR SEULE
Lorsqu'un grès, roche poreuse sédimentaire, est chauffé, il évolue vers un métaquartzite, roche cristalline non poreuse composée d'une mosaïque de cristaux de quartz enchevêtrés.

MÉTAMORPHISME DYNAMIQUE

Lors de mouvements à grande échelle dans la croûte terrestre, en particulier le long des failles, un métamorphisme dynamique se manifeste. De grandes masses de roches sont comprimées et emportées au-dessus des autres roches. Là où ces masses entrent en contact, une roche broyée et pulvérisée se forme : la mylonite.

MOUVEMENT DE MASSES ROCHEUSES
À mi-chemin de la falaise, une faille chevauchante.

MYLONITE

hautement altérée et déformée par les mouvements chevauchants

CARACTÉRISTIQUES DES ROCHES MÉTAMORPHIQUES

LES ROCHES MÉTAMORPHIQUES présentent des caractéristiques typiques. Les minéraux qui les constituent sont généralement sous forme cristalline et leur arrangement dépend de la formation de la roche, sous l'action conjuguée de la chaleur et de la pression ou sous l'effet de la chaleur seule. Leur taille reflète l'intensité de la chaleur et de la pression qu'ils ont subies. L'examen de ses cristaux peut donc être utile pour établir les origines et la nature d'une roche.

gneiss folié contenant des bandes de biotite (mica noir)

STRUCTURE

Décrit l'agencement des minéraux dans la roche. Les roches métamorphiques de contact ont une structure cristalline ; les minéraux sont le plus souvent disposés au hasard. Issues du métamorphisme général, elles sont foliées, la pression forçant certains minéraux à s'aligner.

FOLIÉ

le schiste à disthène a une structure foliée mais un alignement moins marqué que dans un gneiss

CRISTALLIN

masse de cristaux amalgamés et arrangés au hasard dans un marbre veiné de bleu

Taille du grain

Témoigne de la température et de la pression que la roche a subies : en général, plus celles-ci sont élevées, plus le grain est grossier. L'ardoise, formée à basse pression, est finement grenue. Un schiste formé à température et à pression modérées a des grains moyens. Un gneiss, formé aux températures et aux pressions les plus hautes, a des grains grossiers.

Grain grossier

gneiss

schiste

Grain moyen

schiste ardoisier noir

Grain fin

Pression et température

Le métamorphisme de degré intermédiaire à élevé se produit à minimum 250 °C (beaucoup moins dans certaines roches métamorphiques) et à une température maximale de 800 °C ; au-delà, la roche fond pour former un magma ou une lave. La pression varie de 2 000 kilobars à 10 000 kilobars.

quartz *mica*

Contenu minéral

La présence de certains minéraux dans les roches métamorphiques peut aider à leur identification. Dans les gneiss et les schistes : le grenat et la disthène ; des cristaux de pyrite dans les plans de clivage des ardoises ; la brucite dans le marbre.

Gneiss

Au microscope, montre des cristaux de mica et de quartz (à gauche).

Quartz laiteux

présent dans le métaquartzite et le gneiss

Orthoclase

présent dans le gneiss et le schiste

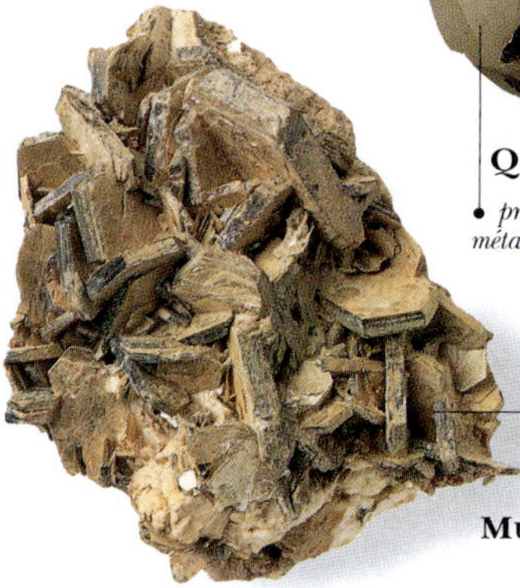

présent dans le gneiss et le schiste

Muscovite mica

CARACTÉRISTIQUES DES ROCHES SÉDIMENTAIRES

PUISQU'ELLES SE FORMENT en couches, ou en strates, on peut, sur le terrain, les distinguer des roches magmatiques et métamorphiques. Un fragment se brise habituellement le long de surfaces stratifiées. Autre trait typique de ces roches : leur contenu en fossiles – il n'y en a pas dans les roches magmatiques cristallines, peu dans les roches métamorphiques. L'origine des particules des roches sédimentaires détermine leur apparence.

ORIGINE

Ces roches se forment à la surface de la Terre, là où les particules transportées par le vent, l'eau et la glace se déposent : terre ferme, lit des rivières et des lacs, milieu marin (plages, deltas, mer).

COUCHES DE SÉDIMENTS
Les galets et le sable de cette plage pourraient former des roches sédimentaires.

CONTENU EN FOSSILES

Les fossiles s'observent essentiellement dans les roches sédimentaires. Ce sont des restes d'animaux ou de végétaux préservés dans les couches du sédiment. Le type de fossile donne des indications sur l'origine : un fossile marin suggérera que la roche s'est formée à partir de sédiments déposés dans la mer. Les calcaires sont particulièrement riches en fossiles.

Taille du grain

Des échelles détaillées donnent la taille des grains dans les roches sédimentaires, mais les termes grossièrement, moyennement et finement grenu sont eux aussi couramment utilisés. La taille varie du bloc à la particule d'argile. Les roches grossièrement grenues, aux fragments visibles à l'œil nu, comprennent les conglomérats, les brèches, les grès durs et certains autres grès de sable. Les moyennement grenues, aux grains visibles à la loupe, comprennent d'autres grès. Les finement grenues comprennent le schiste argileux, l'argile et le mudstone.

Grain grossier

Grain fin

Grain moyen

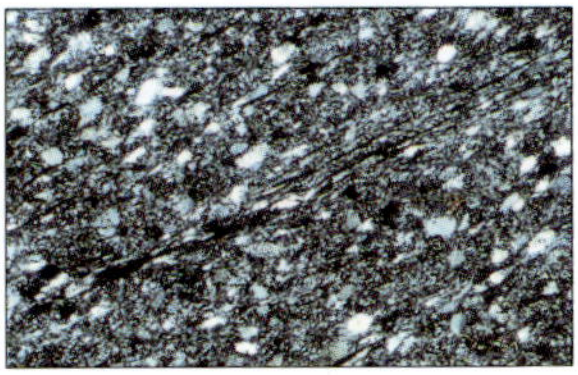

Grains agrandis
Les spécimens de roche fortement grossis révèlent la forme des grains du sédiment : arrondie (ci-dessus, à gauche) ou anguleuse (ci-dessus, à droite).

Forme des grains

La manière dont les grains ont été transportés influence leur forme. L'érosion par le vent crée des particules de sable arrondies, mais des galets anguleux ; l'érosion par l'eau, des particules anguleuses de la taille de grains de sable, mais des galets lisses et arrondis.

Classification

On explique ici l'origine des grains constitutifs de la roche. Les roches détritiques contiennent des particules provenant de roches préexistantes ; les roches biogéniques sont constituées de coquilles ou d'autres fossiles ; le terme « chimique » indique que le minéral s'est formé suite à divers processus chimiques.

Chimique

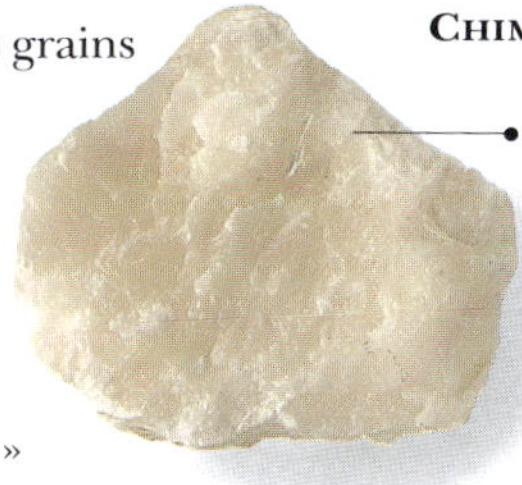

Chimique

Détritique

Détritique

GRILLE D'IDENTIFICATION DES ROCHES

CETTE GRILLE vous aidera dans l'identification de vos échantillons. Étape 1 : déterminez si la roche est magmatique, métamorphique ou sédimentaire. Étape 2 : déterminez la taille des grains – le symbole indique la catégorie à laquelle ils appartiennent : un œil évoque des grains grossiers, une loupe des grains moyens et un microscope des grains fins. Étape 3 (pp. 42-45) : voir les autres propriétés de la roche (couleur, structure, contenu minéral) afin d'aboutir aux roches types décrites dans le livre.

ÉTAPE 1

MAGMATIQUE ?

Une roche magmatique montre une structure cristalline ; elle est composée d'une mosaïque de cristaux de minéraux enchevêtrés, qui peuvent être disposés au hasard dans la roche ou former une sorte d'alignement. Ces roches ne présentent ni plans de stratification (roches sédimentaires), ni foliation (roches métamorphiques). Certaines laves peuvent être criblées de creux et de petites bulles de gaz. Aucun fossile ne sera observé.

MÉTAMORPHIQUE ?

Une roche métamorphique appartient à l'un des deux types majeurs. Régionale, elle présentera une structure caractéristique ou une foliation. Celle-ci est souvent ondulée et non pas plane comme les couches d'une roche sédimentaire. Le métamorphisme de contact produit un arrangement moins régulier.

SÉDIMENTAIRE ?

Dans une roche sédimentaire, les couches peuvent être évidentes, les grains faiblement agglomérés, et vous pouvez probablement en déchausser en frottant l'échantillon des doigts. Le quartz est souvent le minéral dominant et la calcite est bien visible dans les calcaires. La présence de fossiles aide également à l'identification.

ÉTAPE 2

Classement selon la taille. On se reporte ici à la taille des grains dans la roche et non pas à un cristal singulier qui pourrait s'y être développé.

VISIBLE À L'ŒIL NU — **LOUPE NÉCESSAIRE** — **MICROSCOPE NÉCESSAIRE**

MAGMATIQUE

Grossièrement grenue

Moyennement grenue

Finement grenue

MÉTAMORPHIQUE

Grossièrement grenue

Moyennement grenue

Finement grenue

SÉDIMENTAIRE

Grossièrement grenue

Moyennement grenue

Finement grenue

ÉTAPE 3

Vous avez identifié votre échantillon et déterminé la taille des grains. Si la roche est magmatique, le caractère suivant à considérer est sa couleur. Les roches acides, riches en silicates clairs et peu denses, sont pâles. Les roches basiques et ultrabasiques, riches en minéraux ferro-magnésiens denses, sont sombres. Les

MAGMATIQUE

GROSSIÈREMENT GRENUE		MOYENNEMENT GRENUE
	**COULEUR PÂLE** *Granite rose* **180**, *Granite blanc* **180**, *Granite porphyrique* **181**, *Granite graphique* **181**, *Adamellite* **182**, *Pegmatite* **185**, *Granodiorite blanche* **187**, *Syénite* **188**, *Anorthosite* **191**.	
	**COULEUR INTERMÉDIAIRE** *Granite à hornblende* **181**, *Granodiorite* **187**, *Diorite* **187**, *Syénite* **188**, *Syénite à néphéline* **188**, *Agglomérat* **204**.	
	**COULEUR FONCÉE** *Gabbro* **189**, *Larvikite* **189**, *Gabbro à olivine* **190**, *Bojite* **191**, *Serpentinite* **194**, *Pyroxénite* **194**, *Kimberlite* **195**, *Péridotite* **195**.	

MÉTAMORPHIQUE

GROSSIÈREMENT GRENUE		MOYENNEMENT GRENUE
	**FOLIÉE** *Gneiss* **213**, *Gneiss plissé* **213**, *Gneiss œillé* **214**, *Gneiss granulaire* **214**, *Migmatite* **214**, *Amphibolite* **215**, *Éclogite* **215**.	
	**NON FOLIÉE** *Granulite* **215**, *Marbre* **216**, *Marbre gris* **217**, *Marbre à olivine* **217**, *Skarn* **220**.	

roches intermédiaires ont une composition minérale et donc une couleur à mi-chemin entre les deux catégories précédentes. Une roche métamorphique sera foliée (certains minéraux s'alignent) ou non foliée (cristalline et sans structure apparente), et donc formée par métamorphisme régional ou par métamorphisme de contact.

FINEMENT GRENUE

COULEUR CLAIRE
Microgranite **183**, *Quartz porphyritique* **184**, *Granophyre* **186**, *Leucogabbro* **190**.

COULEUR CLAIRE
Rhyolite **196**, *Ignimbrite* **206**, *Bombe volcanique* **206**.

COULEUR INTERMÉDIAIRE
Lamprophyre **199**, *Porphyre rhombique* **201**.

COULEUR INTERMÉDIAIRE
Dacite **197**, *Lamprophyre* **199**, *Andésite* **199**, *Trachyte* **201**, *Pierre ponce* **205**, *Tuf volcanique* **205**, *Ignimbrite* **206**.

COULEUR FONCÉE
Dolérite **192**, *Norite* **192**, *Troctolite* **193**.

COULEUR FONCÉE
Vénolithe **184**, *Dunite* **193**, *Obsidienne* **197**, *Pechstein* **198**, *Basalte* **202**, *Spilite* **203**, *Tuf* **204**, *Bombe volcanique* **206**, *Lave cordée* **207**.

FINEMENT GRENUE

FOLIÉE
Phyllite **210**, *Schiste plissé* **211**, *Schiste à grenat* **211**, *Schiste à muscovite* **211**, *Schiste à biotite* **212**, *Schiste à disthène* **212**.

FOLIÉE
Ardoise verte **208**, *Ardoise noire* **208**, *Phyllite* **210**, *Ardoise à pyrite* **209**, *Ardoise avec fossiles déformés* **209**.

NON FOLIÉE
Marbre **216**, *Hornfels* **218**, *Roche tachetée* **219**, *Métaquartzite* **220**, *Skarn* **220**.

NON FOLIÉE
Marbre **216**, *Roche tachetée* **219**, *Skarn* **220**, *Halleflinta* **221**, *Mylonite* **221**.

ÉTAPE 3 (suite)

Si vous avez une roche sédimentaire, voyez sa composition minérale. Est-elle constituée surtout de fragments de roche, en fait de roches miniatures ? Ou de quartz ? Le quartz est aisément reconnaissable, habituellement de couleur grise et très dur.

SÉDIMENTAIRE — **GROSSIÈREMENT GRENUE** — **MOYENNEMENT GRENUE**

PRINCIPALEMENT DES FRAGMENTS DE ROCHES
Conglomérat polygénique **222**, *Brèche* **223**.

PRINCIPALEMENT DES FRAGMENTS DE QUARTZ
Pas de roche dans cette catégorie.

CARBONATE DE CALCIUM DOMINANT
Brèche calcaire **223**, *Calcaire pisolitique* **236**, *Calcaire à crinoïdes* **238**.

AUTRES MINÉRAUX
Pas de roche dans cette catégorie.

Un calcaire, riche en carbonate de calcium, sera identifiable, lui, par sa couleur pâle et sa réaction effervescente avec l'acide chlorhydrique dilué. Votre roche peut également être constituée d'autres minéraux. Classez l'échantillon dans l'une des différentes catégories répertoriées ci-dessous, puis référez-vous aux pages indiquées pour compléter votre information.

Principalement des fragments de roches
Graywacke **229**.

Principalement du quartz
Grès **225**, *Grès vert* **226**, *Grès «grains de millet»* **226**, *Grès micacé* **227**, *Grès limonitique* **227**, *Orthoquartzite (rose et vert)* **228**, *Arkose* **229**.

Carbonate de calcium dominant
Calcaire oolithique **236**, *Calcaire coquillier* **239**, *Tuf calcaire* **241**, *Stalactite* **242**, *Travertin* **242**.

Autres minéraux
Halite (sel gemme) **235**, *Gypse* **235**, *Sylvine (minerai de potasse)* **235**, *Dolomite* **241**, *Minerai de fer* **243**.

Finement grenue

Principalement des fragments de roches
Argile à «boulders» **224**, *Graywacke* **229**.

Principalement du quartz
Lœss **224**, *Schiste argileux* **231**, *Siltite* **232**, *Mudstone* **232**, *Argile* **233**.

Carbonate de calcium dominant
Mudstone calcaire **233**, *Maërl* **234**, *Craie* **237**, *Calcaire à coraux* **238**, *Calcaire à bryozoaires* **239**, *Calcaire coquillier* **239**, *Calcaire nummulitique* **240**.

Autres minéraux
Argile à blocaille **224**, *Lœss* **224**, *Argile* **233**, *Lignite* **244**, *Dolomite* **241**, *Minerai de fer* **243**, *Charbon* **244**, *Anthracite* **244**, *Tourbe* **245**, *Jais* **245**, *Ambre* **246**, *Chert* **246**, *Silex* **246**.

MINÉRAUX

ÉLÉMENTS NATIFS

LES ÉLÉMENTS natifs sont des substances non chimiquement combinées avec d'autres matériaux pour former des composés. Ils se classent en deux groupes : les métaux (or, argent, cuivre ou platine) et les non-métaux (soufre, graphite et diamant). Métalliques, ils ont généralement un poids spécifique élevé et un système cristallin cubique ou tétragonal, tous deux présentant un haut degré de symétrie. Les cristaux sont rares dans les éléments natifs ; le soufre et le diamant produisent néanmoins de fins cristaux dans les systèmes orthorhombiques et cubiques respectivement.

Groupe Éléments natifs	Composition Au	Dureté 2,5-3

OR

Cristaux de forme cubique ou octaédrique, mais rares. Faciès général en granules, flocons, pépites ou masses dendritiques. La couleur jaune doré, lumineuse, ne se ternit pas. L'or est souvent riche en argent si sa couleur est plus claire. Le trait est doré jaunâtre. Minéral opaque avec un éclat métallique.

• **FORMATION** Se forme surtout dans des filons hydrothermaux, souvent en association avec du quartz et des sulfures ; aussi dans les placers de sable non consolidé, les grès et les conglomérats. On peut également trouver de l'or alluvial en grains ou en pépites dans le lit des rivières. La recherche de l'or par tamisage du sédiment est une méthode ancestrale. L'or peut être confondu avec la pyrite et la chalcopyrite, mais quelques tests suffisent à l'identifier.

• **TESTS** Insoluble dans tous les acides simples ; soluble dans l'eau-forte.

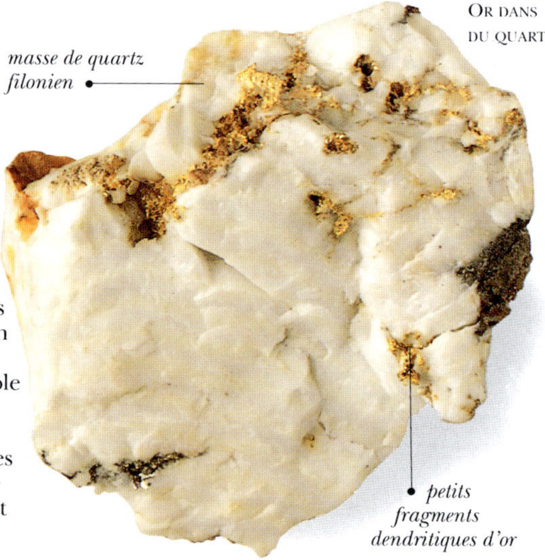

OR DANS DU QUARTZ

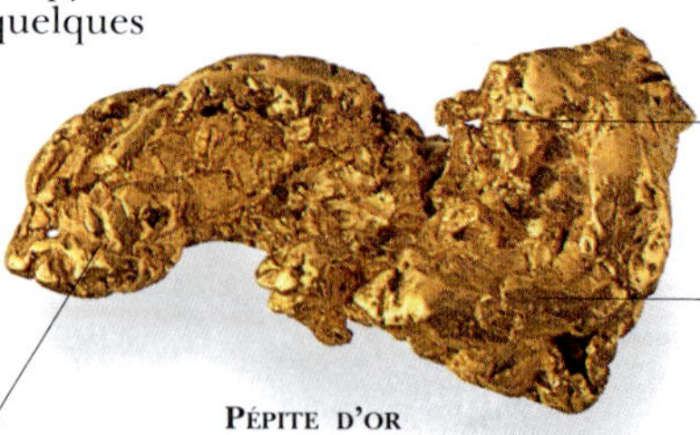

PÉPITE D'OR

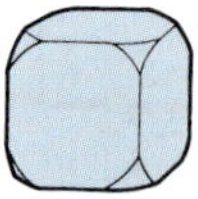

CUBIQUE

PS 19,3	Clivage Aucun	Fracture Rugueuse

Groupe Éléments natifs	Composition Ag	Dureté 2,5-3

ARGENT

Les cristaux sont rares. Ils ont des formes cubiques ou octaédriques, parfois en bandes parallèles. Faciès habituellement filiforme, écailleux, dendritique et massif. L'argent, de couleur blanc argenté, se ternit au contact avec l'atmosphère. Il laisse une trace blanc argenté. Minéral opaque avec un éclat métallique.

• **FORMATION** Se forme dans des filons hydrothermaux et les parties oxydées des dépôts de minerais, avec l'or et d'autres minéraux contenant de l'argent et des sulfures métalliques. Il constitue 20 à 25 % de l'alliage or-argent appelé électrum.

• **TESTS** L'argent est soluble dans l'acide nitrique et peut être fondu. Il se ternit par exposition aux vapeurs de sulfure d'hydrogène. C'est le meilleur conducteur d'électricité et de chaleur.

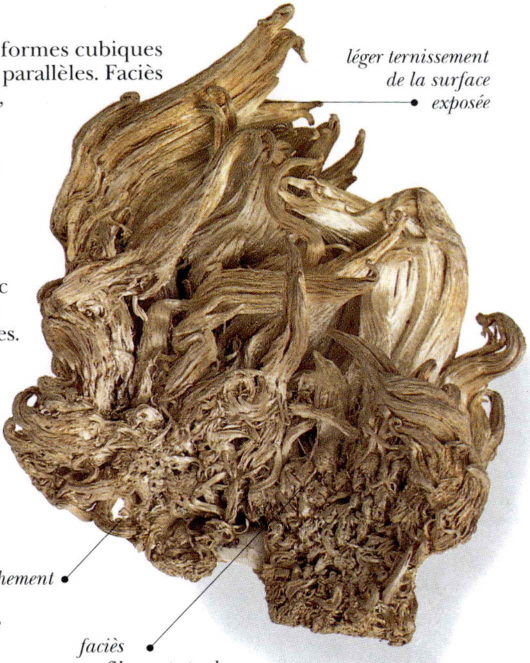

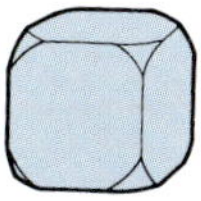

CUBIQUE

PS 10,5	Clivage Aucun	Fracture Rugueuse

Groupe Éléments natifs	Composition Pt	Dureté 4-4,5

PLATINE

Les cristaux, en forme de cubes, sont peu fréquents. Généralement trouvé sous la forme de grains, de pépites et d'écailles, le platine est de couleur gris argenté à blanche. La trace est blanche à gris argenté. Minéral opaque avec un éclat métallique. Exposé à l'atmosphère, l'éclat ne se ternit pas.

• **FORMATION** Il trouve son origine dans les roches magmatiques basiques et ultrabasiques et, plus rarement, dans les auréoles de contact ; s'observe aussi dans les placers en raison de son poids spécifique très élevé.

• **TESTS** Légèrement magnétique en présence d'impuretés de fer. Il est insoluble dans tous les acides sauf dans l'eau-forte.

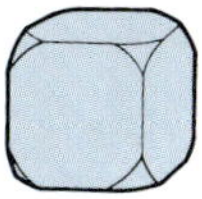

CUBIQUE

PS 21,4	Clivage Aucun	Fracture Rugueuse

Groupe Éléments natifs	Composition Cu	Dureté 2,5-3

CUIVRE

Il forme rarement des cristaux ; lorsque cela se produit, ils ont des formes cubiques, octaédriques ou dodécaédriques. Les faciès communs sont dendritiques ou massifs. Le cuivre peut aussi présenter une allure en filaments. La couleur, déterminante pour l'identification, varie du rouge cuivré au rouge rosé clair sur les surfaces fraîches. Se ternit en un brun cuivré. La trace est rouge cuivré. Minéral opaque avec un éclat métallique.

• **FORMATION** Se forme principalement dans les régions où des filons à sulfures de cuivre ont été altérés.

• **TESTS** Soluble dans l'acide nitrique.

CUIVRE SUR DE LA LIMONITE

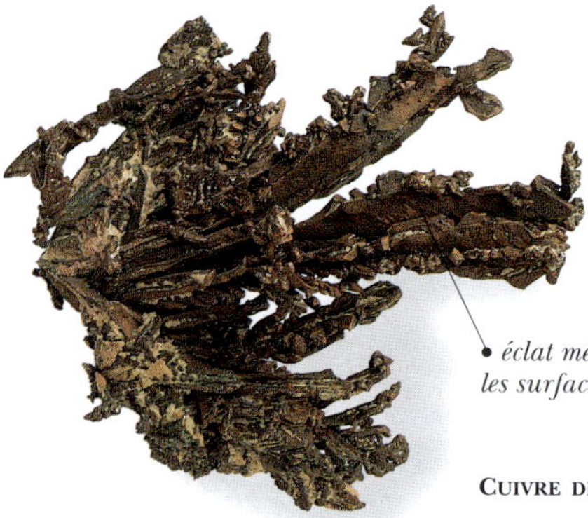

CUIVRE DENDRITIQUE

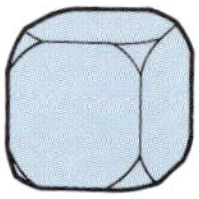
CUBIQUE

PS 8,9	Clivage Aucun	Fracture Rugueuse

Groupe Éléments natifs	Composition Bi	Dureté 2-2,5

BISMUTH

Ce minéral forme des cristaux indistincts, souvent maclés. Faciès en général massif, folié, dendritique, réticulé, lamellaire ou granulaire. Il est d'un blanc argenté, et prend un aspect rougeâtre ou iridescent en se ternissant. La trace est blanc argenté. Minéral opaque avec un éclat métallique.

• **FORMATION** Se forme dans des filons hydrothermaux et des pegmatites.

• **TESTS** Fond à température peu élevée ; se dissout bien dans l'acide nitrique.

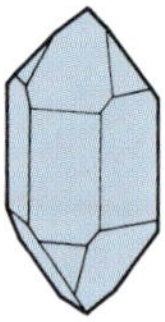
TRIGONAL / HEXAGONAL

PS 9,7-9,8	Clivage Basal parfait	Fracture Aucune

Groupe Éléments natifs	Composition As	Dureté 3,5

ARSENIC

En de rares occasions, il développe des cristaux rhomboédriques. Il se trouve généralement sous forme de masses granuleuses, botryoïdales ou stalactitiques. Sa couleur, gris pâle, se ternit en gris sombre. Trace gris clair. Minéral opaque avec un éclat métallique.

- **FORMATION** Se forme principalement dans des filons hydrothermaux.
- **TESTS** Chauffé, l'arsenic dégage des vapeurs à l'odeur d'ail.

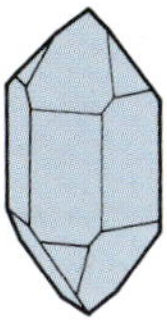

TÉTRAGONAL / HEXAGONAL

PS 5,7	Clivage Basal parfait	Fracture Inégale

Groupe Éléments natifs	Composition Sb	Dureté 3-3,5

ANTIMOINE

Les cristaux, rares, sont pseudocubiques ou tabulaires et souvent maclés. Faciès communs massifs, lamellaires, granuleux ou radiaires. Minéral gris argenté clair ; trace grise. Opaque avec un éclat métallique vif.

- **FORMATION** Se forme dans les filons hydrothermaux, en association avec l'arsenic, l'argent et quelques sulfures.
- **TESTS** Brûle avec fumées blanches et flamme bleu verdâtre.

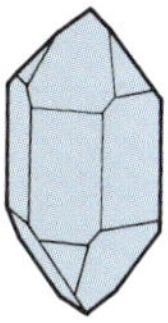

TÉTRAGONAL / HEXAGONAL

PS 6,6-6,7	Clivage Basal parfait	Fracture Inégale

Groupe Éléments natifs	Composition S	Dureté 1,5-2,5

SOUFRE

Les cristaux sont tabulaires et bipyramidaux. Faciès également massif, encroûtant, poudreux ou stalactitique. Il varie d'un jaune citron lumineux à un brun jaunâtre et laisse une trace blanche. Transparent à translucide, il montre un éclat résineux à gras.

- **FORMATION** Se forme autour des cratères volcaniques et des sources hydrothermales.
- **TESTS** Fond à une température peu élevée en libérant du dioxyde de soufre.

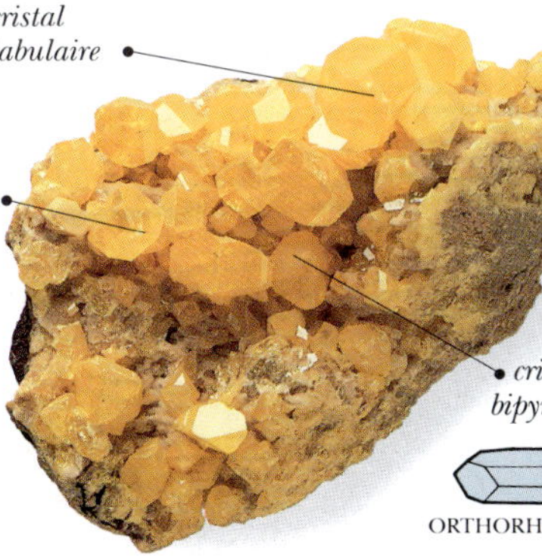

ORTHORHOMBIQUE

PS 2,0-2,1	Clivage Basal imparfait	Fracture Inégale à conchoïdale

Groupe	Composition	Dureté
Éléments natifs	Hg	Liquide

MERCURE

Minéral classé dans le système trigonal/hexagonal, mais ne montrant ce faciès cristallin que sous – 39 °C. À la température ambiante, il prend une forme liquide en petits globules. D'un blanc argenté pâle, il ne laisse pas de trace. Minéral opaque avec un éclat métallique vif.

• **FORMATION** Autour des cheminées volcaniques, souvent associé au cinabre.

• **TESTS** Dureté impossible à déterminer.

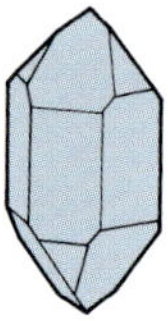

TRIGONAL / HEXAGONAL

MERCURE EN GROS PLAN

PS	Clivage	Fracture
13,6-14,4	Aucun	Aucune

Groupe	Composition	Dureté
Alliages	Ni, Fe	4-5

FERRO-NICKEL

Minéral peu commun à faciès massifs et granuleux. Il est de couleur gris acier, gris sombre ou noirâtre. Trace gris acier. Minéral opaque avec un éclat métallique sur les surfaces fraîches.

• **FORMATION** Se forme dans certains basaltes altérés. Apparaît lors de la réduction chimique de minéraux riches en fer contenus dans le basalte. Certaines variétés s'observent dans les roches ultrabasiques altérées par serpentinisation. Le ferro-nickel, très commun dans les météorites tels que les masses de kamacite-taenite, est un matériau rare à l'échelle de la Terre, sauf sans doute dans le noyau terrestre.

• **TESTS** Le ferro-nickel est fortement magnétique.

FERRO-NICKEL EN GROS PLAN

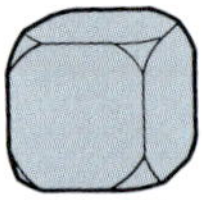

CUBIQUE

PS	Clivage	Fracture
7,3-8,2	Cubique médiocre	Rugueuse

Groupe Éléments natifs	Composition C	Dureté 10

DIAMANT

Cristaux octaédriques, cubiques, dodécaédriques et tétraédriques avec des faces souvent courbes. Le diamant s'observe également sous forme de masses arrondies à structure radiaire (bort) ou de masses microcristallines (carbonado). Il peut être incolore, blanc, gris, orange, jaune, brun, rose, rouge, bleu, vert ou noir. Trace blanche. Le diamant, transparent à opaque, présente un éclat adamantin à gras. Utilisé principalement en tant qu'abrasif industriel, il s'agit aussi d'une pierre précieuse de grande valeur.

- **FORMATION** Dans les roches ultrabasiques (kimberlites), formant des intrusions en cheminée.
- **TESTS** Le plus dur de tous les minéraux connus : il ne peut être rayé par un autre minéral.

DIAMANT TRANSPARENT

DIAMANT JAUNE

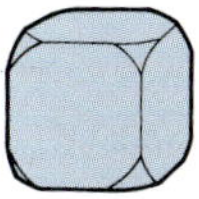

CUBIQUE

PS 3,52	Clivage Octaédrique parfait	Fracture Conchoïdale

Groupe Éléments natifs	Composition C	Dureté 1-2

GRAPHITE

Cristaux en plaquettes, tabulaires et hexagonales. Le graphite présente aussi des faciès massifs, foliés, granulaires ou terreux. Il est gris sombre à noir et laisse une trace gris foncé à noire. Minéral opaque avec un éclat métallique terne.

- **FORMATION** Dans les roches métamorphiques, y compris le schiste et l'ardoise.
- **TESTS** Toucher gras. Frotté sur le papier, il laisse une marque grise.

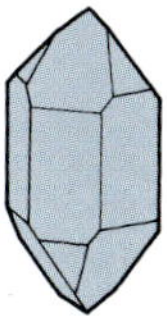

TRIGONAL / HEXAGONAL

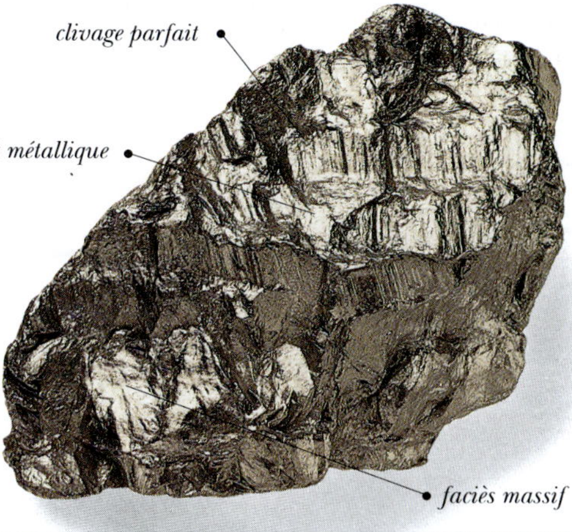

PS 2,1-2,3	Clivage Basal parfait	Fracture Aucune

SULFURES

Ces minéraux s'observent dans des milieux géologiques où un déficit en oxygène empêche la formation de sulfates. Ce sont le plus souvent des combinaisons de soufre et de métaux à structures variables. Beaucoup ont un éclat métallique, une coloration foncée et une densité élevée – la galène (sulfure de plomb) est un exemple commun. La couleur et la trace varient du gris foncé et du gris acier au jaune métallique. La dureté, très variable, va des sulfures très tendres à d'autres qui sont plus durs que la lame du couteau. Souvent opaques, ils cristallisent dans une variété de systèmes, le plus fréquemment dans le système cubique et le système tétragonal.

Minerais très importants de métaux tels que le plomb, le zinc, le fer et le cuivre, ils se forment en combinaison avec un ou plusieurs de ces métaux, en particulier dans les filons hydrothermaux. La pyrite est communément observée en tant que minéral de remplacement dans les fossiles.

Groupe Sulfures	Composition PbS	Dureté 2,5

GALÈNE

Ce minerai très commun se développe en cristaux cubiques, octaédriques, ou cubo-octaédriques et présente aussi des faciès massifs, granulaires ou fibreux. La couleur, comme la trace, est gris plomb. Minéral opaque avec un éclat métallique.

• **FORMATION** Dans des filons hydrothermaux, lorsque des fluides à haute température se frayent un passage vers des niveaux supérieurs dans la croûte terrestre. S'observe en association avec d'autres minéraux (fluorite, quartz, calcite, sphalérite, pyrite).

• **TESTS** Soluble dans l'acide chlorhydrique, dégageant l'odeur d'« œuf pourri » du sulfure d'hydrogène.

GALÈNE CUBIQUE

GALÈNE

CUBIQUE

PS 7,58	Clivage Cubique parfait	Fracture Subconchoïdale

Groupe Sulfures	Composition HgS	Dureté 2-2,5

Cinabre

Épais cristaux tabulaires, rhomboédriques et prismatiques fréquemment maclés. Faciès également massif, encroûtant ou granulaire. La couleur est typiquement rouge brunâtre ou écarlate, la trace rouge. Le cinabre, transparent à opaque, montre un éclat adamantin, submétallique ou terne.

• **Formation** Se forme, avec le réalgar et la pyrite, autour de cheminées volcaniques et de sources hydrothermales. Minéraux associés : mercure natif, marcassite, opale, quartz, stibine et calcite. S'observe également dans des filons et roches sédimentaires associées à une activité volcanique récente.

• **Tests** Ne s'altère pas lors de son exposition à l'air.

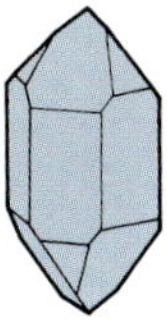
TRIGONAL / HEXAGONAL

PS 8,0-8,2	Clivage Prismatique parfait	Fracture Conchoïdale à inégale

Groupe Sulfures	Composition CdS	Dureté 3-3,5

Greenockite

Se présente sous la forme de cristaux tabulaires, pyramidaux et prismatiques, mais le plus souvent sous forme d'enduits terreux sur d'autres minéraux. Couleur jaune, jaune orangé, orange ou rouge. Trace jaune orangé à rouge brique. Minéral transparent à translucide avec un éclat résineux à adamantin.

• **Formation** S'observe en produit de remplacement et d'altération de la sphalérite lorsque celle-ci est riche en cadmium. Quoique peu commune, la greenockite forme parfois de minuscules cristaux avec d'autres minéraux (préhnite, zéolites).

• **Tests** Soluble dans l'acide chlorhydrique ; dégage du sulfure d'hydrogène à odeur d'« œuf pourri ».

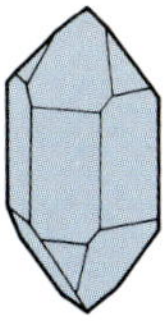
TRIGONAL / HEXAGONAL

PS 4,7-4,8	Clivage Distinct	Fracture Conchoïdale

Groupe Sulfures	Composition Ag_2S	Dureté 2-2,5

ACANTHITE

Se développe sous forme de cristaux prismatiques. Couleur grise à noir de fer typique et trace noire. Minéral opaque avec un éclat métallique. Il s'agit d'une forme dimorphique de l'argentite ; passé une certaine température, l'acanthite se dégrade donc d'un minéral simple en une autre forme minérale, l'argentite.

• **FORMATION** Dans des filons hydrothermaux riches en minéraux, en association avec l'argent natif, la proustite, la pyrargyrite et d'autres sulfures tels que la galène.

• **TESTS** Soluble dans l'acide nitrique dilué ; fond facilement, dégageant des fumées sulfureuses.

MONOCLINIQUE

PS 7,22	Clivage Aucun	Fracture Inégale

Groupe Sulfures	Composition CoAsS	Dureté 5,5

COBALTITE

Forme fréquemment des cristaux octaédriques ou pseudocubiques. Les faces des cristaux sont souvent striées. Faciès également massif, granulaire et compact. La couleur varie de noir grisâtre à blanc argenté ; trace noir grisâtre. Minéral opaque : la lumière ne peut le traverser, même quand il se trouve en morceaux très fins. Éclat métallique au niveau des cristaux nouvellement formés ou des surfaces de cassure.

• **FORMATION** Dans des filons hydrothermaux, fractures dans la croûte terrestre où circulent des fluides à haute température, déposant les minéraux en se refroidissant ; aussi dans les roches métamorphiques avec d'autres composés arsénicaux et sulfures.

• **TESTS** Fond assez facilement, formant un globule un peu magnétique. Soluble dans l'acide nitrique.

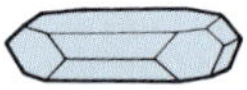
ORTHORHOMBIQUE

PS 6,3	Clivage Parfait	Fracture Inégale

Groupe Sulfures	Composition ZnS	Dureté 3,5-4

SPHALÉRITE

Ce minéral, aussi connu sous le nom de blende ou black jack, développe des cristaux tétraédriques et dodécaédriques présentant souvent des surfaces courbes. Faciès également massif, granulaire, en concrétion ou botryoïdal. La couleur varie du noir, brun, jaune et rouge au vert, gris et blanc. Peut aussi être incolore. Trace brun clair à incolore. Minéral translucide à transparent avec un éclat résineux à adamantin.

• **FORMATION** Commune dans les filons hydrothermaux, elle se trouve en association avec des minéraux tels que la dolomite, le quartz, la pyrite, la galène, la fluorite, la barite et la calcite.

• **TESTS** L'addition de sulfure d'hydrogène dilué à la sphalérite produit une odeur d'œuf pourri. Si elle est pure, elle est infusible, mais si son contenu en fer augmente, elle fond avec une facilité accrue.

SPHALÉRITE MASSIVE

SPHALÉRITE CRISTALLINE

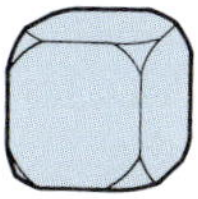

CUBIQUE

PS 3,9-4,1	Clivage Parfait	Fracture Conchoïdale

Groupe Sulfures	Composition Sb_2S_3	Dureté 2

STIBINE

Cristaux prismatiques souvent striés longitudinalement. Faciès également en colonnes, en granules, compact ou en fines lames. Couleur et trace gris de plomb. Minéral opaque avec un éclat métallique.

• **FORMATION** Dans les filons hydrothermaux et les dépôts où une roche formée antérieurement est remplacée par des matériaux nouveaux transportés par les fluides circulants.

• **TESTS** Fusible dans la flamme d'une allumette et soluble dans l'acide chlorhydrique.

ORTHORHOMBIQUE

PS 4,63-4,66	Clivage Parfait	Fracture Inégale à subconchoïdale

Groupe Sulfures	Composition Cu_5FeS_4	Dureté 3

BORNITE

Ses cristaux sont cubiques, octaédriques ou dodécaédriques et présentent souvent des faces courbes ou rugueuses. Faciès également compact, granulaire ou massif. Peut être rouge cuivré, brun cuivré ou bronze se ternissant en bleu, pourpre et rouge iridescent – d'où son nom commun anglais de « peacock ore ». Trace noir grisâtre. Minéral opaque avec un éclat métallique.

• **FORMATION** Dans des filons hydrothermaux avec d'autres minéraux tels que le quartz, la chalcopyrite et la galène ; aussi dans certaines roches magmatiques. La zone d'oxydation des veines de cuivre peut en contenir.

• **TESTS** Soluble dans l'acide nitrique.

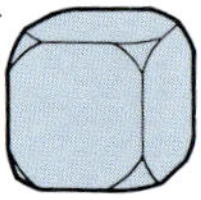
CUBIQUE

PS 5,0-5,1	Clivage Très médiocre	Fracture Inégale à conchoïdale

Groupe Sulfures	Composition $CuFeS_2$	Dureté 3,5-4

CHALCOPYRITE

Forme des cristaux pseudotétraédriques, souvent avec des faces striées et communément maclés ; faciès aussi compact, massif, réniforme ou botryoïdal. Elle est de couleur jaune cuivré et s'irise souvent en ternissant. Trace noir verdâtre. Minéral opaque avec un éclat métallique.

• **FORMATION** Comptant parmi les plus importants minerais de cuivre, elle se forme dans les dépôts de minerais de sulfures qui sont souvent des filons hydrothermaux, où l'on peut observer la chalcopyrite en association avec la pyrrhotite, le quartz, la calcite, la pyrite, la sphalérite et la galène. Également présente là où les dépôts de cuivre ont été altérés.

• **TESTS** Soluble dans l'acide nitrique ; colore la flamme en vert.

TÉTRAGONAL

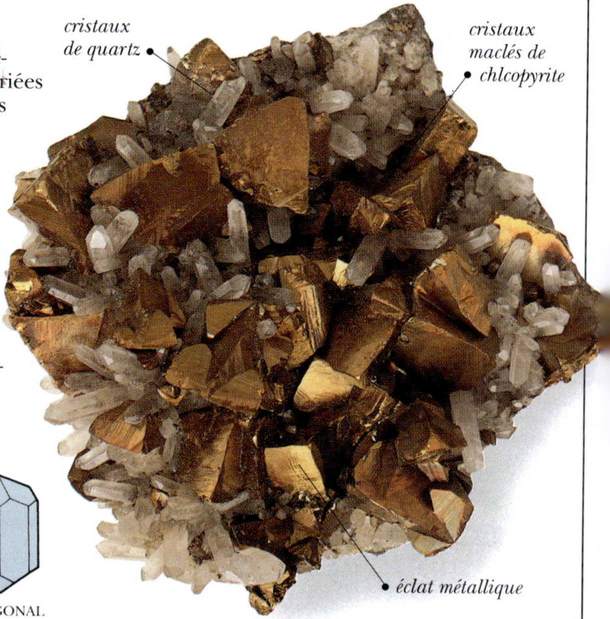

PS 4,3-4,4	Clivage Médiocre	Fracture Inégale à conchoïdale

Groupe Sulfures	Composition Cu_2S	Dureté 2,5-3

CHALCOSINE

Rarement, elle se présente en prismes pseudohexagonaux formés par macles. Peut également développer des cristaux courts, prismatiques ou tabulaires ; mais le faciès habituel est massif. Couleur et trace gris foncé. Minéral opaque à éclat métallique.

• **FORMATION** Dans des filons hydrothermaux avec d'autres minéraux tels que la bornite, le quartz, la calcite, la covelline, la chalcopyrite, la galène et la sphalérite.

• **TESTS** Soluble dans l'acide nitrique et aussi fusible. Lorsqu'elle brûle, elle colore la flamme en vert et produit des vapeurs de dioxyde de soufre.

PS 5,5-5,8	Clivage Indistinct	Fracture Conchoïdale

Groupe Sulfures	Composition CuS	Dureté 1,5-2

COVELLINE

Se présente sous la forme de plaquettes fines, tabulaires, hexagonales, mais les faciès massifs et foliés sont plus communs. Sa couleur est bleu indigo, souvent piqué d'irisations pourpres. Trace gris foncé à noir. Minéral opaque avec un éclat métallique à terne. En la brisant, on observe un clivage basal parfait en fines lames flexibles.

• **FORMATION** Dans les parties des veines de cuivre qui ont été altérées – souvent par un enrichissement secondaire, dû à l'infiltration de fluides dans la veine.

• **TESTS** Fond très facilement, avec une flamme bleutée. Se dissout dans l'acide chlorhydrique.

PS 4,6-4,8	Clivage Basal parfait	Fracture Inégale

Groupe Sulfures	Composition As_2S_3	Dureté 1,5-2

ORPIMENT

Se présente, rarement, sous l'aspect de petits cristaux prismatiques. On l'observe plus fréquemment sous la forme de masses finement foliacées, en faciès massif ou en colonnes. Couleur généralement jaune citron soutenu, parfois jaune brunâtre. Trace jaune pâle. Minéral transparent à translucide avec un éclat résineux sur les surfaces fraîches, mais les plans de clivages sont nacrés.

• **FORMATION** Dans les filons hydrothermaux de basse température, souvent en association avec la stibine et le réalgar. Aussi dans les encroûtements entourant les sources hydrothermales.

• **TESTS** Fond très facilement. Chauffé, il libère une odeur d'ail particulièrement forte, typique d'un minéral riche en arsenic. Se dissout aussi dans l'acide nitrique, laissant à la surface du liquide des traces de soufre jaune.

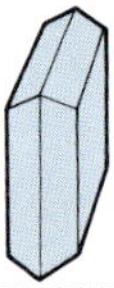

MONOCLINIQUE

PS 3,4-3,5	Clivage Parfait	Fracture Inégale

Groupe Sulfures	Composition AsS	Dureté 1,5-2

RÉALGAR

Forme de courts cristaux prismatiques striés ainsi que des agrégats massifs, compacts ou granulaires. La couleur varie du rouge vif au rouge orangé. Trace jaune orangé à rouge orangé. Minéral transparent à translucide avec un éclat résineux à gras.

• **FORMATION** Dans les filons hydrothermaux et autour des sources hydrothermales. Peut être associé à la stibine et l'orpiment, ainsi qu'à des minéraux de plomb, d'argent et d'antimoine.

• **TESTS** Comme d'autres minéraux arsenicaux, il dégage une forte odeur d'ail quand il est chauffé.

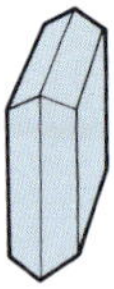

MONOCLINIQUE

PS 3,56	Clivage Bon	Fracture Conchoïdale

Groupe Sulfures	Composition MoS_2	Dureté 1-1,5

MOLYBDÉNITE

Développe généralement des cristaux tabulaires ou en tonnelets. Peut également se présenter sous forme de grains ou de masses foliées ou écailleuses. Couleur et trace grises. Minéral opaque avec un éclat métallique.

• **FORMATION** Se forme dans les filons hydrothermaux ainsi que dans les roches granitiques.

• **TESTS** Peut être particulièrement grasse au toucher.

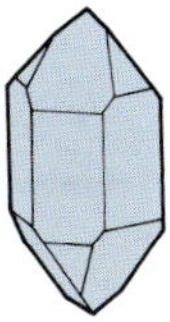

TRIGONAL / HEXAGONAL

PS 4,62-5,06	Clivage Basal parfait	Fracture Inégale

Groupe Sulfures	Composition MnS_2	Dureté 4

HAUÉRITE

Cristaux octaédriques à cubo-octaédriques. Faciès aussi massif ou sous forme d'agrégats globuleux. Couleur brun rougeâtre à brunâtre ou noire ; trace rouge brunâtre. Minéral opaque à éclat métallique à terne.

• **FORMATION** Dans la partie supérieure des dômes de sels par altération dans les évaporites.

• **TESTS** Soluble dans l'acide chlorhydrique.

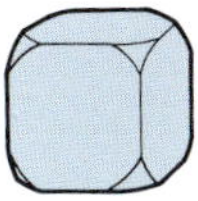

CUBIQUE

PS 3,46	Clivage Parfait	Fracture Subconchoïdale à inégale

Groupe Sulfures	Composition Bi_2S_3	Dureté 2

BISMUTHINE

Les cristaux sont prismatiques ou aciculaires. Faciès également massif, fibreux ou folié. La couleur est gris de plomb à blanc argenté, la trace gris de plomb. Minéral opaque avec un éclat métallique.

• **FORMATION** Dans les filons hydrothermaux de haute température et dans des roches granitiques. On l'observe en association avec le bismuth natif et divers sulfures.

• **TESTS** Soluble dans l'acide nitrique, laissant à la surface des flocons de soufre.

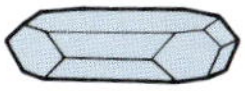

ORTHORHOMBIQUE

PS 6,8	Clivage Parfait	Fracture Inégale

Groupe	Composition	Dureté
Sulfures	FeS_2	6-6,5

PYRITE

Cristaux cubiques, pyritoédriques ou octaédriques ; macles communes. Les faces des cristaux sont souvent striées. La pyrite est massive, granulaire, réniforme, stalactitique, botryoïdale ou nodulaire. Sa couleur jaune pâle justifie son surnom d'« or de fous ». Trace noir verdâtre. Minéral opaque à éclat métallique.

• **FORMATION** Dans les filons hydrothermaux, les roches magmatiques comme minéral accessoire et des concrétions dans le schiste argileux et l'argile.

• **TESTS** Heurtée par un métal dur, émet des étincelles. Fond facilement.

PYRITE OCTAÉDRIQUE

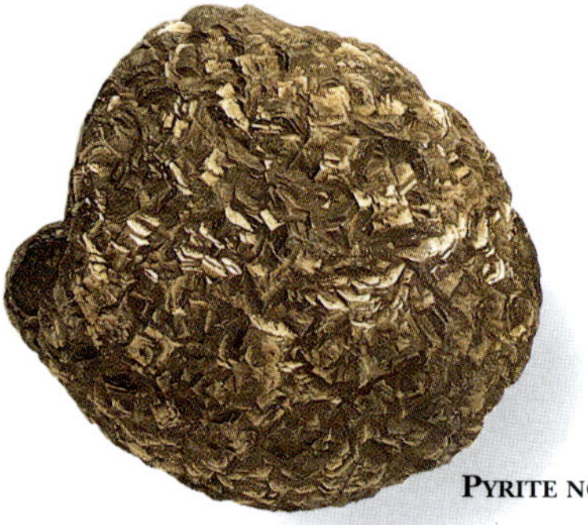

PYRITE NODULAIRE

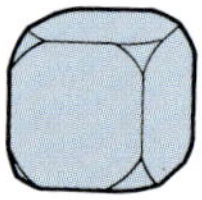

CUBIQUE

PS	Clivage	Fracture
5,0	Indistinct	Conchoïdale à inégale

Groupe	Composition	Dureté
Sulfures	FeS	3,5-4,5

PYRRHOTITE

Développe des cristaux tabulaires ou en lames. Faciès également massif ou granulaire. La couleur varie d'un jaune bronze à un rouge bronze cuivré ; le minéral se ternit en brun souvent avec des irisations. Trace gris foncé à noire. Minéral opaque avec un éclat métallique.

• **FORMATION** Dans des milieux de roches magmatiques ignées, plus particulièrement de composition basique et ultrabasique. On l'observe en association avec la pyrite, la galène, la sphalérite et d'autres sulfures.

• **TESTS** Elle est magnétique.

MONOCLINIQUE

PS	Clivage	Fracture
4,53-4,77	Aucun	Subconchoïdale à inégale

Groupe Sulfures	Composition FeAsS	Dureté 5,5-6

ARSÉNOPYRITE

Forme des cristaux prismatiques souvent maclés. Faciès également massif, en colonnes ou granulaire. Typiquement blanc argenté, l'arsénopyrite se ternit d'ombres roses, brunes et cuivre, avec des irisations. Trace noire à grise. Minéral opaque avec un éclat métallique.

• **FORMATION** Dans les filons hydrothermaux, les roches métamorphiques et les roches magmatiques basiques.

• **TESTS** Lorsqu'elle est chauffée ou heurtée par un objet dur, elle produit une odeur rappelant l'ail.

MONOCLINIQUE

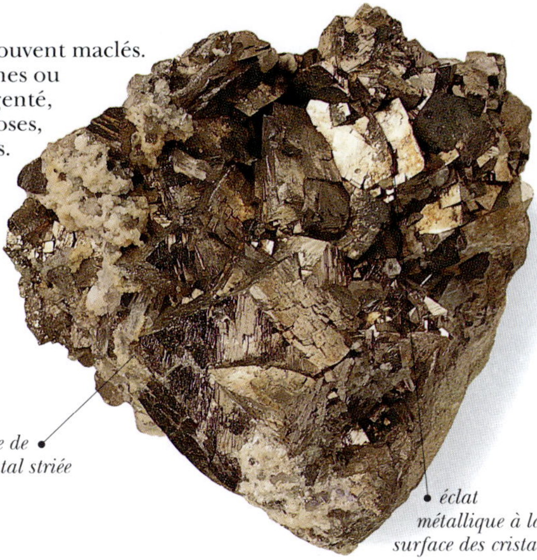

PS 6,1	Clivage Indistinct	Fracture Inégale

Groupe Sulfures	Composition FeS_2	Dureté 6-6,5

MARCASSITE

Développe des cristaux de formes variées, notamment tabulaire et pyramidale. Ceux-ci présentent souvent des faces courbes et forment, en guise de macles, des agrégats lancéolés ou en crête de coq. Faciès aussi massif, stalactitique ou réniforme. Les nodules de marcassite montrent une structure interne radiaire. Sa couleur jaune cuivré, plus claire que celle de la pyrite, s'assombrit suite à l'exposition. Trace noir verdâtre. Minéral opaque avec un éclat métallique.

• **FORMATION** À partir de solutions acides s'infiltrant dans des lits de schiste argileux, d'argile, de calcaire et de craie.

• **TESTS** Se dégrade rapidement suite à l'exposition à l'air. La pyrite, chimiquement identique à la marcassite, ne se décompose pas aussi facilement. Dissoute par l'acide nitrique, mais avec difficulté.

ORTHORHOMBIQUE

PS 4,92	Clivage Distinct	Fracture Inégale

Groupe Sulfures	Composition NiS	Dureté 3-3,5

MILLÉRITE

Cristaux généralement très fins, capillaires et formant des groupes radiaires. Faciès aussi massif. La couleur est jaune cuivre, la trace noir verdâtre. Elle est opaque avec un éclat métallique.

• **FORMATION** Se forme souvent en remplaçant d'autres minéraux de nickel. S'observe dans les calcaires, dolomites, serpentinites et veines de minéraux carbonatés.

• **TESTS** Bon conducteur de l'électricité ; fond facilement.

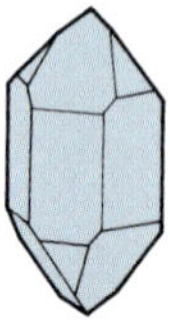

TRIGONAL/ HEXAGONAL

PS 5,3-5,6	Clivage Rhomboédrique parfait	Fracture Inégale

Groupe Sulfures	Composition (Co,Fe)AsS	Dureté 5

GLAUCODOT

Développe des cristaux prismatiques striés pouvant être maclés. Faciès aussi massif. La couleur est grise à blanche, la trace noire. Minéral opaque à éclat métallique.

• **FORMATION** Dans les filons hydrothermaux avec des minéraux tels que la pyrite.

• **TESTS** Soluble dans l'acide nitrique ; dégage une odeur d'ail lorsqu'il est chauffé.

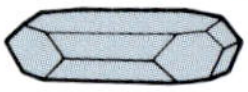

ORTHORHOMBIQUE

PS 5,9-6,1	Clivage Parfait	Fracture Inégale

Groupe Sulfures	Composition $(Fe,Ni)_9S_8$	Dureté 3,5-4

PENTLANDITE

Présente des faciès massifs ou granulaires. Elle est jaune bronze et laisse une trace brune. Minéral opaque avec un éclat métallique.

• **FORMATION** Dans les roches magmatiques basiques, telle la norite, suite à la ségrégation magmatique. S'associe à des minéraux comme la chalcopyrite, la pyrrhotite et les arséniates de nickel.

• **TESTS** Fond très facilement, donnant une perle gris de plomb.

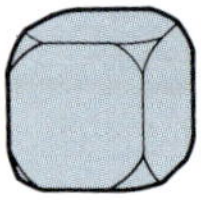

CUBIQUE

PS 4,6-5,0	Clivage Aucun	Fracture Conchoïdale

Groupe Tellurures	Composition $AuAgTe_4$	Dureté 1,5-2

SYLVANITE

Forme de courts cristaux prismatiques souvent maclés. Faciès également en lames, en colonnes ou en masses granulaires. Couleur : blanc argenté, grise ou jaune. Trace blanc argenté à gris acier. Minéral opaque avec un éclat métallique.

• **FORMATION** Dans les filons hydrothermaux en association avec la fluorite, d'autres tellurures, des sulfures et carbonates, l'or, le tellure et le quartz. De très fins cristaux, jusqu'à 1 cm de long, ont été observés en association avec l'or natif.

• **TESTS** Soluble dans l'acide nitrique. Chauffée dans l'acide sulfurique concentré, la solution devient rouge. Fond facilement.

MONOCLINIQUE

PS 8,1-8,2	Clivage Parfait	Fracture Inégale

Groupe Arséniates	Composition NiAs	Dureté 5-5,5

NICKÉLINE

Des cristaux de nickéline se forment rarement ; quand on en observe, ils sont petits et pyramidaux. Les faciès communs sont en colonnes, massifs ou réniformes. La couleur est un rouge cuivré très pâle se ternissant de noir. Trace noir brunâtre. Minéral opaque avec un éclat métallique.

• **FORMATION** Dans les filons hydrothermaux et dans les norites ; s'observe en association avec les minerais d'argent, de nickel et de cobalt.

• **TESTS** Soluble dans l'acide nitrique, tachant la solution de vert. Sent l'ail lorsqu'elle est chauffée. Fond très facilement.

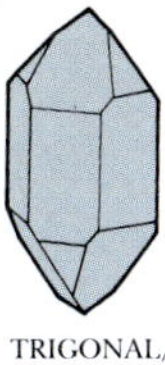

TRIGONAL/ HEXAGONAL

PS 7,7-7,8	Clivage Aucun	Fracture Inégale

Groupe Arséniates	Composition $(Co,Ni)As_{2-3}$	Dureté 5,5-6

SMALTITE

Membre de la série chloanthite-skuttérudite-smaltite, elle forme des cristaux cubiques, octaédriques ou cubo-octaédriques. Faciès également massif, granulaire ou réticulé. La couleur est blanc étain, la trace noire. Minéral opaque avec un éclat métallique.

- **FORMATION** Dans les filons hydrothermaux.
- **TESTS** Chauffée, elle libère des vapeurs à odeur d'ail.

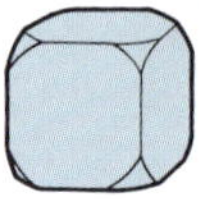

CUBIQUE

PS 6,1-6,9	Clivage Distinct	Fracture Inégale

Groupe Arséniates	Composition $(Ni,Co)As_{2-3}$	Dureté 5,5-6

CHLOANTHITE

Membre de la série chloanthite-skuttérudite-smaltite, elle se présente sous forme de cristaux soit cubiques, soit octaédriques, avec un faciès massif ou granulaire. La couleur est blanc étain, la trace noire. Minéral opaque à éclat métallique.

- **FORMATION** Dans les filons hydrothermaux.
- **TESTS** Elle est riche en nickel. Chauffée, elle libère des vapeurs sentant fortement l'ail.

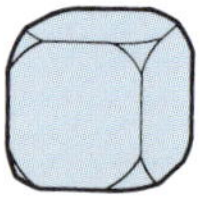

CUBIQUE

PS 6,1-6,9	Clivage Distinct	Fracture Inégale

Groupe Arséniates	Composition $CoAs_{2-3}$	Dureté 5,5-6

SKUTTÉRUDITE

Il s'agit d'un membre intermédiaire de la série chloanthite-skuttérudite-smaltite. Elle forme essentiellement des cristaux cubiques. Des cristaux octaédriques peuvent éventuellement se former mais sont rares. Les autres faciès sont massifs ou granulaires. La couleur est blanc étain, la trace noire. Minéral opaque à éclat métallique.

- **FORMATION** Dans les filons hydrothermaux.
- **TESTS** Des vapeurs sentant fortement l'ail se dégagent lorsqu'on la chauffe.

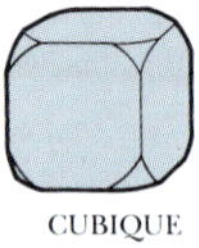

CUBIQUE

PS 6,1-6,9	Clivage Distinct	Fracture Inégale

Groupe	Composition	Dureté
Sels sulfurés	Cu_3AsS_4	3

ÉNARGITE

Les cristaux sont prismatiques ou tabulaires et souvent maclés. Les faces des cristaux portent des stries verticales. Faciès également massif ou granulaire. Couleur et trace gris foncé à noir. Minéral opaque à éclat métallique.

• **FORMATION** Dans les filons hydrothermaux ou les dépôts de remplacement. Ces veines minérales se forment lorsque des fluides à haute température de la croûte terrestre montent vers la surface et que leurs éléments précipitent. Elle s'associe à de nombreux minéraux tels que le quartz et les sulfures (galène, bornite, sphalérite, pyrite, chalcopyrite). On l'observe aussi dans les roches surmontant les dômes de sel, avec des minéraux tels que l'anhydrite.

• **TESTS** Chauffée, elle sent l'ail. Soluble dans l'acide nitrique ; fond dans la flamme d'une allumette.

ORTHORHOMBIQUE

PS	Clivage	Fracture
4,4-4,5	Parfait	Inégale

Groupe	Composition	Dureté
Sels sulfurés	$Pb_4FeSb_6S_{14}$	2,5

JAMESONITE

Forme des cristaux aciculaires à fibreux ; faciès massif ou plumeux. La couleur et la trace sont gris foncé. Minéral opaque à éclat métallique.

• **FORMATION** Dans des filons hydrothermaux où des fluides à haute température et chimiquement riches se sont infiltrés dans les joints et les failles, déposant des minéraux en refroidissant. S'associe à d'autres sels sulfurés, avec des sulfures, des carbonates et aussi avec le quartz.

• **TESTS** Soluble dans l'acide chlorhydrique.

MONOCLINIQUE

PS	Clivage	Fracture
5,63	Bon clivage basal	Inégale à conchoïdale

Groupe Sels sulfurés	Composition Ag_5SbS_4	Dureté 2-2,5

Stéphanite

Forme des cristaux courts, prismatiques ou tabulaires parfois maclés. Faciès également massif. Typiquement de couleur noir de fer avec une trace noire. Minéral opaque à éclat métallique.

• **Formation** Dans des veines, avec l'argent natif, des sulfures et d'autres sels sulfurés tels que l'acanthite, la tétraédrite, la polybasite, la proustite et l'argentite.

• **Tests** Soluble dans l'acide nitrique ; libère alors de l'arsenic et du dioxyde de soufre. Fond très facilement.

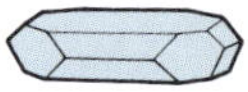

ORTHORHOMBIQUE

PS 6,25	Clivage Imparfait	Fracture Inégale à subconchoïdale

Groupe Sels sulfurés	Composition Ag_3SbS_3	Dureté 2,5

Pyrargyrite

Forme des cristaux prismatiques ou scalénoédriques qui peuvent être maclés. Faciès aussi massif, compact avec des particules disséminées. Typiquement rouge sombre à noire. Trace rouge sombre. Minéral translucide avec un éclat adamantin à submétallique.

• **Formation** Dans les filons hydrothermaux, associée à d'autres sels sulfurés, à l'argent et d'autres minéraux (pyrite, galène, quartz, dolomite et calcite).

• **Tests** Soluble dans l'acide nitrique ; fond facilement.

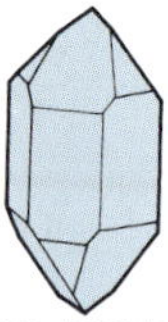

TRIGONAL /HEXAGONAL

PS 5,8-5,9	Clivage Rhomboédrique distinct	Fracture Conchoïdale à inégale

Groupe Sels sulfurés	Composition $(Ag)_{16}Sb_2S_{11}$	Dureté 2-3

POLYBASITE

Forme des cristaux tabulaires pseudohexagonaux, qui portent souvent sur leurs faces des stries triangulaires. Faciès aussi massif. De couleur noir de fer avec une trace noire ; les éclats fins peuvent être rouge foncé. Minéral opaque à éclat métallique sur les surfaces fraîches.

• **FORMATION** Dans les filons hydrothermaux avec l'argent natif mais aussi avec d'autres sels de sulfures et sulfures tels que la galène, l'argentite et d'autres minéraux d'argent et de plomb.

• **TESTS** Fond très facilement à de basses températures lorsqu'on la chauffe à la flamme.

MONOCLINIQUE

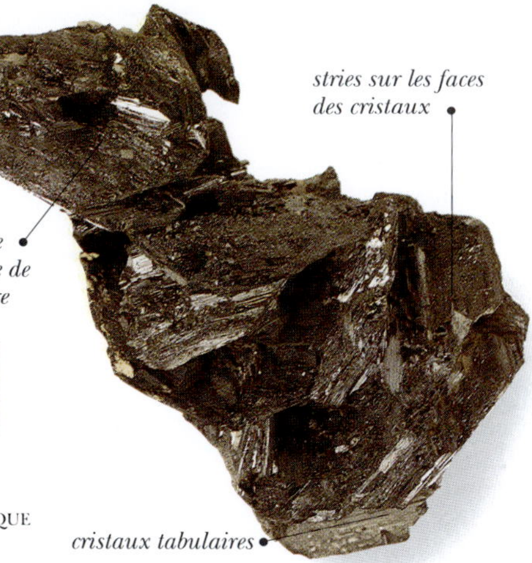

PS 6-6,3	Clivage Basal imparfait	Fracture Inégale

Groupe Sels sulfurés	Composition $CuPbSbS_3$	Dureté 2,5-3

BOURNONITE

Développe des cristaux courts, prismatiques ou tabulaires, souvent striés et maclés. Faciès également massif, granulaire ou compact. La couleur est typiquement gris acier à noir. Trace grise ou noire. Minéral opaque à éclat métallique.

• **FORMATION** Se forme avec la tétraédrite, la galène, l'argent, la chalcopyrite, la sidérite, le quartz, la sphalérite et la stibine dans les filons hydrothermaux ; il s'agit de fractures de l'écorce terrestre dans lesquelles circulent des fluides à haute température déposant des minéraux en se refroidissant.

• **TESTS** Chauffée à la flamme, fond très facilement. Elle est rapidement soluble dans l'acide nitrique. La présence de cuivre est suggérée par le fait que la solution d'acide nitrique résultante est colorée de vert.

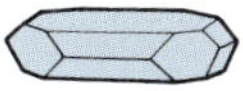
ORTHORHOMBIQUE

PS 5,83	Clivage Imparfait	Fracture Subconchoïdale à inégale

Groupe Sels sulfurés	Composition $Cu_{12}Sb_4S_{13}$	Dureté 3-4,5

TÉTRAÉDRITE

Forme des cristaux de forme tétraédrique, d'où son nom. Les cristaux sont souvent maclés et présentent de nombreuses faces triangulaires. Les autres faciès sont granulaires, massifs ou compacts. La couleur est grise à noire, la trace variable, de noire ou brune à rouge. Minéral opaque à éclat métallique. La tétraédrite est chimiquement proche de la tennantite (ci-dessous).

• **FORMATION** Dans les filons hydrothermaux avec des sulfures, des carbonates, le quartz, la fluorite et la barite.

• **TESTS** Soluble dans l'acide nitrique.

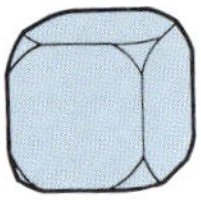

CUBIQUE

PS 4,6-5,1	Clivage Aucun	Fracture Inégale à subconchoïdale

Groupe Sels sulfurés	Composition $(Cu,Fe)_{12}As_4S_{13}$	Dureté 3-4,5

TENNANTITE

Ses cristaux tétraédriques sont souvent modifiés par d'autres formes. Les cristaux sont fréquemment maclés. Les autres faciès sont massifs, granulaires ou compacts. Ce minéral est gris foncé à noir, la trace noire, brune ou rouge foncé. Minéral opaque avec un éclat métallique parfois très vif.

• **FORMATION** Dans les filons hydrothermaux, en association avec de nombreux autres minéraux tels que la barite, la fluorite, le quartz, la galène, la sphalérite, la pyrite, la chalcopyrite, la calcite et la dolomite. Peut également se former dans des filons de haute température, et dans les dépôts métasomatiques.

• **TESTS** Soluble dans l'acide nitrique ; fond facilement.

CUBIQUE

PS 4,59-4,75	Clivage Aucun	Fracture Inégale à subconchoïdale

Groupe	Composition	Dureté
Sels sulfurés	$Pb_5Sb_4S_{11}$	2,5-3

BOULANGÉRITE

Forme de longs cristaux prismatiques parfois aciculaires. Les autres faciès sont massifs, fibreux ou plumeux. La couleur est gris de plomb à gris bleuté, la trace brunâtre. Minéral opaque à éclat terne ou métallique.

• **FORMATION** Dans les filons hydrothermaux, avec la galène, la pyrite et la sphalérite, avec des sels sulfurés, dont la tétraédrite, la tennantite et la proustite, et avec d'autres minéraux tels que le quartz et divers carbonates.

• **TESTS** Fond très facilement à la flamme. Elle ne réagit pas avec les acides froids dilués mais est soluble dans les acides forts à chaud.

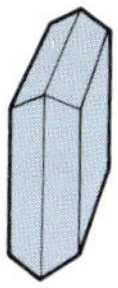

MONOCLINIQUE

PS	Clivage	Fracture
6,23	Bon	Inégale

Groupe	Composition	Dureté
Sels sulfurés	Ag_3AsS_3	2-2,5

PROUSTITE

Les cristaux formés sont prismatiques, rhomboédriques ou scalénoédriques. Faciès également massif ou compact. Il est d'un beau rouge écarlate et laisse une trace écarlate, mais il se ternit lorsqu'il est exposé à la lumière. Translucide à transparent avec un éclat d'adamantin à submétallique.

• **FORMATION** Dans les filons hydrothermaux en association avec d'autres sels sulfurés dont la tétraédrite et la tennantite, avec des sulfures tels que la galène, et avec le quartz.

• **TESTS** Soluble dans l'acide nitrique. Fond facilement.

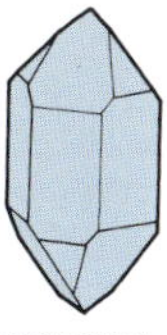

TRIGONAL / HEXAGONAL

PS	Clivage	Fracture
5,55-5,64	Rhomboédrique distinct	Conchoïdale à inégale

HALOGÉNURES

CES MINÉRAUX contiennent des éléments dits halogènes : chlore, brome, fluor, iode. Ils sont communs dans nombre de milieux géologiques. Certains, tels que la halite, s'observent dans les séquences évaporitiques, couches alternantes de roches sédimentaires contenant diverses évaporites (gypse, halite, roche de potasse) dans une séquence déterminée, entremêlée de roches tels le maërl, l'argile ou le calcaire.

•

D'autres halogénures, telle la florite, s'observent dans les filons hydrothermaux. Ils sont souvent assez mous, présentant un système cristallin cubique et de poids spécifique faible.

Groupe Halogénures	Composition NaCl	Dureté 2

HALITE

Les cristaux, de forme cubique, montrent souvent des faces concaves. Ils sont appelés cristaux en trémie. Exceptionnellement, la halite forme des cristaux octaédriques. Les autres faciès sont massifs, granulaires ou compacts. Le minéral présentant un faciès compact est connu sous le nom de pierre de sel. Il peut être blanc, incolore, orange, jaune, rougeâtre, bleu, pourpre et noir. Trace toujours blanche. Minéral transparent à translucide avec un éclat vitreux.

• **FORMATION** Il s'agit d'un minéral évaporitique, formé par précipitation lorsque l'eau de lacs salés ou de lagunes s'évapore. Elle s'associe à d'autres minéraux évaporitiques tels que la sylvite, le gypse, la dolomite et l'anhydrite.

• **TESTS** Peut être soumise à divers tests simples. Son goût est salé. Elle est rapidement soluble dans l'eau froide ; si ces solutions sont mises à sécher, de petits cristaux en trémie se forment par précipitation. La halite est grasse au toucher. Elle colore la flamme de jaune. Elle peut contenir des impuretés entraînant une fluorescence verte, orange ou rougeâtre.

CRISTAUX EN TRÉMIE

HALITE ORANGE

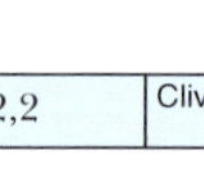

CUBIQUE

PS 2,1-2,2	Clivage Cubique parfait	Fracture Inégale à conchoïdale

Groupe Halogénures	Composition KCl	Dureté 2

SYLVITE

Les cristaux formés sont généralement des cubes, rarement des octaèdres. Faciès également encroûtant, massif ou granulaire. Elle peut être incolore, blanchâtre, grise, bleuâtre, jaune, pourpre ou rouge. Trace blanche. Minéral transparent à éclat vitreux.

• **FORMATION** Se forme comme minéral évaporitique par précipitation de solutions salées, en association avec des minéraux tels que la halite, le gypse, la polyhalite, la carnallite et l'anhydrite.

• **TESTS** Comme la halite, elle est soluble dans l'eau froide. Elle a un goût amer.

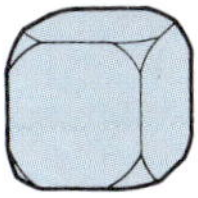

CUBIQUE

PS 1,99	Clivage Cubique parfait	Fracture Inégale

Groupe Halogénures	Composition $AgCl$	Dureté 2,5

CHLORARGYRITE

Les cristaux sont rares. Faciès généralement massif ou en flocons, ou en encroûtements et enduits cireux. La chlorargyrite fraîche est incolore, mais, exposée à la lumière, varie du gris au vert ou jaune ; peut virer au brun pourpre. Transparente à quasi opaque, d'éclat résineux à adamantin.

• **FORMATION** Se forme comme minéral secondaire dans les zones altérées des dépôts d'argent.

• **TESTS** Malléable aux températures ordinaires ; fond dans la flamme d'une bougie. Soluble dans l'ammoniaque mais pas dans l'acide nitrique.

CUBIQUE

PS 5,55	Clivage Aucun	Fracture Inégale à subconchoïdale

Groupe Halogénures	Composition $KMgCl_3.6H_2O$	Dureté 2

CARNALLITE

Les cristaux sont rares. S'ils se forment, ils sont pseudohexagonaux et pyramidaux. Les faciès communs sont granulaires ou massifs. La carnallite est blanche ou incolore, bien qu'elle puisse présenter une couleur rougeâtre due à de minuscules inclusions d'un minéral de fer oxydé, l'hématite. Minéral transparent à translucide à l'éclat gras et d'apparence lumineuse.

• **FORMATION** Dans d'épaisses séries évaporitiques, avec le gypse, l'anhydrite, la halite (pierre de sel) et la sylvite, en association avec des roches sédimentaires (maërl, argile ou dolomite).

• **TESTS** Déliquescente ; présente un goût amer et salé. Fond facilement en colorant la flamme de violet, témoignant de la présence de potassium.

ORTHORHOMBIQUE

PS 1,6	Clivage Aucun	Fracture Conchoïdale

Groupe Halogénures	Composition Na_3AlF_6	Dureté 2,5

CRYOLITE

Forme des cristaux pseudocubiques et de courts cristaux prismatiques. Les macles sont fréquentes. Faciès également massif ou granulaire. Peut être incolore, blanche, jaunâtre, brune, rougeâtre. Trace blanche. Minéral transparent à translucide à l'éclat vitreux ou gras.

• **FORMATION** Dans les roches magmatiques, en particulier dans les pegmatites acides.

• **TESTS** Presque invisible dans l'eau car elle a un indice de réfraction similaire à celui de l'eau. Fond très facilement en colorant la flamme de jaune, ce qui indique la présence de sodium. Le globule transparent résultant de la fonte du minéral s'opacifie en refroidissant.

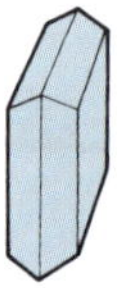

MONOCLINIQUE

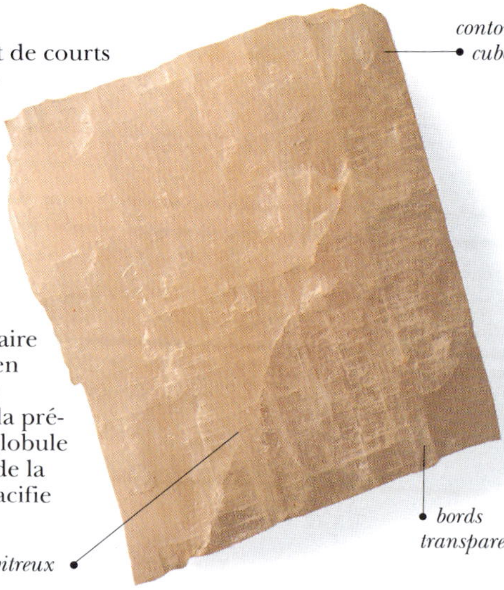

PS 2,97	Clivage Aucun	Fracture Inégale

Groupe Halogénures	Composition $Pb_{26}Ag_{10}Cu_{24}Cl_{62}(OH)_{48}.3H_20$	Dureté 3-3,5

BOLÉITE

Forme des cristaux cubiques ou octaédriques, dans le système cristallin cubique (certains minéralogistes classent la boléite dans le système tétragonal). La couleur est un bleu indigo profond, la trace bleue avec une nuance verte. Minéral translucide. Malgré l'éclat vitreux des faces cristallines, les plans de clivage sont nacrés.

• **FORMATION** Se forme avec nombre d'autres minéraux secondaires de plomb, dans les zones lessivées des dépôts de plomb, notamment avec la cumengite et la pseudoboléite.

• **TESTS** Soluble dans l'acide nitrique. Détail supplémentaire aidant à l'identification : fond facilement.

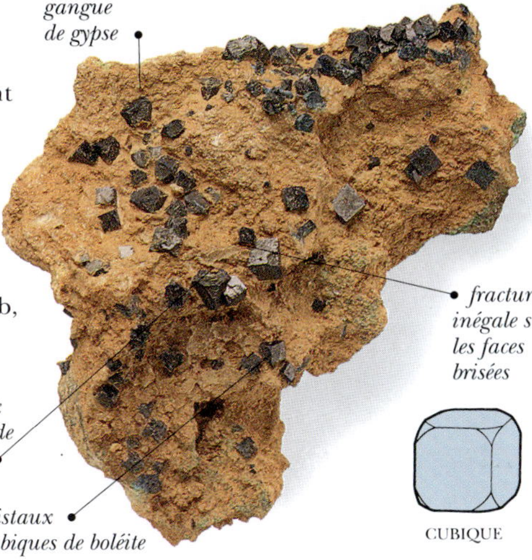

CUBIQUE

PS 5,0-5,1	Clivage Parfait	Fracture Inégale

Groupe Halogénures	Composition $Cu_2Cl(OH)_3$	Dureté 3-3,5

ATACAMITE

Forme de fins cristaux prismatiques et tabulaires souvent maclés. Les faces des cristaux sont souvent striées. Faciès aussi massif, fibreux ou granulaire. La couleur varie d'un vert brillant à un vert très foncé et la trace est vert pomme. Minéral transparent à translucide avec un éclat vitreux à adamantin.

• **FORMATION** Dans les zones oxydées des dépôts de cuivre, en tant que minéral secondaire, en association avec la malachite, l'azurite et le quartz. Se forme également autour des cheminées volcaniques.

• **TESTS** Soluble dans l'acide chlorhydrique sans effervescence. Fond facilement dans la flamme en la colorant de bleu.

ORTHORHOMBIQUE

PS 3,76	Clivage Parfait	Fracture Conchoïdale

Groupe Halogénures	Composition CaF_2	Dureté 4

FLUORITE

Les cristaux sont des cubes et des octaèdres souvent maclés. Faciès aussi massif, granulaire ou compact. La fluorite existe dans une variété de couleurs allant de pourpre, vert, incolore, blanc et jaune à rose, rouge, bleu et noir. Trace blanche. Minéral transparent à translucide à l'éclat vitreux. La cassure suivant le clivage octaédrique parfait met en évidence des sections triangulaires au niveau des coins des cristaux cubiques.

• **FORMATION** Dans les filons hydrothermaux et autour des sources chaudes. Minéral commun qui s'associe au quartz, à la calcite, la dolomite, la galène, la pyrite, la chalcopyrite, la sphalérite, la barite et à divers autres minéraux de filons hydrothermaux.

• **TESTS** Comme son nom le suggère, elle peut être fortement fluorescente à la lumière ultraviolette.

FLUORITE POURPRE

FLUORITE VERTE

FLUORITE JAUNE

FLUORITE ROSE

BLUE JOHN

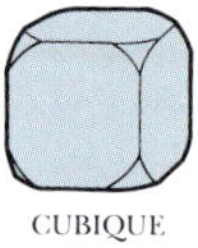

CUBIQUE

PS 3,18	Clivage Octaédrique parfait	Fracture Conchoïdale

Groupe Halogénures	Composition $Pb_2CuCl_2(OH)_4$	Dureté 2,5

DIABOLÉITE

Forme des cristaux tabulaires, au contour souvent carré et de très petite taille. Faciès également massif, granulaire, et des agrégats de fines plaquettes. Sa couleur est bleu profond, la trace légèrement bleutée. Minéral transparent à translucide ; l'éclat des surfaces fraîches est vitreux.

• **FORMATION** Se forme aux endroits où des minéraux primaires ont été altérés. Ceci se produit quand des fluides provenant de la surface de la terre, ou de zones inférieures, réagissent avec les roches et minéraux préexistants. Sa formation est associée à des minéraux semblables, telles la linarite, la boléite et la cérusite.

• **TESTS** Libère de la vapeur d'eau quand on la chauffe dans un récipient clos.

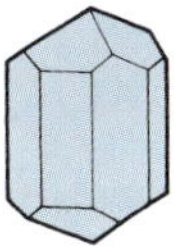

TÉTRAGONAL

PS 5,42	Clivage Basal parfait	Fracture Conchoïdale

Groupe Halogénures	Composition $NaSr_3Al_3(F,OH)_{16}$	Dureté 4-4,5

JARLITE

Développe parfois de minuscules cristaux tabulaires. Le faciès est plus souvent massif. Généralement blanche, la jarlite peut aussi être brune, grise ou incolore. Trace blanche. Minéral transparent à translucide à l'éclat vitreux sur les faces des cristaux.

• **FORMATION** Ce minéral peu commun se forme dans deux situations géologiques majeures. On le trouve avec la cryolite, un autre halogénure, dans les pegmatites et dans les micaschistes. Ces roches se forment par métamorphisme général de degré moyen à des profondeurs considérables dans la croûte terrestre. Dans ce cas, elle sera le plus souvent observée avec la topaze et la fluorite.

• **TESTS** Libère de la vapeur d'eau quand on la chauffe dans un récipient clos.

MONOCLINIQUE

PS 3,87	Clivage Indéterminé	Fracture Inégale

OXYDES ET HYDROXYDES

LES OXYDES sont constitués d'éléments combinés à l'oxygène, tel l'oxyde de fer, ou hématite, où le fer s'est combiné à l'oxygène (O). Forment un groupe varié, représenté dans de nombreux milieux géologiques et dans la plupart des types de roches. Certains, telles l'hématite, la magnétite (autre oxyde de fer), la cassitérite (oxyde d'étain) et la chromite (oxyde de chrome), sont d'importants minerais de métaux. D'autres, tel le corindon (oxyde d'aluminium), sont des pierres précieuses comme le rubis ou le saphir. Les propriétés des oxydes sont diverses. Les gemmes et minerais de métaux, très durs et de poids spécifique élevé, sont de couleurs très diverses, du rouge profond du rubis au bleu du saphir, du rouge, du vert et du bleu des spinelles (oxydes de magnésium et d'aluminium) au noir de la magnétite.

Les hydroxydes se forment quand des éléments se combinent avec le groupe hydroxyle (OH), telle la brucite ou hydroxyde de magnésium. Ces minéraux présentent généralement une dureté peu élevée : la brucite présente une dureté de 2,5, la gibbsite (hydroxyde d'aluminium) une dureté de 2,5 à 3,5.

Groupe Oxydes	Composition $MgAl_2O_4$	Dureté 7,5-8

SPINELLE

Forme des cristaux octaédriques et parfois cubiques ou dodécaédriques. Faciès aussi massif, granulaire ou compact. La couleur varie de rouge à vert, bleu, brun et noir. Trace blanche. Minéral transparent à opaque à l'éclat vitreux.

• **FORMATION** Dans une variété de roches métamorphiques dont les serpentinites, le gneiss et le marbre, ainsi que dans des roches magmatiques basiques.

• **TESTS** Une caractéristique de ce minéral : infusible. Les variétés de spinelle riches en chrome ou en fer sont respectivement la picotite et le pléonaste foncé.

PLÉONASTE

SPINELLE RUBIS

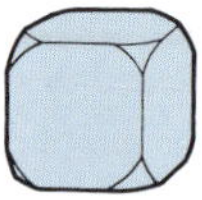

CUBIQUE

PS 3,5-4,1	Clivage Aucun	Fracture Conchoïdale à inégale

Groupe	Composition	Dureté
Oxydes	ZnO	4-4,5

ZINCITE

Ses cristaux hémimorphiques pyramidaux sont rarement formés. Faciès généralement massif, granulaire ou folié. La couleur est rouge foncé à jaune orangé. Trace jaune orangé. Minéral translucide à transparent à l'éclat subadamantin.

• **FORMATION** Dans les roches métamorphiques de contact, en association avec des minéraux tels que la calcite, la willémite, la franklinite et la téphrite. Il s'agit d'un important minéral de zinc, prisé pour sa rareté par les collectionneurs et les minéralogistes.

• **TESTS** Soluble dans l'acide chlorhydrique, mais sans effervescence. Elle est fluorescente et ne fond pas dans la flamme.

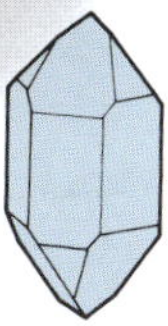
TRIGONAL / HEXAGONAL

PS	Clivage	Fracture
5,68	Parfait	Conchoïdale

Groupe	Composition	Dureté
Oxydes	$(Zn,Mn^{+2},Fe^{+2})(Fe^{+3},Mn^{+3})_2O_4$	5,5-6,5

FRANKLINITE

Appartient au groupe des spinelles ; présente des cristaux octaédriques dont les arêtes sont souvent arrondies et des faciès granulaires ou massifs. La couleur est noire, la trace brun rougeâtre à noire. Minéral opaque à éclat métallique.

• **FORMATION** Dans les dépôts de zinc des calcaires et dolomites métamorphosées. S'associe à de nombreux autres minéraux dont la calcite, la willémite, la zincite, la rhodonite et le grenat.

• **TESTS** Faiblement magnétique, elle le devient fortement quand on la chauffe à la flamme. Infusible. Soluble dans l'acide chlorhydrique sans effervescence.

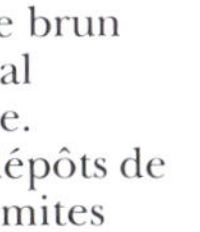
CUBIQUE

PS	Clivage	Fracture
5,07-5,22	Aucun	Inégale à subconchoïdale

Groupe Oxydes	Composition Cu_2O	Dureté 3,5-4

CUPRITE

Les cristaux sont octaédriques, cubiques ou dodécaédriques ; les macles sont peu communes. Faciès également massif, compact ou granulaire. La couleur est rouge, la trace rouge brunâtre. Minéral translucide à transparent. Exposée à l'air, la cuprite se ternit en s'opacifiant partiellement. L'éclat est adamantin, submétallique ou terreux.

• **FORMATION** Dans les zones oxydées des dépôts de cuivre, où elle est associée au cuivre natif, à la malachite, l'azurite, la chalcocite et aux oxydes de fer.

• **TESTS** Soluble dans l'acide nitrique et dans d'autres acides. Fond en colorant la flamme de vert.

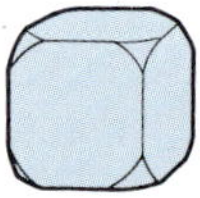

CUBIQUE

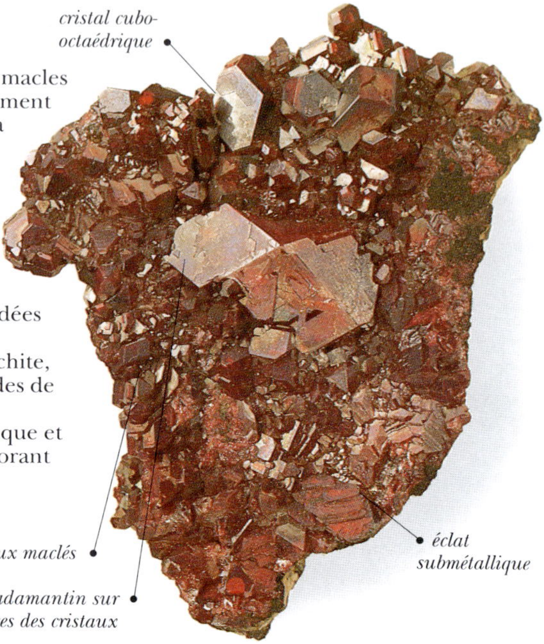

PS 6,14	Clivage Octaédrique médiocre	Fracture Conchoïdale à inégale

Groupe Oxydes	Composition $FeCr_2O_4$	Dureté 5,5

CHROMITE

Les cristaux sont octaédriques mais rarement observés. Faciès communs massifs, granulaires ou nodulaires. Noire à noir brunâtre avec une trace brun foncé. Minéral opaque à éclat métallique.

• **FORMATION** Dans les roches magmatiques, en particulier ultrabasiques et basiques ; les placers contiennent souvent de la chromite.

• **TESTS** Insoluble dans les acides. Faiblement magnétique. Ne fond pas dans la flamme.

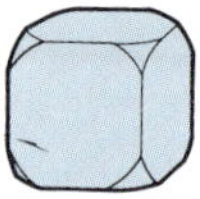

CUBIQUE

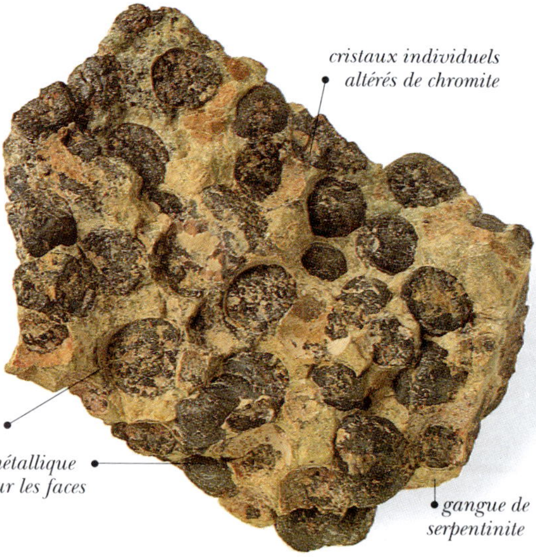

PS 4,5-4,8	Clivage Aucun	Fracture Inégale

Groupe Oxydes	Composition Fe_3O_4	Dureté 5,5-6,5

Magnétite

Forme des cristaux octaédriques et dodécaédriques ; faciès massif ou granulaire. La couleur est noire, comme la trace. Minéral opaque dont l'éclat est métallique ou terne.

• **Formation** Dans les roches magmatiques et les filons et dépôts de remplacement.

• **Tests** Comme son nom l'indique, elle est fortement magnétique, attire la grenaille de fer et dévie l'aiguille d'une boussole.

Magnétite granulaire

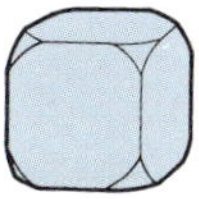

CUBIQUE

Cristal octaédrique

PS 5,2	Clivage Aucun	Fracture Subconchoïdale à inégale

Groupe Oxydes	Composition $FeTiO_3$	Dureté 5-6

Ilménite

Développe généralement d'épais cristaux tabulaires et forme parfois des cristaux rhomboédriques. Les macles sont fréquentes. Les autres faciès sont lamellaires, massifs, compacts ou granulaires. Couleur noire à noir brunâtre, trace noire à rouge brunâtre. Minéral opaque avec un éclat métallique à terne.

• **Formation** Minéral accessoire dans les filons hydrothermaux et dans de nombreuses roches magmatiques, dont les pegmatites. Aussi placer dans les sables noirs.

• **Tests** Réduite en poudre, elle est soluble dans l'acide chlorhydrique concentré. Froide, elle est faiblement magnétique.

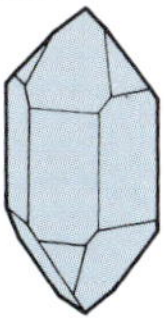

TRIGONAL / HEXAGONAL

PS 4,72	Clivage Aucun	Fracture Conchoïdale à inégale

Groupe	Composition	Dureté
Oxydes	Fe_2O_3	5-6

HÉMATITE

Les cristaux sont tabulaires ou rhomboédriques, parfois prismatiques ou pyramidaux. Les cristaux tabulaires peuvent s'assembler en rosettes, les roses de fer. Faciès également massif, compact, en colonnes, fibreux, réniforme, botryoïdal, stalactitique, folié ou granulaire. L'hématite présentant un faciès réniforme est connue sous le nom de « minerai-rein ». Sa couleur varie du brunâtre, rouge vif, rouge sang et rouge brunâtre au gris acier et au noir de fer. Trace rouge brunâtre. Minéral opaque avec un éclat métallique à terne.

• **FORMATION** Minéral hydrothermal et de remplacement qui se forme également dans les roches magmatiques comme minéral accessoire.

• **TESTS** Peut devenir magnétique lorsqu'elle est chauffée.

HÉMATITE HEXAGONALE

MINERAI-REIN

HÉMATITE SPÉCULAIRE

HÉMATITE MASSIVE

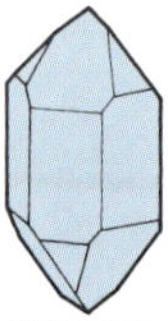

TRIGONAL / HEXAGONAL

PS	Clivage	Fracture
5,26	Aucun	Inégale à subconchoïdale

Groupe Oxydes	Composition $BeAl_2O_4$	Dureté 8,5

CHRYSOBÉRYL

Les cristaux sont tabulaires ou prismatiques, souvent maclés. Les autres faciès sont granulaires ou massifs. La couleur varie de vert ou jaune à brunâtre ou gris. La variété gemme, l'alexandrite, est verte à la lumière du jour, mais rouge à la lumière de tungstène. Minéral transparent à translucide avec un éclat vitreux.

• **FORMATION** Dans de nombreuses roches, dont les pegmatites, les schistes, les gneiss et les marbres. Peut également se trouver dans les placers qui sont des dépôts d'alluvions. Sa présence est alors due à sa dureté élevée et à sa résistance à l'altération et à la corrosion.

• **TESTS** Minéral insoluble.

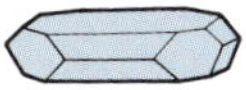

ORTHORHOMBIQUE

PS 3,7-3,8	Clivage Prismatique distinct	Fracture Conchoïdale à inégale

Groupe Oxydes	Composition SnO_2	Dureté 6-7

CASSITÉRITE

Peut former de courts cristaux effilés prismatiques ou bipyramidaux. Faciès également massif, granulaire, botryoïdal ou réniforme. La couleur typique, brune à noire, peut également être jaunâtre ou neutre. Trace blanche, grise ou brunâtre. Minéral transparent à quasi opaque avec un éclat adamantin sur les faces des cristaux et gras sur les fractures.

• **FORMATION** Dans les filons hydrothermaux de haute température ; les minéraux associés comprennent le quartz, la chalcopyrite et la tourmaline. Se forme également dans certaines roches métamorphiques de contact.

• **TESTS** Insoluble dans les acides et quasi infusible.

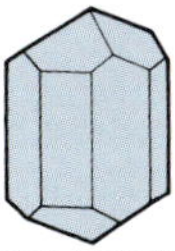

TÉTRAGONAL

PS 7,0	Clivage Médiocre	Fracture Subconchoïdale à inégale

Groupe Oxydes	Composition Al_2O_3	Dureté 9

CORINDON

Forme des cristaux bipyramidaux pointus, prismatiques, tabulaires ou rhomboédriques. Faciès également massif et granulaire. Peut présenter diverses couleurs, mais laisse toujours une trace blanche. Transparent à translucide avec un éclat vitreux ou adamantin.

- **FORMATION** Dans les roches magmatiques et métamorphiques.
- **TESTS** Insoluble et infusible.

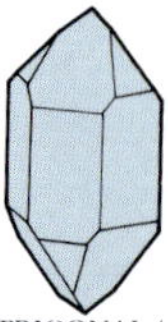

TRIGONAL/ HEXAGONAL

PS 4,0-4,1	Clivage Aucun	Fracture Conchoïdale à inégale

Groupe Oxydes	Composition Al_2O_3	Dureté 9

RUBIS

Variété de corindon, il forme des cristaux bipyramidaux, prismatiques, tabulaires ou rhomboédriques. De couleur rouge, il laisse une trace blanche. Transparent à translucide avec un éclat vitreux ou adamantin.

- **FORMATION** Dans les roches magmatiques et métamorphiques. Aussi dans le gravier de rivière, car il est très dur.
- **TESTS** Insoluble dans les acides.

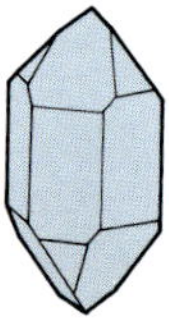

TRIGONAL/ HEXAGONAL

PS 4,0-4,1	Clivage Aucun	Fracture Conchoïdale à inégale

Groupe Oxydes	Composition Al_2O_3	Dureté 9

SAPHIR

Variété bleue du corindon, il forme des cristaux bipyramidaux, prismatiques, tabulaires ou rhomboédriques. Les autres faciès sont massifs et granulaires. Peut être aussi vert, jaune, pourpre ou incolore. Transparent à translucide avec un éclat vitreux ou adamantin.

- **FORMATION** Dans des roches magmatiques et métamorphiques.
- **TESTS** Insoluble dans les acides et infusible dans la flamme.

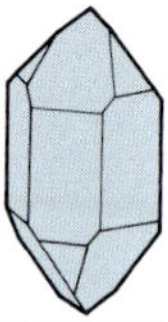

TRIGONAL/ HEXAGONAL

PS 4,0-4,1	Clivage Aucun	Fracture Conchoïdale à inégale

Groupe Oxydes	Composition MnO_2	Dureté 2-6,5

PYROLUSITE

Les cristaux sont prismatiques mais très rares. Faciès communs massifs, compacts, en colonne ou fibreux. Incrustations dendritiques fréquentes. Couleur noire à gris foncé, trace noire ou noir bleuté. Minéral opaque à éclat métallique, terne ou terreux.

• **FORMATION** Précipite dans les lacs et marécages, et sous forme de nodules au fond des océans. Minéral secondaire dans les filons de manganèse.

• **TESTS** Soluble dans l'acide chlorhydrique ; salit les mains au toucher.

PYROLUSITE DENDRITIQUE

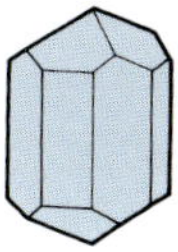

TÉTRAGONAL

PYROLUSITE MASSIVE

PS 5,06	Clivage Parfait	Fracture Inégale

Groupe Oxydes	Composition $CaTiO_3$	Dureté 5,5

PÉROVSKITE

Développe des cristaux pseudo-cubiques striés parallèlement aux arêtes. Également sous forme de masses réniformes. Couleur jaune, ambre, brun foncé ou noir. Trace incolore à gris clair. Transparent à opaque ; éclat métallique à adamantin.

• **FORMATION** Dans certaines roches magmatiques basiques et ultrabasiques, les schistes riches en talc et en chlorite, et dans certains marbres. Elle est aussi un minéral accessoire dans certaines roches, composant de la roche peu important qui n'influence pas l'ensemble de ses propriétés chimiques ni sa classification.

• **TESTS** N'est soluble que dans l'acide sulfurique à chaud. Infusible.

ORTHORHOMBIQUE

PS 4,01	Clivage Imparfait	Fracture Subconchoïdale à inégale

Groupe Oxydes	Composition TiO_2	Dureté 6-6,5

RUTILE

Les cristaux sont prismatiques et souvent striés. Forme aussi des cristaux aciculaires très effilés dans le quartz (quartz rutilé). Les macles sont communes. Faciès également massif. La couleur est brun rougeâtre, rouge, jaune ou noire, la trace brun pâle à jaunâtre. Il est transparent à opaque avec un éclat submétallique à adamantin.

• **FORMATION** Se forme comme minéral accessoire dans de nombreuses roches magmatiques ainsi que dans les schistes et les gneiss métamorphiques. On observe parfois de fines aiguilles inclues dans le quartz. Leur arrangement est variable et elles peuvent former des agrégats entrecroisés dans les cristaux de quartz.

• **TESTS** Insoluble dans divers acides. Ne fond pas dans la flamme.

QUARTZ RUTILE

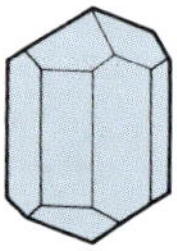

TÉTRAGONAL

RUTILE MASSIF

PS 4,23	Clivage Distinct	Fracture Conchoïdale à inégale

Groupe Oxydes	Composition TiO_2	Dureté 5,5-6

BROOKITE

Forme des cristaux tabulaires striés verticalement et des cristaux prismatiques. Couleur brune, brun rougeâtre ou noir brunâtre. Trace blanche, grise ou jaunâtre. Minéral transparent à opaque avec un éclat adamantin à submétallique.

• **FORMATION** S'observe dans de nombreuses situations géologiques. Se forme dans certaines roches métamorphiques, en particulier les schistes et gneiss de haut degré, dans des filons traversant la roche. Souvent associé au quartz, au rutile et aux feldspaths. Se trouve aussi dans des roches sédimentaires sous forme de minéraux détritiques.

• **TESTS** Insoluble dans les acides et infusible.

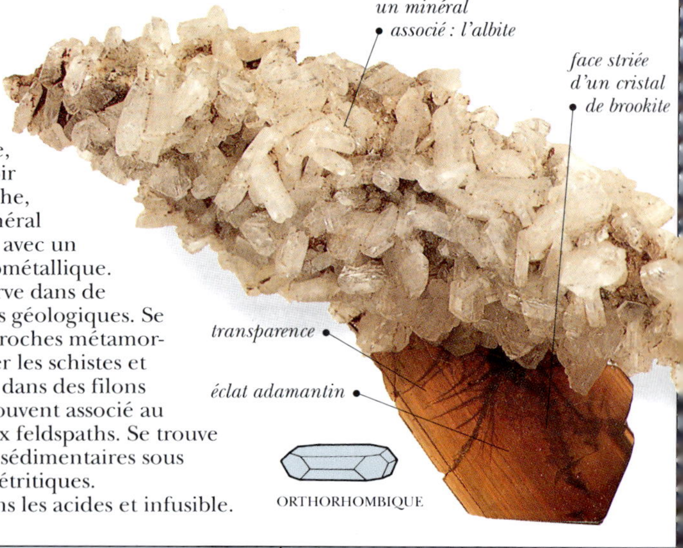

ORTHORHOMBIQUE

PS 4,1-4,2	Clivage Médiocre	Fracture Subconchoïdale à inégale

Groupe Oxydes	Composition TiO_2	Dureté 5,5-6

ANATASE

Les cristaux pyramidaux sont fréquemment striés. Ils peuvent aussi être tabulaires et sont alors très modifiés. La couleur peut être brune, bleu profond ou noire, la trace incolore, blanche ou jaune pâle. Minéral transparent à quasi opaque avec un éclat adamantin à sub-métallique.

• **FORMATION** Le dioxyde de titane est donc trimorphique (brookite, rutile et anatase). L'anatase se forme dans certaines roches métamorphiques, en particulier le schiste et le gneiss. On peut aussi le trouver en tant que minéral accessoire dans certaines roches magmatiques, tels la diorite et le granite. S'observe également dans les placers.

• **TESTS** Insoluble dans tous les acides.

ORTHORHOMBIQUE

PS 3,82-3,97	Clivage Basal parfait	Fracture Subconchoïdale

Groupe Oxydes	Composition UO_2	Dureté 5-6

URANINITE

Synonyme de pechblende. Forme des cristaux cubiques, cubo-octaédriques, octaédriques ou dodécaédriques. Plus souvent, le faciès est massif, botryoïdal ou granulaire. Couleur et trace noires à noir brunâtre ou grisâtre. Minéral opaque avec un aspect submétallique, gras ou terne.

• **FORMATION** Dans les filons hydrothermaux. S'observe aussi dans les roches sédimentaires stratifiées (grès ou conglomérat) et dans certaines roches magmatiques, dont les pegmatites et les granites.

• **TESTS** Hautement radioactive. Infusible et insoluble dans l'acide chlorhydrique ; se dissout lentement dans l'acide nitrique.

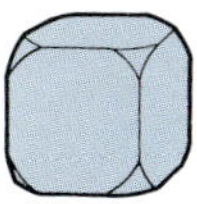

CUBIQUE

PS 6,5-10,0	Clivage Indistinct	Fracture Conchoïdale à inégale

Groupe	Composition	Dureté
Oxydes	SiO_2	7

QUARTZ

L'un des minéraux les plus communs. Développe des prismes hexagonaux terminés par des rhomboèdres ou des formes pyramidales. Les cristaux sont souvent maclés et déformés, et leurs faces striées. Faciès également massif, granulaire, concrétionné, stalactitique ou cryptocristallin. Coloration extraordinairement variée : blanc, gris, rouge, pourpre, rose, jaune, vert, brun et noir aussi bien qu'incolore. Le quartz est aussi la source d'une série de pierres semi-précieuses, dont plusieurs sont illustrées ici. Trace blanche. Minéral transparent à translucide ; éclat vitreux sur les surfaces fraîches.

• **FORMATION** Souvent dans les roches magmatiques, métamorphiques ou sédimentaires, ainsi que dans les filons de minerais de métaux.

• **TESTS** Insoluble, sauf dans l'acide fluorhydrique.

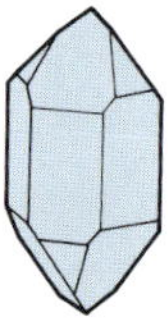

TRIGONAL/ HEXAGONAL

QUARTZ FUMÉ

QUARTZ ROSE

AMÉTHYSTE

PS	Clivage	Fracture
2,65	Aucun	Conchoïdale à inégale

CRISTAL DE ROCHE

QUARTZ LAITEUX

CITRINE

Groupe Oxydes	Composition SiO_2	Dureté 7

CALCÉDOINE

Variété microcristalline du dioxyde de silice, elle se présente souvent en masses mamillaires ou botryoïdales. Couleur très variable : blanche, bleue, rouge, verte, brune ou noire. Les variétés de calcédoine comprennent le jaspe, forme opaque ; l'agate, en bandes concentriques de couleurs différentes ; l'agate mousseuse, forme dendritique sombre ; le chrysoprase, variété verte et l'onyx, où les bandes sont parallèles. La cornaline est rouge à brun rougeâtre, la sardoine brun clair à brun foncé. Trace blanche. La calcédoine est transparente, translucide, ou opaque ; éclat vitreux à cireux.

• **FORMATION** Dans des cavités de roches de différents types, en particulier les laves. Se développe souvent à des températures relativement basses en précipitant à partir de solutions silicatées. Elle peut également se former à partir de l'opale, par perte d'eau.

• **TESTS** Son poids spécifique supérieur permet de la distinguer de l'opale.

CALCÉDOINE BOTRYOÏDALE

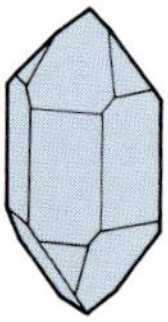

TRIGONAL/ HEXAGONAL

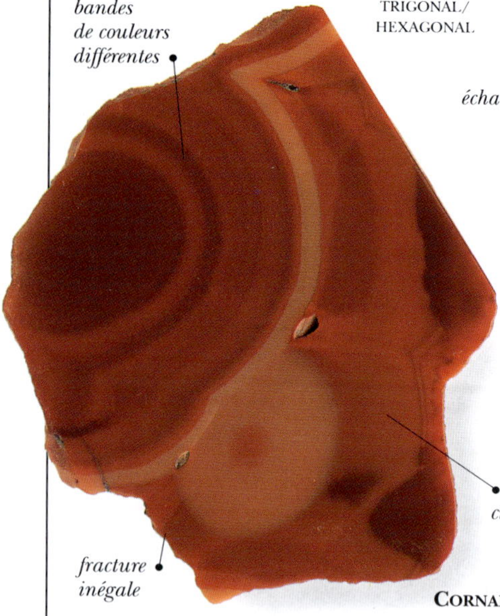

CORNALINE

AGATE FORTIFIÉE

PS 2,65	Clivage Aucun	Fracture Conchoïdale

CHRYSOPARSE

JASPE

ONYX

Groupe Oxydes	Composition $(Fe,Mn)(Nb,Ta)_2O_6$	Dureté 6-6,5

COLUMBITE

Forme une série avec la tantalite. Les cristaux tabulaires ou prismatiques sont souvent maclés. Faciès aussi massif. Gris-noir à noir brunâtre, il peut s'iriser en ternissant. Trace rouge sombre à noire. Cette série est transparente à opaque avec un éclat submétallique à résineux.

• **FORMATION** Dans les pegmatites granitiques.

• **TESTS** Le poids spécifique augmente avec le contenu en tantale.

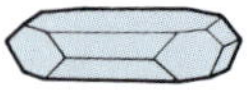
ORTHORHOMBIQUE

PS 5,1-8,2	Clivage Distinct	Fracture Subconchoïdale à inégale

Groupe Oxydes	Composition $(Y,Ce,U,Fe)_3(Nb,Ta,Ti)_5O_{15}$	Dureté 5-6

SAMARSKITE

Se présente sous forme de cristaux prismatiques à section rectangulaire avec des faciès massifs ou compacts. La couleur est noire ou brunâtre, la trace indéterminée. Minéral translucide à opaque avec un éclat résineux, vitreux ou submétallique sur les surfaces fraîches.

• **FORMATION** Dans les pegmatites granitiques.

• **TESTS** Soluble dans les acides chauds ; radioactive.

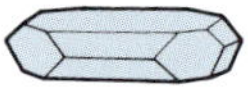
ORTHORHOMBIQUE

PS 5,15-5,69	Clivage Indistinct	Fracture Conchoïdale

Groupe Oxydes	Composition Mn_3O_4	Dureté 5,5

HAUSMANNITE

Les cristaux pseudo-octaédriques et pyramidaux sont souvent maclés. Elle forme également des masses granulaires. La couleur est noir brunâtre, la trace brune. Minéral opaque sauf pour de très fins fragments qui sont translucides. L'éclat est submétallique.

• **FORMATION** Dans les roches ayant subi un métamorphisme de contact. S'observe également dans les filons hydrothermaux.

• **TESTS** Soluble dans l'acide chlorhydrique concentré.

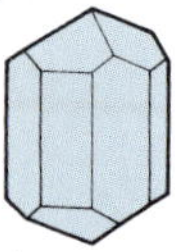
TÉTRAGONAL

PS 4,84	Clivage Bon	Fracture Inégale

Groupe Oxydes	Composition Oxydes et hydroxydes	Dureté Tendre

WAD

Combinaison de plusieurs oxydes et hydroxydes, en particulier de manganèse ; ce n'est pas un minéral à proprement parler. Il contient beaucoup de pyrolusite et de psilomélane. D'apparence informe, son faciès peut être réniforme, arborescent, encroûtant ou massif. Souvent d'un noir terne, bien qu'il puisse être gris de plomb, bleuté ou noir brunâtre. Trace brun foncé ou noirâtre. Opaque ; éclat terne ou terreux.

- **FORMATION** Généralement dans les zones à minéraux de manganèse.
- **TESTS** Libère de la vapeur d'eau lorsqu'on le chauffe en tube à essai clos.

PS 2,8-4,4	Clivage Aucun	Fracture Inégale

Groupe Hydroxydes	Composition $(Ba,H_2O)(Mn^{+4},Mn^{+3})_5O_{10}$	Dureté 5-6

ROMANÉCHITE

Appartient au groupe du psilomélane. Anciennement, le nom psilomélane se rapportait à un minéral unique. Aujourd'hui, on le considère comme un nom de groupe. Faciès massif, botryoïdal, réniforme, stalactitique ou terreux. Couleur noire à gris foncé. Trace brillante noire ou noir brunâtre. Opaque avec un éclat submétallique.

- **FORMATION** Par l'altération d'autres minéraux, en particulier des silicates et des carbonates riches en manganèse. Minéral commun dans les concrétions et aux endroits où des calcaires ont été remplacés par d'autres matériaux.
- **TESTS** Soluble dans l'acide chlorhydrique, libérant du chlore gazeux. Dégage de la vapeur d'eau si on le chauffe en tube clos.

ROMANÉCHITE MASSIVE

ROMANÉCHITE BOTRYOÏDALE

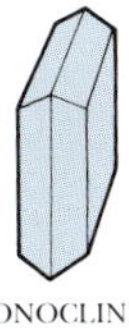

MONOCLINIQUE

PS 6,4	Clivage Non déterminé	Fracture Inégale

Groupe	Composition	Dureté
Oxydes	Pyrochlore $(Na,Ca,U)_2(Nb,Ta,Ti)_2O_6(OH,F)$	5-5,5

Pyrochlore-microlite

Série de minéraux formant des cristaux octaédriques parfois maclés. Les autres faciès sont en grains ou masses irrégulières. La couleur est brune, brun rougeâtre ou noir. Trace jaunâtre à brune. La série est translucide à opaque avec un éclat vitreux à résineux.

• **Formation** Dans les pegmatites et les carbonatites. Minéral accessoire dans les syénites néphélines.

• **Tests** L'uranium (U), le niobium (Nb) et le titane (Ti) n'entrent pas dans la composition de la microlite. Les minéraux de cette série sont infusibles. Ne sont solubles dans l'acide nitrique qu'avec grande difficulté. Nombre d'éléments comme le thorium et l'uranium peuvent remplacer le calcium et le sodium dans la structure chimique quand le minéral devient radioactif.

Pyrochlore

Microlite

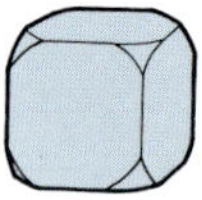

CUBIQUE

PS	Clivage	Fracture
4,3-5,7	Distinct	Subconchoïdale à inégale

Groupe	Composition	Dureté
Hydroxydes	$Al(OH)_3$	2,5-3,5

Gibbsite

Forme des cristaux pseudo-hexagonaux tabulaires. Présente aussi un faciès massif, en enduits ou en encroûtements. Couleur blanche, grise, verdâtre, rosée ou rougeâtre. Trace indéterminée. Minéral transparent à translucide avec un éclat vitreux à nacré.

• **Formation** Dans les filons hydrothermaux et comme produit d'altération des minéraux d'aluminium.

• **Tests** Sent l'argile humide.

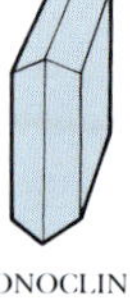

MONOCLINIQUE

PS	Clivage	Fracture
2,4	Parfait	Inégale

Groupe Oxydes	Composition $SiO_2 . nH_2O$	Dureté 5,5-6,5

Opale

Structure amorphe présentant un grand nombre de faciès, notamment massif, botryoïdal, réniforme stalactitique, globulaire, nodulaire ou concrétionné. L'opale précieuse est blanc laiteux ou noire avec un jeu de couleurs combinées, le plus souvent rouge, bleue et jaune. Les couleurs peuvent changer si la température de l'eau contenue dans le minéral augmente. Les opales précieuses chauffées, dans la main par exemple, brillent particulièrement. L'opale de feu est orange ou rougeâtre, présentant ou non un jeu de couleurs. L'opale commune est grise, noire ou verte, sans jeu de couleurs. Trace blanche. L'opale est transparente à opaque. Son éclat varie de vitreux à résineux, cireux ou nacré, mais l'éclat vitreux est le plus commun.

• **Formation** À basse température à partir d'eau riche en silice, particulièrement autour des sources chaudes ; mais on la trouve dans tous les environnements géologiques.

• **Tests** Insoluble dans les acides et souvent fluorescente dans la lumière ultraviolette. Se décompose à la chaleur et peut se transformer en quartz par perte des molécules d'eau. L'exposition à l'air pour n'importe quelle durée rend la structure minérale fragile suite à la perte d'eau et l'apparition de fractures.

Opale précieuse

Opale de bois

Opale de feu

PS 1,9-2,3	Clivage Aucun	Fracture Conchoïdale

Groupe Hydroxydes	Composition $Mg(OH)_2$	Dureté 2,5

BRUCITE

Forme de larges cristaux tabulaires. Son faciès peut être massif, folié, fibreux (némalite) ou granulaire. Il est de couleur blanche, vert pâle, grise, bleutée et, quand il contient du manganèse, jaune à brune. Trace blanche. Minéral transparent à l'éclat cireux, vitreux ou nacré (les variétés fibreuses sont soyeuses). Quand on la brise prudemment, des lamelles flexibles inélastiques se dégagent selon le clivage parfait.

• **FORMATION** Dans les calcaires métamorphosés, les schistes et les serpentinites.

• **TESTS** Soluble dans l'acide chlorhydrique sans effervescence. Infusible.

BRUCITE CRISTALLINE

NÉMALITE

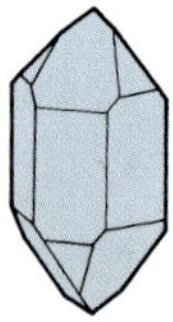

TRIGONAL/ HEXAGONAL

PS 2,38-2,40	Clivage Parfait	Fracture Inégale

Groupe Hydroxydes	Composition FeO(OH)	Dureté 5-5,5

GOETHITE

Forme parfois des cristaux prismatiques striés verticalement, mais son faciès est plus souvent massif, botryoïdal, stalactitique ou terreux. La couleur est brun noirâtre ou brun rougeâtre à jaunâtre. Trace orange à brunâtre. Minéral opaque à l'éclat adamantin sur les faces cristallines et terne ailleurs.

• **FORMATION** Par altération de dépôts riches en fer.

• **TESTS** Devient magnétique quand on la chauffe.

ORTHORHOMBIQUE

PS 3,3-4,3	Clivage Parfait	Fracture Inégale

Groupe Hydroxydes	Composition $FeO(OH).nH_2O$	Dureté 5-5,5

LIMONITE

Ne développe pas de cristaux. Ce matériel amorphe forme des masses terreuses, concrétionnées, mamillaires et stalactitiques, avec une structure fibro-radiaire. S'observe souvent comme forme pseudomorphique après la pyrite et d'autres minéraux de fer. Couleur jaune, jaune brunâtre, brune ou noire. Trace brun jaune. Transparent ou semi-opaque avec un éclat vitreux, submétallique, soyeux ou terne.

• **FORMATION** Se forme comme minéral secondaire dans les zones altérées des dépôts de fer ou par précipitation en mer, en eau douce et dans les marais.

• **TESTS** Chauffée en tube clos, libère de la vapeur d'eau. Se dissout très lentement dans l'acide.

PS 2,7-4,3	Clivage Aucun	Fracture Inégale

Groupe Hydroxydes	Composition $MnO(OH)$	Dureté 4

MANGANITE

Forme des cristaux prismatiques striés souvent en faisceaux. Les macles sont communes. Faciès également massif, fibreux, en colonnes, granulaire, concrétionné ou stalactitique. Gris foncé à noire. Trace brun rougeâtre à noire. Minéral opaque à l'éclat submétallique.

• **FORMATION** Dans les filons hydrothermaux de basse température ainsi que dans les dépôts marins de faible profondeur, les lacs et les marais. Se dépose parfois à partir d'eau météorique circulant sous terre. Souvent partiellement altérée en pyrolusite par les fluides circulant dans et à la surface de la terre. Sa propre forme cristalline reste inchangée.

• **TESTS** Soluble en acide chlorhydrique et libère du chlore.

MONOCLINIQUE

PS 4,3	Clivage Parfait	Fracture Inégale

Groupe Hydroxydes	Composition $FeO(OH)$ et $Al_2O_32H_2O$	Dureté 1-3

BAUXITE

Combinaison de plusieurs minéraux : l'oxyde d'aluminium hydraté, la gibbsite, la boehmite, le diaspore et des oxydes de fer. Devrait être classée parmi les roches, mais on la décrit habituellement avec les minéraux. La variabilité de sa composition rend difficile la description de ses propriétés. Le faciès est généralement massif, concrétionné, oolithique ou pisolitique. La couleur varie de blanche à jaunâtre ou rouge et brun rougeâtre. Normalement, la trace est blanche. L'éclat est terne ou terreux ; minéral opaque.

• **FORMATION** Par altération et dégradation de roches contenant des silicates d'aluminium. Ceci a plus de chance de se produire en conditions tropicales, lorsque des pluies abondantes lavent les silicates de la roche, laissant en place les minéraux d'aluminium.

• **TESTS** Sent l'argile humide. Infusible et virtuellement insoluble.

PS 2,3-2,7	Clivage Aucun	Fracture Inégale

Groupe Hydroxydes	Composition $AlO(OH)$	Dureté 6,5-7

DIASPORE

Forme des cristaux aciculaires ou tabulaires aplatis ainsi que des faciès massifs, foliés, écailleux ou stalactitiques. Fréquemment disséminé et granulaire. Couleur blanche, incolore, grisâtre, jaunâtre, verdâtre, brune, pourpre ou rose. Trace blanche. Minéral transparent à translucide à l'éclat vitreux, mais nacré sur les plans de clivage.

• **FORMATION** Dans les roches magmatiques altérées et les marbres. S'observe avec de nombreux minéraux dont la magnétite, les spinelles, la dolomite, la chlorite et le corindon. Aussi dans les dépôts argileux avec la bauxite et des minéraux argileux riches en aluminium.

• **TESTS** Insoluble et infusible.

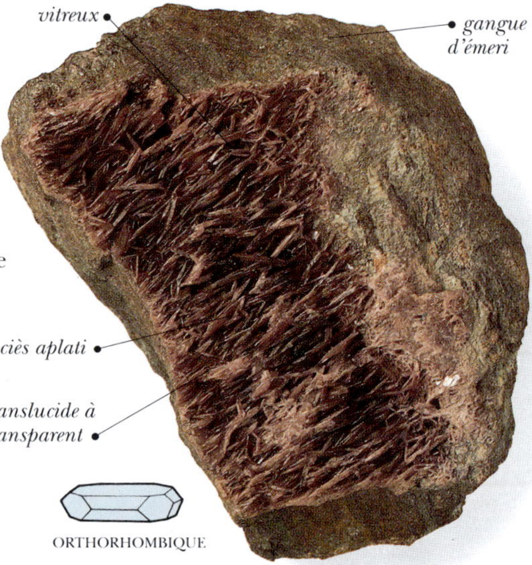

ORTHORHOMBIQUE

PS 3,3-3,5	Clivage Parfait	Fracture Conchoïdale

Groupe Hydroxydes	Composition $FeO(OH)$	Dureté 5

LÉPIDOCROCITE

Peut former des cristaux aplatis, mais son faciès est plus souvent massif ou fibreux. La couleur est rouge profond à brun rougeâtre, la trace orange. Minéral transparent à éclat submétallique.

• **FORMATION** Se forme, en tant que minéral accessoire, avec des minéraux tels que la goethite.

• **TESTS** Chauffé, il est fortement magnétique. Se dissout lentement dans l'acide chlorhydrique, beaucoup plus rapidement dans l'acide nitrique.

ORTHORHOMBIQUE

PS 3,9	Clivage Parfait	Fracture Inégale

Groupe Oxydes	Composition $WO_3.H_2O$	Dureté 1-2,5

TUNGSTITE

Les cristaux microscopiques sont aplatis mais rarement observés. Massive, terreuse ou pulvérulente. Couleur jaune ou gris jaunâtre. Trace jaune. Minéral transparent à translucide avec un éclat terreux ou résineux.

• **FORMATION** Dans les environnements où des minéraux de tungstène ont été altérés.

• **TESTS** Soluble dans les solutions alcalines mais insoluble dans les acides.

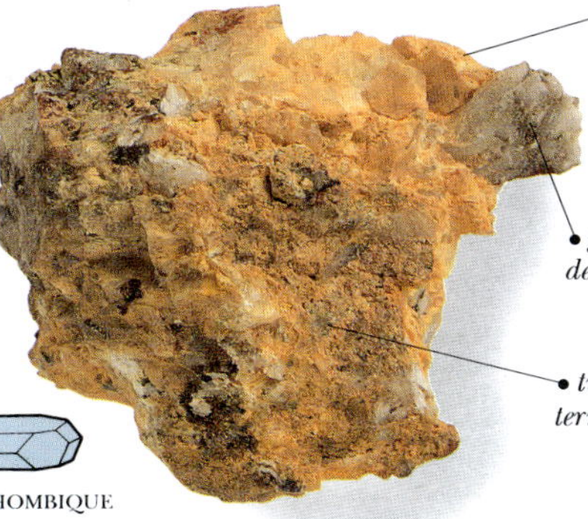

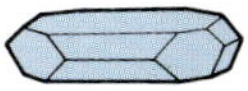
ORTHORHOMBIQUE

PS 5,5	Clivage Parfait	Fracture Inégale

Groupe Hydroxydes	Composition $Sb^{+3}Sb_2^{+5}O_6(OH)$	Dureté 4-5,5

STIBICONITE

Peut être prismatique ou pseudomorphe d'après le minéral qu'elle remplace. Les faciès communs sont massifs, compacts ou botryoïdaux, ou encore encroûtants. La couleur, blanche à jaunâtre pâle, peut aussi être orange, brune, grise ou noire en présence d'impuretés. Trace blanc jaune. Transparente à translucide avec un éclat nacré à terreux.

• **FORMATION** Par altération de la stibine.

• **TESTS** Chauffée dans un tube clos, elle libère de la vapeur d'eau.

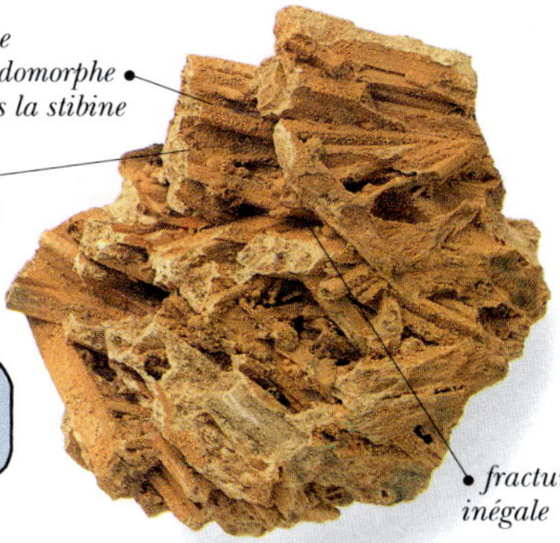

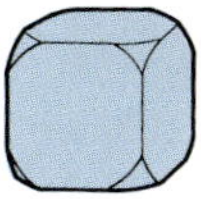
CUBIQUE

PS 3,3-3,5	Clivage Non déterminé	Fracture Inégale

CARBONATES, NITRATES ET BORATES

LE CARBONE et l'oxygène, sous forme de CO_3, se combinent avec les métaux pour former les carbonates. Lorsque le métal est le calcium, le minéral formé est la calcite. La whitérite est faite de CO_3 et de barium, la rhodochrosite de CO_3 et de manganèse. Les carbonates tendent à être solubles dans l'acide chlorhydrique dilué, produisant une effervescence suite au dégagement de dioxyde de carbone. Beaucoup de carbonates sont blancs, quelques autres vivement colorés. Les carbonates sont généralement assez tendres, leur densité dépendant du métal entrant dans la composition chimique.

Les nitrates, représentés ici par la nitratine, sont peu répandus. Les borates (ulexite, colemanite) contiennent du bore et de l'oxygène sous forme de BO_3 combiné avec des métaux.

Groupe	Composition	Dureté
Carbonates	$CaCo_3$	3,5-4

ARAGONITE

Les cristaux prismatiques allongés sont souvent maclés. Enchevêtrées, les macles peuvent produire des formes pseudo-hexagonales. Le faciès peut également être en colonnes, stalactitique, fibreux, radiaire ou d'allure corallienne (appelé alors *flos ferri* : « fleur de fer »). Couleur blanche, incolore, grise, jaunâtre, verte, bleue, violette, rougeâtre ou brune. Trace blanche. Transparente à translucide avec un éclat vitreux.

• **FORMATION** Dans les roches métamorphiques et sédimentaires, les grottes des régions calcaires, des filons minéraux et autour des sources chaudes.

• **TESTS** Soluble, avec effervescence, dans l'acide chlorhydrique dilué à froid ; souvent fluorescente à la lumière ultraviolette.

ARAGONITE *FLOS FERRI*

ARAGONITE PSEUDO-HEXAGONALE

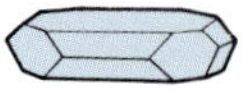

ORTHORHOMBIQUE

PS	Clivage	Fracture
2,94-2,95	Pinacoïdal distinct	Subconchoïdale

Groupe Carbonates	Composition $CaCO_3$	Dureté 3,5

CALCITE

Les cristaux sont rhomboédriques et scalénoédriques ; certaines combinaisons produisent des formes en tête de clou ou en dent de chien. Les rhomboèdres de spath d'Islande montrent la double réfraction. Les macles sont communes. Faciès également massif, granulaire, fibreux et stalactitique. Blanche, incolore, grise, rouge, brune, verte et noire, elle laisse une trace blanche à grisâtre. Transparente à translucide ; éclat vitreux à nacré ou terne.
• **FORMATION** Dans de nombreuses roches. Elle constitue le gros des calcaires et marbres.
• **TESTS** Effervescence sous acide chlorhydrique dilué à froid.

CALCITE SCALÉNOÉDRIQUE

SPATH D'ISLANDE

CALCITE EN TÊTE DE CLOU

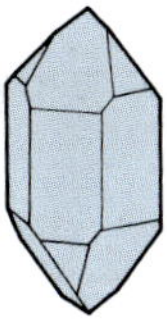

TRIGONAL/ HEXAGONAL

PS 2,71	Clivage Parfait	Fracture Subconchoïdale

Groupe Carbonates	Composition $BaCa(CO_3)_2$	Dureté 4

BARYTOCALCITE

Forme des cristaux prismatiques striés et un faciès massif. Blanche, jaunâtre, grise ou verdâtre. Minéral transparent à translucide avec un éclat vitreux ou résineux.
• **FORMATION** Généralement dans les filons hydrothermaux. Il s'agit de failles ou de joints dans les strates de la roche qui ont été envahies par des fluides chimiquement actifs de haute température. Les filons peuvent dériver de liquides résiduels liés aux magmas granitiques et aux eaux saumâtres piégées dans des sédiments marins. Les minéraux sont formés par les éléments chimiques transportés dans ces fluides.
• **TESTS** Effervescent avec l'acide chlorhydrique.

MONOCLINIQUE

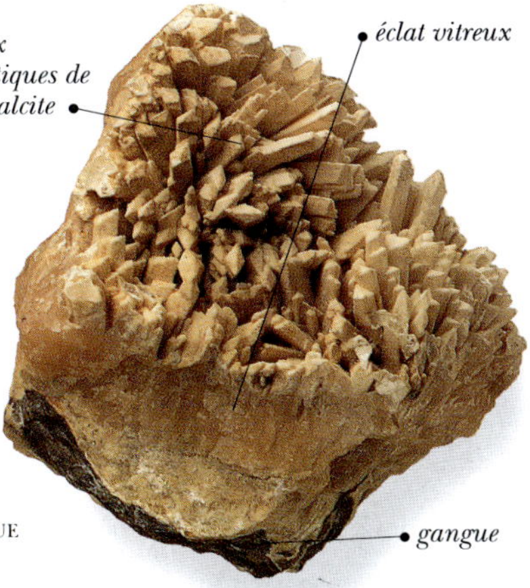

PS 3,66-3,71	Clivage Parfait	Fracture Subconchoïdale à inégale

Groupe Carbonates	Composition $MnCO_3$	Dureté 3,5-4

RHODOCHROSITE

Forme parfois des cristaux rhomboédriques, scalénoédriques, prismatiques ou tabulaires. Présente plus souvent un faciès massif, granulaire, stalactitique, globulaire, nodulaire ou botryoïdal. La couleur est typiquement rose à rouge, bien qu'elle puisse aussi être brune orange ou jaunâtre. Trace blanche. Transparente à translucide avec un éclat vitreux à nacré.

• **FORMATION** Dans les filons hydrothermaux et dans les dépôts altérés de manganèse.

• **TESTS** Soluble dans l'acide chlorhydrique à chaud avec effervescence.

CRISTAUX DE RHODOCHROSITE

RHODOCHROSITE RUBANÉE

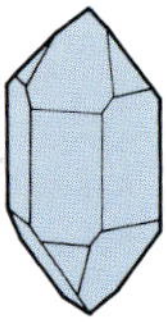

TRIGONAL/ HEXAGONAL

PS 3,7	Clivage Rhomboédrique parfait	Fracture Inégale

Groupe Carbonates	Composition $CaMg(CO_3)_2$	Dureté 3,5-4

DOLOMITE

Cristaux rhomboédriques, à faces courbes prenant la forme de selle de cheval. Peut aussi présenter des faciès massifs ou granulaires. Incolore, blanche, grise, rose ou brune, elle laisse une trace blanche. De transparente à translucide avec un éclat vitreux à nacré.

• **FORMATION** Dans les filons hydrothermaux et les calcaires magnésiens.

• **TESTS** Se dissout lentement dans l'acide chlorhydrique dilué à froid. Bon test pour la distinguer de la calcite, qui réagit fortement avec effervescence.

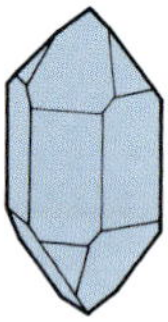

TRIGONAL/ HEXAGONAL

PS 2,85	Clivage Rhomboédrique parfait	Fracture Subconchoïdale

Groupe Carbonates	Composition $Ca(Fe,Mg,Mn)(CO_3)_2$	Dureté 3,5-4

ANKÉRITE

Forme des cristaux rhomboédriques. Les autres faciès sont massifs ou granulaires. L'ankérite est blanche, grise, brun jaunâtre ou brune. Trace blanche. Translucide avec un éclat vitreux à nacré.

• **FORMATION** Se forme dans les filons hydrothermaux, parfois avec l'or et des sulfures.

• **TESTS** Forme une série avec la dolomite, semblable mais riche en magnésium, tandis que l'ankérite est riche en fer.

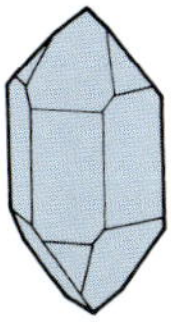

TRIGONAL/ HEXAGONAL

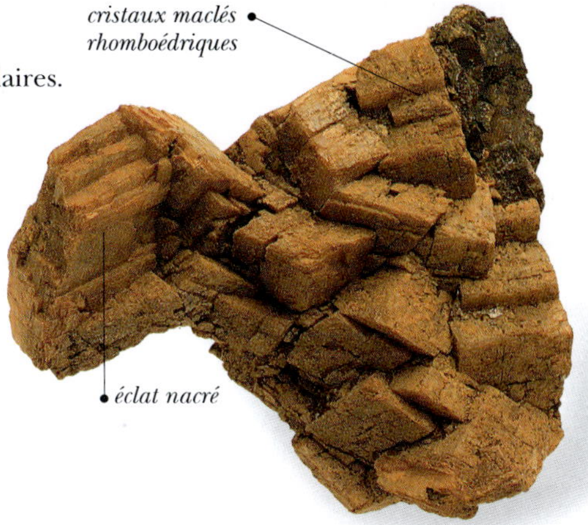

PS 2,97	Clivage Rhomboédrique parfait	Fracture Subconchoïdale

Groupe Carbonates	Composition $ZnCO_3$	Dureté 4-4,5

SMITHSONITE

Forme des cristaux rhomboédriques souvent à faces courbes ; parfois aussi des scalénoèdres. Peut également présenter un faciès massif, botryoïdal, réniforme, granulaire ou stalactitique. Couleur blanche, grise, jaune, verte, bleue, rose, pourpre ou brune. Trace blanche. Minéral translucide avec un éclat vitreux ou nacré.

• **FORMATION** Dans les zones altérées de dépôts de minerai. S'associe à la malachite, l'azurite, la pyromorphite, la cérusite et l'hémimorphite.

• **TESTS** Soluble dans l'acide chlorhydrique.

SMITHSONITE BLEUE

SMITHSONITE BLANCHE

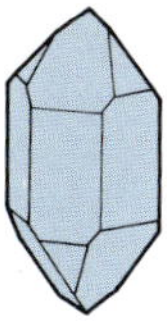

TRIGONAL/ HEXAGONAL

PS 4,3-4,45	Clivage Rhomboédrique parfait	Fracture Subconchoïdale à inégale

Groupe Carbonates	Composition $FeCO_3$	Dureté 4

SIDÉRITE

Forme des cristaux rhomboédriques, tabulaires, prismatiques et scalénoédriques, souvent à faces courbes et parfois maclés. On observe également des faciès massif, granulaire, compact, botryoïdal ou oolithique. Couleur jaunâtre pâle, grise, brune, verdâtre, rougeâtre ou quasi noire. Trace blanche. Minéral translucide avec un éclat vitreux, nacré ou soyeux.

• **FORMATION** Dans les filons hydrothermaux et dans les strates sédimentaires.

• **TESTS** Chauffée, elle devient magnétique ; elle se dissout lentement dans l'acide chlorhydrique à froid. Quand l'acide est chauffé, il y a effervescence.

SIDÉRITE RHOMBOÉDRIQUE

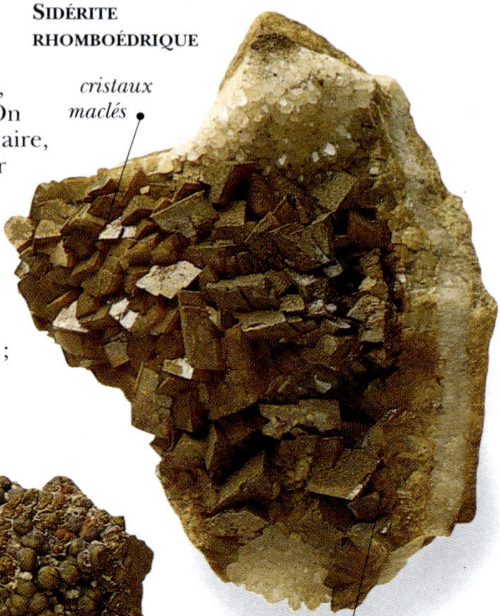

SIDÉRITE BOTRYOÏDALE

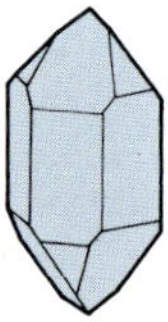

TRIGONAL/ HEXAGONAL

PS 3,96	Clivage Rhomboédrique parfait	Fracture Inégale

Groupe Carbonates	Composition $MgCO_3$	Dureté 3-4

MAGNÉSITE

Forme des cristaux rhomboédriques et, rarement, tabulaires, prismatiques ou scalénoédriques. On observe également des faciès massif, lamellaire, fibreux ou granulaire. Incolore, blanche, grise, jaunâtre ou brune. Trace blanche. Varie de transparente à translucide, avec un éclat vitreux ou terne.

• **FORMATION** Dans les filons hydrothermaux, les roches métamorphiques et les sédiments.

• **TESTS** Soluble, avec effervescence, dans l'acide chlorhydrique à chaud.

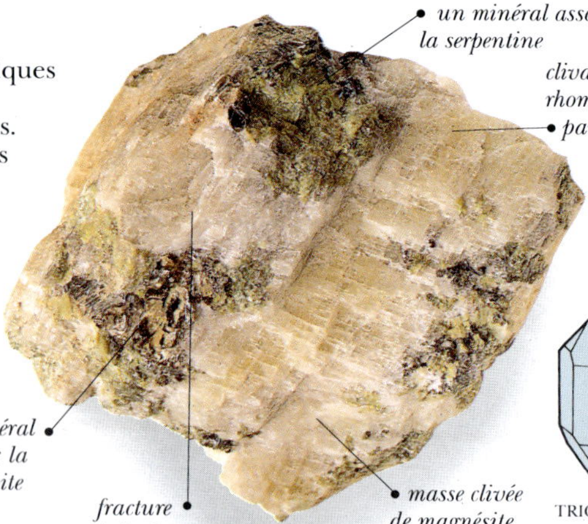

TRIGONAL/ HEXAGONAL

PS 3,0-3,1	Clivage Rhomboédrique parfait	Fracture Conchoïdale à inégale

Groupe	Composition	Dureté
Carbonates	$BaCO_3$	3-3,5

WHITHÉRITE

Les cristaux sont des bipyramides prismatiques maclées souvent pseudo-hexagonales. Présente aussi des faciès massifs, granulaires, fibreux ou en colonnes. Incolore, blanche, grise, jaune, verte ou brune. Trace blanche. Transparente à translucide avec un éclat vitreux à résineux.

• **FORMATION** Dans les filons hydrothermaux avec le quartz, la calcite et la barite.

• **TESTS** Soluble, avec effervescence, dans l'acide chlorhydrique dilué. Le barium contenu augmente le poids spécifique. La whitérite poudreuse colore la flamme en vert pomme.

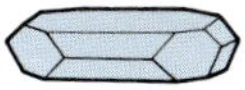

ORTHORHOMBIQUE

PS	Clivage	Fracture
4,29	Distinct	Inégale

Groupe	Composition	Dureté
Carbonates	$SrCO_3$	3,5

STRONTIANITE

Développe des cristaux prismatiques souvent aciculaires. On observe également des faciès massif, granulaire, fibreux ou concrétionné. Blanche, incolore, grise, jaunâtre, brunâtre, verdâtre ou rougeâtre. Trace toujours blanche. Minéral transparent à translucide avec un éclat vitreux à résineux.

• **FORMATION** Dans les filons hydrothermaux et des cavités dans le calcaire et le mäerl. Se forme aussi dans des filons riches en sulfures, en association avec la galène, la sphalérite et la chalcopyrite ; s'associe aussi à des carbonates telles la calcite et la dolomite, et avec le quartz.

• **TESTS** Soluble, avec effervescence, dans l'acide chlorhydrique dilué. Préalablement réduite en poudre, la strontianite colore la flamme de cramoisi.

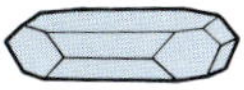

ORTHORHOMBIQUE

PS	Clivage	Fracture
3,78	Prismatique parfait	Inégale

Groupe	Composition	Dureté
Carbonates	$PbCO_3$	3-3,5

CÉRUSITE

Les cristaux, souvent tabulaires, peuvent aussi être aciculaires. Les assemblages de cristaux maclés sont communs. Présente également des faciès massif, granulaire, compact ou stalactitique. Souvent blanche ou incolore ; peut être grise, verdâtre, ou bleue suite à des inclusions comme le plomb. Trace blanche. Transparente à translucide avec un éclat adamantin, vitreux ou résineux.

• **FORMATION** Dans les zones altérées des filons minéraux, avec le plomb, le cuivre et le zinc.

• **TESTS** Soluble dans les acides, en particulier l'acide nitrique dilué avec lequel elle produit une effervescence. Parfois fluorescente dans la lumière ultraviolette.

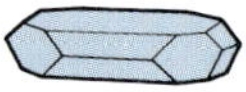

ORTHORHOMBIQUE

PS	Clivage	Fracture
6,55	Prismatique distinct	Conchoïdale

Groupe	Composition	Dureté
Carbonates	$Mg_2CO_3(OH)_2.3H_2O$	2,5

ARTINITE

Forme des cristaux en brins ou aciculaires, mais aussi des agrégats fibreux souvent radiaires et des spécimens sphériques. Couleur et trace blanches. Minéral transparent avec un éclat vitreux, les agrégats fibreux présentant un éclat soyeux.

• **FORMATION** Dans les roches magmatiques ultrabasiques altérées par un processus similaire au métamorphisme appelé serpentinisation et provoqué par les fluides infiltrant la roche.

• **TESTS** Se dissout rapidement avec effervescence dans les acides dilués à froid. Ne fond pas mais libère de la vapeur d'eau et du dioxyde de carbone quand on la chauffe à la flamme.

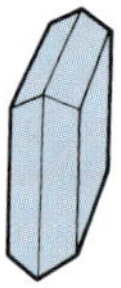

MONOCLINIQUE

PS	Clivage	Fracture
2,0	Parfait	Aucune

Groupe Carbonates	Composition $Cu_2CO_3(OH)_2$	Dureté 3,5-4

MALACHITE

Quand ils se forment, les cristaux sont aciculaires ou prismatiques souvent maclés. Des faciès plus communs sont les masses stalactitiques botryoïdales rubanées à structure radiaire, et des encroûtements. Vert profond. Trace vert pâle. Translucide à opaque, avec un éclat vitreux à adamantin sur les faces cristallines ; les formes fibreuses ont un éclat soyeux.

• **FORMATION** Dans les régions altérées et oxydées des dépôts de cuivre, souvent avec des minéraux secondaires dont l'azurite.

• **TESTS** Soluble avec effervescence dans l'acide chlorhydrique dilué.

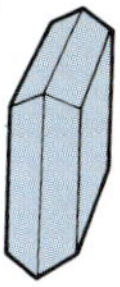

MONOCLINIQUE

MALACHITE RUBANÉE

MALACHITE BOTRYOÏDALE

PS 4,0	Clivage Parfait	Fracture Subconchoïdale à inégale

Groupe Carbonates	Composition $Cu_3(CO_3)_2(OH)_2$	Dureté 3,5-4

AZURITE

Forme des cristaux tabulaires et de courts cristaux prismatiques parfois maclés. On l'observe également avec des faciès massif, nodulaire, stalactitique ou terreux. Généralement d'un bleu azur profond. Trace bleu plus pâle. Varie de transparent à opaque avec un éclat vitreux à terne.

• **FORMATION** Dans les zones oxydées des dépôts de cuivre.

• **TESTS** Soluble avec effervescence dans l'acide chlorhydrique. Fond facilement ; chauffée, devient noire.

MONOCLINIQUE

PS 3,77-3,78	Clivage Parfait	Fracture Conchoïdale

Groupe	Composition	Dureté
Carbonates	$(Zn,Cu)_5(CO_3)_2(OH)_6$	1-2

AURICHALCITE

Se présente sous la forme d'aiguilles, de cristaux en feuillets et en tablettes, aussi sous la forme d'agrégats d'aigrettes et d'incrustations. Occasionnellement granuleux, en colonne, ou lamellaire. Couleur vert pâle, bleu verdâtre ou bleu ciel. Trace bleu vert. Minéral transparent, à éclat soyeux ou perlé.

• **FORMATION** Dans les parties altérées et oxydées des filons de cuivre et de zinc avec des minéraux de cuivre, telles l'azurite et la malachite.

• **TESTS** Soluble dans l'acide chlorhydrique dilué, avec effervescence. Se colore en vert sous la flamme à cause de son contenu en cuivre, mais ne fond pas.

ORTHORHOMBIQUE

PS	Clivage	Fracture
3,96	Parfait	Aucune

Groupe	Composition	Dureté
Carbonates	$Pb_4(SO_4)(CO_3)_2(OH)_2$	2,5-3

LEADHILLITE

Les cristaux sont pseudo-hexagonaux, tabulaires ou prismatiques ; les cristaux maclés sont fréquents. Faciès également massif ou granulaire. Couleur blanche, incolore, grise, jaunâtre, vert pâle ou bleu pâle. Trace blanche. La leadhillite est transparente à translucide. Éclat résineux à adamantin.

• **FORMATION** Dans les parties oxydées des filons des gisements de plomb. Apparaît avec des minéraux (galène, cérusite, anglésite et linarite).

• **TESTS** La leadhillite peut quelquefois fluorescer orange.

MONOCLINIQUE

PS	Clivage	Fracture
6,55	Basal parfait	Conchoïdale

Groupe Carbonates	Composition $Zn_5(CO_3)_2(OH)_6$	Dureté 2-2,5

HYDROZINCITE

Présente rarement un faciès cristallin ; et, dans ce cas, les cristaux sont petits, aplatis ou allongés et en forme de lattes, souvent effilés. Plus fréquemment, son faciès est massif, compact, botryoïdal, encroûtant ou stalactitique. La couleur, habituellement blanche ou gris pâle, peut être jaune, rose ou brune. Trace blanche. Minéral transparent, avec un éclat perlé à soyeux, parfois terne.

• **FORMATION** Dans certaines parties des filons des gisements de zinc.

• **TESTS** Soluble dans l'acide chlorhydrique. Lors du chauffage, se change en une masse de zincite jaunâtre. Peut parfois fluorescer en bleu en dessous d'une lumière ultraviolette.

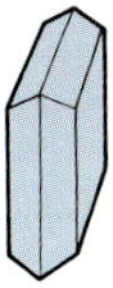

MONOCLINIQUE

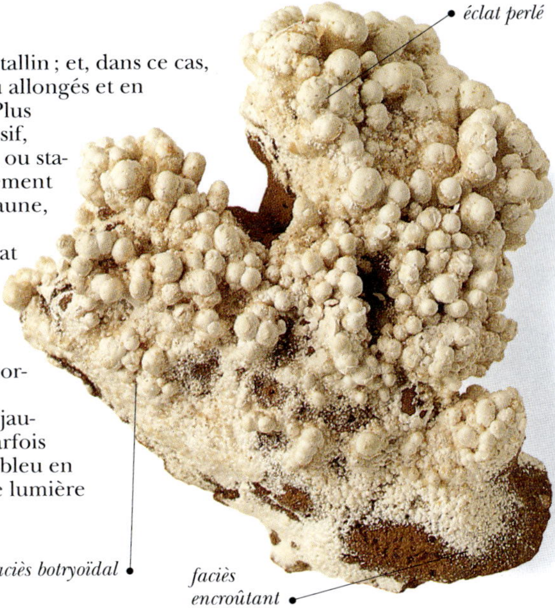

PS 3,5-3,8	Clivage Parfait	Fracture Aucune

Groupe Carbonates	Composition $Na_3(CO_3)(HCO_3).2H_2O$	Dureté 2,5-3

TRONA

Forme des cristaux prismatiques ou tabulaires. Faciès également massif, fibreux ou en forme de colonne. Couleur : blanc grisâtre, jaune pâle ou brun pâle. Trace blanche. Minéral transparent à translucide, à éclat luisant ou vitreux.

• **FORMATION** Dans les dépôts des lacs salés, avec le borax, la glaubérite et d'autres sels, et avec des minéraux évaporitiques (halite, gypse, sylvite et dolomite). Se retrouve également comme une efflorescence à la surface du sol des régions arides.

• **TESTS** Soluble dans l'acide chlorhydrique, avec effervescence. Il laisse sortir de l'eau lorsqu'il est chauffé dans une éprouvette.

MONOCLINIQUE

PS 2,1	Clivage Parfait	Fracture Aucune

Groupe Nitrates	Composition $NaNO_3$	Dureté 1,5-2

NITRONATRITE

Les cristaux, rares, sont de forme rhomboédrique et souvent maclés. La nitronatrite se trouve principalement sous un faciès massif, granulaire ou en croûte. Blanche ou incolore, des impuretés la rendent souvent grise, jaune, rose ou brune. Trace blanche. Minéral transparent, à éclat vitreux.

• **FORMATION** Dans des régions arides où un dépôt efflorescent s'associe avec du gypse. La nitronatrite couvre souvent de larges surfaces du sol. Dans les déserts du nord du Chili, de larges dépôts s'étendent sur 724 km de long et 16 à 80 km de large.

• **TESTS** Aisément soluble dans l'eau. Se dissout dans les eaux de surface lorsqu'elle s'encroûte dans le sol. Placée dans une flamme, elle fond aisément, et colore celle-ci en jaune brillant. Elle est déliquescente, c'est-à-dire qu'elle absorbe l'humidité atmosphérique.

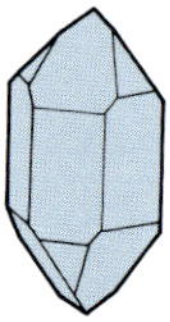

TRIGONAL/ HEXAGONAL

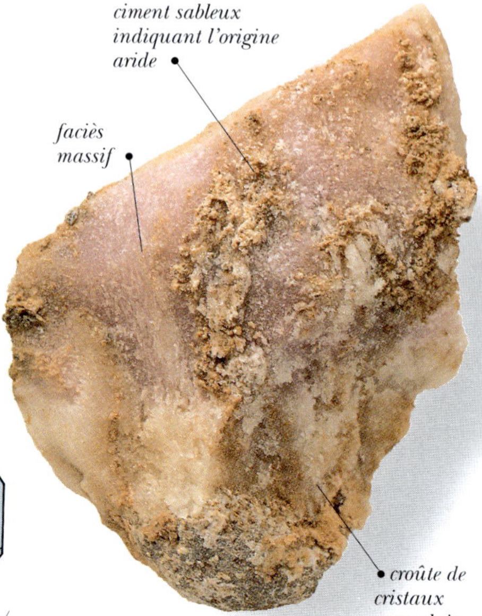

PS 2,27	Clivage Rhomboédrique parfait	Fracture Conchoïdale

Groupe Borates	Composition $Na_2B_4O_5(OH)_4.8H_2O$	Dureté 2-2,5

BORAX

Forme des cristaux courts et prismatiques, rarement maclés. Faciès également massif ou encroûtant. Le borax est blanc, incolore, gris, verdâtre ou bleuâtre. Trace blanche. Minéral transparent à opaque, qui a un éclat vitreux ou terreux.

• **FORMATION** Autour des sources d'eaux chaudes, et dans les dépôts des lacs salés.

• **TESTS** Soluble dans l'eau. Placé près d'une flamme, il fond facilement et colore la flamme en jaune. Après un certain temps, il perd de l'eau et devient blanc. Goût légèrement piquant.

MONOCLINIQUE

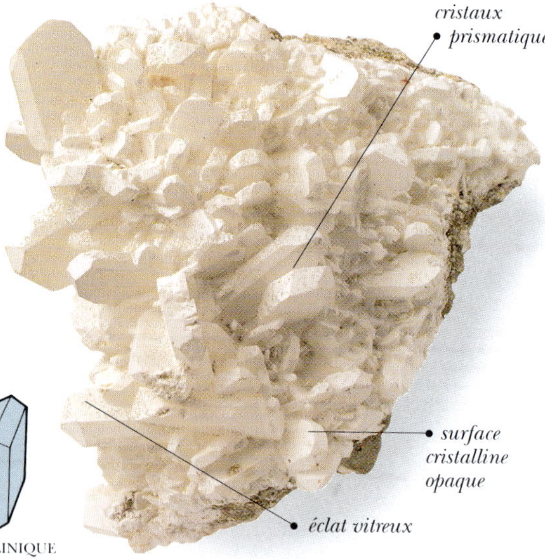

PS 1,7	Clivage Parfait	Fracture Conchoïdale

Groupe Borates	Composition $Ca_2B_6O_{11}.5H_2O$	Dureté 4,5

COLÉMANITE

Les cristaux sont courts et prismatiques. Faciès également massif, granulaire ou en agrégats arrondis. Ce minéral peut être blanc, jaune ou gris. Trace blanche. Transparent à translucide, d'éclat vitreux.

• **FORMATION** Dans les lacs salés des régions arides.

• **TESTS** Soluble dans l'acide chlorhydrique. Fond aisément ; se brise et colore la flamme en vert.

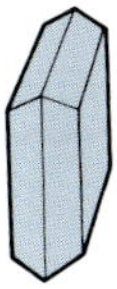
MONOCLINIQUE

PS 2,42	Clivage Parfait	Fracture Inégale à conchoïdale

Groupe Borates	Composition $NaCaB_5O_6(OH)_6.5H_2O$	Dureté 2,5

ULEXITE

Les cristaux sont aciculaires, souvent en forme d'agrégat arrondi. Le faciès peut aussi être fibreux ou en masses touffues. L'ulexite est blanche ou incolore, et la trace est blanche. Ce minéral est transparent à translucide ; son éclat est vitreux ou soyeux.

• **FORMATION** Dans les lacs salés.

• **TESTS** Non soluble dans l'eau froide, mais soluble dans l'eau chaude. Elle fond aisément, se gonfle, et colore la flamme en jaune.

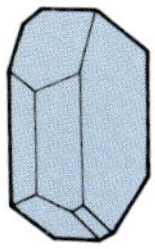
TRICLINIQUE

PS 1,96	Clivage Parfait	Fracture Aucune

Groupe Borates	Composition $Na_2B_4O_6(OH)_2.3H_2O$	Dureté 2,5-3

KERNITE

Cristaux courts et prismatiques, mais rares. Faciès habituellement en masses feuilletées avec une structure fibreuse. La kernite est incolore lorsqu'elle est fraîche ; autrement elle est blanche. Minéral transparent à opaque, d'éclat vitreux, terne ou soyeux.

• **FORMATION** Dans les lacs salés et dans les filons minéraux.

• **TESTS** Soluble dans l'eau froide.

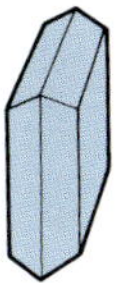
MONOCLINIQUE

PS 1,9	Clivage Parfait	Fracture Irrégulière

SULFATES, CHROMATES,
MOLYBDATES ET TUNGSTATES

LES SULFATES contiennent du soufre et de l'oxygène (SO_4). Les plus abondants sont le gypse et l'anhydrite, présents dans des dépôts évaporitiques. La barite, elle, se forme dans les filons hydrothermaux. L'ensemble du groupe présente un large éventail de propriétés, mais les minéraux tendent à avoir une dureté homogène peu élevée et un poids spécifique homogène faible. Les chromates, assez rares, renferment du chrome et de l'oxygène (CrO_4). La crocoïte en est un exemple. Les molybdates, également rares, contiennent du molybdène et de l'oxygène (MoO_4). Exemple : la wulfénite. Autre groupe peu commun : celui des tungstates, où le tungstène et de l'oxygène (WO_4) se combinent avec du fer et du manganèse pour former de la wolframite.

Groupe	Composition	Dureté
Sulfates	$CaSO_4 . 2H_2O$	2

GYPSE

Cristaux tabulaires, en losange. Le maclage est fréquent. Faciès également massif, granulaire (albâtre) ou fibreux (spath satiné). Les formes en rosette sont appelées « roses des sables », les radiaires « gypse marguerite ». Elles varient de l'incolore aux blanc, gris, verdâtre, jaunâtre, brunâtre et rougeâtre. Trace blanche. Transparents (sélénite) à opaques, avec un aspect vitreux (perlé sur les faces de clivages) ; les faciès fibreux peuvent être soyeux, tandis que les massifs seront ternes.

• **FORMATION** Se forme telle une évaporite près des sources chaudes.

• **TESTS** Soluble dans les acides.

ROSE DES SABLES

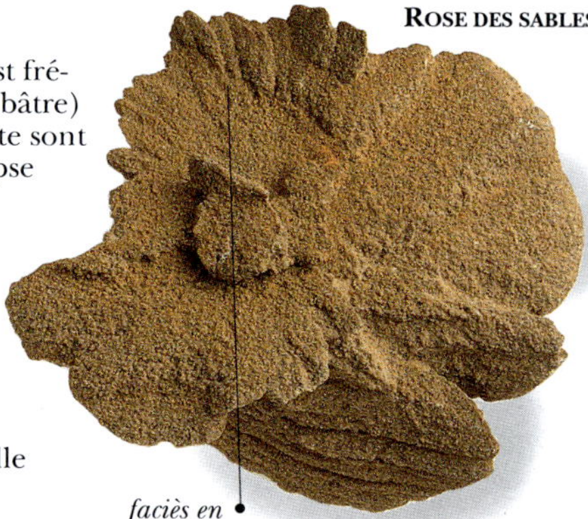

faciès en rosette avec des grains de sable

GYPSE MARGUERITE

masse cristalline radiaire

SPATH SATINÉ

éclat vitreux

transparent à translucide

transparent et en forme de losange

SÉLÉNITE

MONOCLINIQUE

PS	Clivage	Fracture
2,32	Parfait	Irrégulière

Groupe Sulfates	Composition $SrSO_4$	Dureté 3-3,5

CÉLESTINE

Le faciès des cristaux est tabulaire ou prismatique, parfois massif, fibreux, granulaire ou nodulaire. La célestine est incolore, blanche, grise, bleue, verte, jaunâtre, orange, rougeâtre ou brune. Trace blanche. Transparente à translucide, d'éclat vitreux (perlé sur les faces de clivage).
• **FORMATION** Dans les filons hydrothermaux avec des minéraux comme la calcite et le quartz ; aussi dans des roches sédimentaires comme le calcaire, dans certains dépôts d'évaporite et dans quelques dépôts magmatiques de base.
• **TESTS** Quelquefois fluorescent sous la lumière ultraviolette. Insoluble dans les acides, légèrement soluble dans l'eau. Fond facilement à la chaleur, donnant des globules blancs laiteux ; cramoisie à la flamme.

ORTHORHOMBIQUE

PS 3,96-3,98	Clivage Parfait	Fracture Inégale

Groupe Sulfates	Composition $CaSO_4$	Dureté 3,5

ANHYDRITE

Cristaux tabulaires ou prismatiques, mais souvent massifs, granulaires et fibreux. Grande palette de couleurs, depuis le blanc, gris, incolore ou bleuâtre jusqu'au rosâtre, rougeâtre et brunâtre. Trace blanche. Transparent à translucide et d'aspect vitreux, perlé ou gras.
• **FORMATION** Fréquemment trouvée dans les évaporites telles que la dolomite, le gypse, l'halite, la sylvite et la calcite – souvent dans des dômes de sels. On la trouve rarement dans des filons minéraux, avec le quartz et la calcite.
• **TESTS** Lors du chauffage, fond facilement et colore la flamme en rouge brique.

ORTHORHOMBIQUE

PS 2,98	Clivage Parfait	Fracture Inégale à irrégulière

Groupe Sulfates	Composition $BaSO_4$	Dureté 3-3,5

BARITE

Forme des cristaux tabulaires ou prismatiques, souvent très larges. La variété trouvée dans des gisements sableux, en forme de rose, est nommée « rose des sables ». Les autres ont un faciès granuleux, lamellaire, fibreux, en crête de coq, terreux ou en forme de colonne. Incolore, blanche, grise, jaunâtre, brune, rougeâtre, bleuâtre ou verdâtre. Trace blanche. Minéral transparent à translucide, d'aspect vitreux, résineux ou perlé.

• **FORMATION** Dans les filons hydrothermaux avec un grand nombre d'autres minéraux (quartz, calcite, fluorite, galène, pyrite, dolomite, chalcopyrite, sphalérite). Se forme aussi dans des nodules argileux, situés dans les veines des formations sédimentaires, et autour des sources chaudes.

• **TESTS** Fond difficilement, colorant la flamme en vert jaunâtre. Insoluble dans les acides. Quelques variétés sont fluorescentes. Son poids spécifique est une aide précieuse lors de l'identification.

BARITE CRISTALLINE

BARITE EN CRÊTE DE COQ

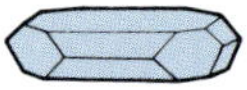

ORTHORHOMBIQUE

PS 4,5	Clivage Parfait	Fracture Inégale

Groupe Sulfates	Composition $PbSO_4$	Dureté 2,5-3

ANGLÉSITE

Cristaux tabulaires et prismatiques. Les autres faciès sont massifs, granulaires, nodulaires ou stalactitiques. Incolore, blanche, grise, jaunâtre, vert pâle et bleu pâle. Trace incolore. Transparente à opaque ; éclat vitreux, adamantin ou résineux.

• **FORMATION** Dans les parties oxydées des filons de plomb.

• **TESTS** Montre souvent une fluorescence jaune au-dessous d'une lampe ultraviolette.

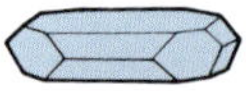

ORTHORHOMBIQUE

PS 6,3-6,4	Clivage Basal nette	Fracture Conchoïdale

Groupe Sulfates	Composition $CuSO_4.5H_2O$	Dureté 2,5

CHALCANTHITE

Forme des cristaux courts, prismatiques, épais et tabulaires. Les autres faciès sont stalactitiques, fibreux, massifs, granulaires, compacts ou encroûtants. Couleur : bleu ciel à bleu sombre, bleu verdâtre, ou verdâtre. Trace incolore. Transparente à translucide, d'éclat vitreux à résineux.

• **FORMATION** Dans les filons de cuivre sulfaté qui ont été altérés après leur formation. Cette altération est généralement engendrée par la circulation de l'eau provenant des pluies. Les fluides issus des profondeurs et poussés en surface par la pression peuvent aussi altérer les filons. Lorsque l'eau s'infiltre à travers les galeries souterraines des mines, elle cristallise en croûtes et en stalactites sur les toits et les supports. Plus fréquemment trouvée dans les régions à climat aride.

• **TESTS** Soluble dans l'eau. Émet de l'eau lors du chauffage dans une éprouvette. Ce minéral a un goût métallique caractéristique, qui peut aider lors de l'identification, mais qui est un poison.

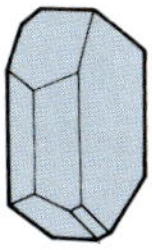

TRICLINIQUE

PS 2,28	Clivage Imparfait	Fracture Conchoïdale

Groupe Sulfates	Composition $MgSO_4.7H_2O$	Dureté 2-2,5

EPSOMITE

Cristallisation rare. Habituellement massive, en croûte aciculaire ou stalactitique. Couleur blanche, rosâtre, incolore, verdâtre. Trace blanche. Transparente à translucide, d'éclat vitreux à soyeux.

• **FORMATION** Sur les parois des mines, dans les cavernes calcaires et sur les surfaces rocheuses. Se trouve aussi dans les régions arides, s'y développant dans les parties oxydées des dépôts de pyrite.

• **TESTS** Soluble dans l'eau. Goût amer et salé. Efflorescе dans l'air sec, et émet de l'eau lors d'un chauffage en éprouvette.

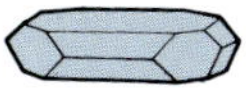

ORTHORHOMBIQUE

PS 1,68	Clivage Parfait	Fracture Conchoïdale

Groupe Sulfates	Composition $KAl_3(SO_4)2(OH)_6$	Dureté 3,5-4

ALUNITE

Forme des cristaux rhomboédriques, souvent pseudocubiques, mais se présente aussi sous un faciès massif, granulaire ou compact. Peut également être fibreuse. Couleur habituellement blanche, parfois grisâtre, rougeâtre, jaunâtre ou brun décoloré. Trace blanche. Transparente à presque opaque, avec un éclat vitreux à perlé.

• **FORMATION** Dans les cheminées volcaniques et les veines minérales.

• **TESTS** L'eau s'échappe lors du chauffage en éprouvette.

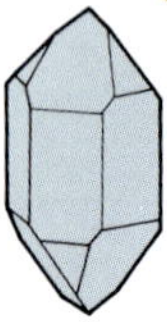

TRIGONAL/
HEXAGONAL

PS 2,6-2,9	Clivage Basal distinct	Fracture Conchoïdale

Groupe Sulfates	Composition $KFe_3^{+2}(SO_4)_2(OH)_6$	Dureté 2,5-3,5

JAROSITE

Cristaux très petits, tabulaires ou pseudocubiques. Les autres faciès sont massifs, granulaires, fibreux ou terreux. La couleur varie depuis le brun jaunâtre jusqu'au brun. Trace jaune pâle. Minéral translucide ; éclat vitreux ou résineux sur les surfaces propres.

• **FORMATION** Dans les fissures et les couches riches en fer. Résulte d'une seconde altération des minéraux riches en fer, due à la circulation de l'eau et d'autres fluides à travers la partie supérieure de la croûte terrestre.

• **TESTS** Aucun test n'est requis pour l'identification de ce minéral.

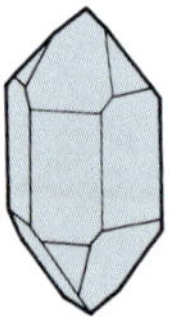

TRIGONAL/
HEXAGONAL

PS 2,90-3,26	Clivage Distinct	Fracture Inégale

Groupe Sulfates	Composition $Na_2Ca(SO_4)_2$	Dureté 2,5-3

GLAUBÉRITE

Cristaux tabulaires, prismatiques ou dipyramidaux. Incolore, grise ou jaunâtre avec une trace blanche. Minéral transparent à translucide. Éclat vitreux qui devient perlé sur les surfaces de clivage.

• **FORMATION** Dans des dépôts évaporitiques. Ceux-ci sont formés lorsque des eaux salées, des lacs salés ou des lagons marins s'isolent de l'océan et s'assèchent.

• **TESTS** Partiellement soluble dans l'eau et dans l'acide chlorhydrique.

MONOCLINIQUE

PS 2,8	Clivage Parfait	Fracture Conchoïdale

Groupe Sulfates	Composition Na_2SO_4	Dureté 2,5-3

THÉNARDITE

Cristaux tabulaires, dipyramidaux ou prismatiques, souvent maclés. Se forme aussi en croûte. Incolore, blanc grisâtre, jaunâtre, brunâtre ou rougeâtre. Transparente à translucide, d'éclat vitreux ou résineux.

• **FORMATION** Dans les dépôts des lacs salés et sur les sols des régions arides. Dans les lacs salés, la thénardite peut être associée avec d'autres évaporites (gypse, halite, sylvite, glaubérite). Peut aussi se trouver à la surface des coulées de laves récentes et refroidies, et se former autour des fumerolles, où elle se présente en forme de dépôts en croûte.

• **TESTS** Hautement soluble dans l'eau froide. A un goût salé comme plusieurs autres évaporites telles que l'halite et la sylvite.

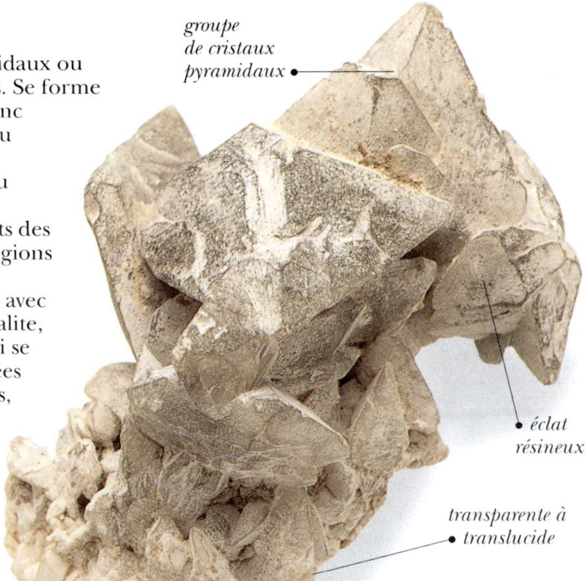

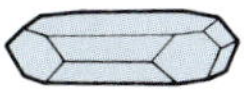

ORTHORHOMBIQUE

PS 2,66	Clivage Parfait	Fracture Inégale

Groupe Sulfates	Composition $K_2MgCa_2(SO_4)_4.2H_2O$	Dureté 3,5

POLYHALITE

Forme rarement des cristaux, lesquels sont petits, hautement modifiés, ou tabulaires. Faciès habituellement en masses fibreuses ou foliacées. Souvent rose chair à rouge brique, à cause des inclusions d'oxyde de fer. Pure, la polyhalite est incolore, blanche ou grise. Trace blanche. Minéral transparent à translucide ; éclat résineux ou soyeux.

• **FORMATION** Dans les séquences évaporitiques des roches, avec l'halite, le gypse, la sylvite, la carnallite et l'anhydrite. Se forme rarement lors d'activités volcaniques.

• **TESTS** Goût salé, plus amer que celui de l'halite.

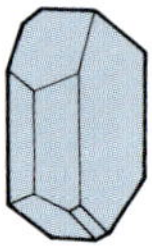

TRICLINIQUE

PS 2,78	Clivage Parfait	Fracture Inégale

Groupe Sulfates	Composition $PbCu(SO_4)(OH)_2$	Dureté 2,5

LINARITE

Les fins cristaux tabulaires ou prismatiques sont souvent orientés aléatoirement dans des agrégats. Maclage fréquent. Se forme dans des croûtes. Bleu profond, avec une trace bleu pâle. Minéral transparent à translucide avec un éclat vitreux à subadamantin.

• **FORMATION** Dans les parties oxydées des veines de plomb et de cuivre altérées par les fluides circulants, principalement l'eau, où ils s'associent avec d'autres minéraux secondaires (brochantite, anglésite, chalcanthite).

• **TESTS** Produit un enduit blanc, et aucune effervescence, lorsqu'on la met dans de l'acide chlorhydrique dilué. Cependant soluble dans de l'acide nitrique dilué. Fond à la flamme. Lors d'un chauffage continu, elle se craquèle et devient noire.

MONOCLINIQUE

PS 5,3	Clivage Parfait	Fracture Conchoïdale

Groupe Sulfates	Composition $Fe^{+2}Fe_4^{+3}(SO_4)_6(OH)_2.2OH_2O$	Dureté 2,5-3

COPIAPITE

Les faciès habituels sont tabulaires, en croûte et en agrégats ou masses lamellées. Jaune, jaune or ou jaune orange ; peut être jaune verdâtre à vert olive. Transparente à translucide, avec un éclat perlé.

• **FORMATION** Par oxydation des sulfures, telle la pyrite de fer.

• **TESTS** Soluble dans l'eau en donnant une couleur jaunâtre. Fond à température relativement basse.

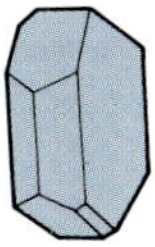

TRICLINIQUE

PS 2,08-2,17	Clivage Parfait	Fracture Inégale

Groupe Sulfates	Composition $Cu_4Al_2(SO_4)(OH)_{12}.2H_2O$	Dureté 3

CYANOTRICHITE

Forme de tout petits cristaux aciculaires dans des agrégats fibreux. Les autres faciès sont lamellés ou fibreux. Bleu pâle à bleu sombre. Trace bleu pâle. Transparente avec un éclat soyeux.

• **FORMATION** Dans les parties altérées des filons, surtout ceux de cuivre.

• **TESTS** Soluble dans les acides. Fond dans la flamme.

ORTHORHOMBIQUE

PS 2,74-2,95	Clivage Aucun	Fracture Inégale

Groupe Sulfates	Composition $Cu_4SO_4(OH)_6$	Dureté 3,5-4

BROCHANTITE

Les faciès habituels sont des cristaux prismatiques prononcés, aciculaires, agrégés ou encroûtants. Maclage fréquent. Vert émeraude à vert noirâtre. Trace vert pâle. Transparente à translucide avec un aspect vitreux.

• **FORMATION** Là où les filons de cuivre sont altérés.

• **TESTS** Soluble dans les acides chlorhydrique et nitrique.

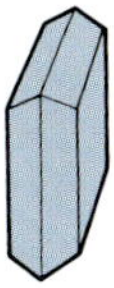

MONOCLINIQUE

PS 3,97	Clivage Parfait	Fracture Conchoïdale à inégale

Groupe Chromates	Composition $PbCrO_4$	Dureté 2,5-3

CROCOÏTE

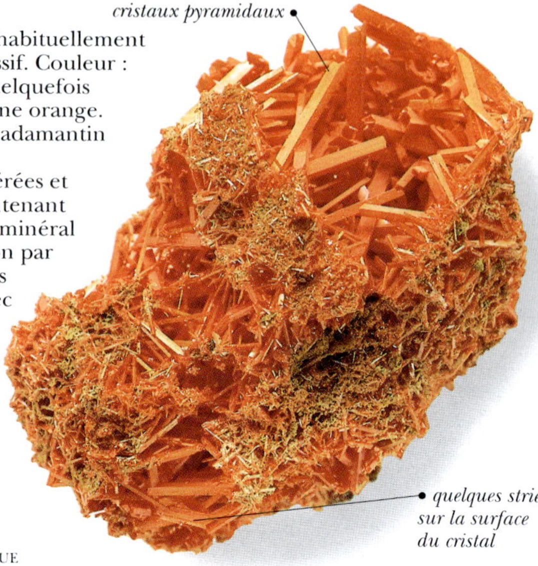

Cristaux minces et prismatiques, habituellement en agrégats. Faciès également massif. Couleur : rouge orange, souvent brillant, quelquefois orange, rouge ou jaune. Trace jaune orange. Minéral transparent avec un éclat adamantin à vitreux.

• **FORMATION** Dans les parties altérées et oxydées de filons et de dépôts contenant du chrome et du plomb. C'est un minéral secondaire, résultant de l'altération par les fluides hydrothermaux d'autres minéraux de plomb et présent avec une variété d'autres minéraux (wulfénite, cérussite, pyromorphite, vanadinite).

• **TESTS** Fond assez facilement dans la flamme. Soluble dans les acides forts. Les premières extractions de chrome furent faites à partir de ce minéral.

MONOCLINIQUE

PS 6,0	Clivage Prismatique distinct	Fracture Conchoïdale à inégale

Groupe Molybdates	Composition $PbMoO_4$	Dureté 2,5-3

WULFÉNITE

Cristaux de forme carrée, tabulaires et aussi prismatiques. Les autres faciès sont massifs ou granulaires. Typiquement colorée en orange ou jaune, mais peut être brune, grise ou brun verdâtre. Les couleurs apparaissent souvent brillantes. Trace blanche. Minéral transparent à translucide avec un éclat résineux à adamantin.

• **FORMATION** Dans les parties des filons qui ont été altérées par les fluides circulants, surtout l'eau. Peut se trouver avec beaucoup d'autres minéraux : cérusite, limonite, vanadinite, galène, pyromorphite, malachite et mimétite.

• **TESTS** Fond aisément. Soluble dans l'acide chlorhydrique chaud. Se dissout plus lentement dans l'acide froid.

TÉTRAGONALE

PS 6,5-7,0	Clivage Pyramidal distinct	Fracture Subconchoïdale

Groupe Tungstates	Composition $(Fe,Mn)WO_4$	Dureté 4-4,5

WOLFRAMITE

Cristaux prismatiques ou tabulaires souvent maclés. Faciès également massif. Couleur : noir brunâtre avec une trace brun rougeâtre à noir brunâtre. Translucide à opaque avec un éclat submétallique.

• **FORMATION** Dans les filons de quartz des pegmatites granitiques, souvent en association avec la cassitérite et l'arsénopyrite.

• **TESTS** Membre intermédiaire dans la série des ferbérites (Fe) et hubnérites (Mn). Fond lentement. La ferbérite donne une couleur brunâtre, la hubnérite contribue à la coloration brun rougeâtre.

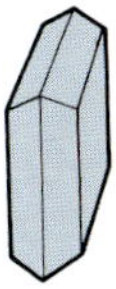

MONOCLINIQUE

PS 7,1-7,5	Clivage Parfait	Fracture Inégale

Groupe Tungstates	Composition $CaWO_4$	Dureté 4,5-5

SCHEELITE

Cristaux bipyramidaux ou tabulaires, fréquemment maclés. D'autres faciès sont massifs, granulaires ou en colonnes. La scheelite est blanche, incolore, grise, jaune pâle, jaune orange, vert brunâtre, rougeâtre ou pourpre. Trace blanche. Minéral transparent à translucide ; éclat vitreux à adamantin.

• **FORMATION** Dans les filons hydrothermaux des roches métamorphiques et des pegmatites. Se retrouve également dans les placers, souvent avec la wolframite. C'est un important minerai de tungstène.

• **TESTS** Donne une fluorescence brillante de couleur blanc bleuâtre sous les ultraviolets. Soluble dans les acides ; fond avec difficulté.

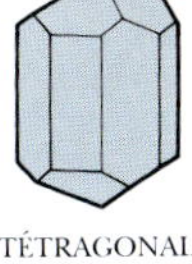

TÉTRAGONAL

PS 5,9-6,1	Clivage Distinct	Fracture Subconchoïdale à inégale

PHOSPHATES, ARSÉNATES ET VANADATES

Ce groupe comprend les minéraux aux couleurs brillantes et aux formes cristallines fines. Les phosphates contiennent du phosphore et de l'oxygène (PO_4). Malgré l'abondance de phosphore dans la croûte terrestre, les minéraux de phosphates sont rares, et recherchés par les collectionneurs. Les phosphates regroupent les minéraux radioactifs (torbénite et autunite), les pyromorphites riches en plomb (lazulite bleu brillant et turquoise, qui donnent leur nom à une couleur bleutée). Les propriétés des phosphates sont variables. La pyromorphite a un poids spécifique élevé à cause de son pourcentage de plomb. Les autres phosphates ont un poids spécifique de 2-5. La dureté varie de 1,5-2 dans la vivianite à 5-6 dans la turquoise. Les arsenates contiennent de l'arsenic, du soufre et de l'oxygène ($AsSO_4$). Relativement rares, ils sont recherchés par les collectionneurs. Les arsenates ont un poids spécifique de 3-5, sauf la mimétite qui, à cause de son contenu en plomb, a un poids spécifique de 7,0-7,3. Ces minéraux sont habituellement d'une dureté faible. Les vanadates forment un autre groupe rare ; ils contiennent du vanadium et de l'oxygène (VO_4). La vanadinite est probablement la plus connue et la plus commune ; elle a de beaux cristaux hexagonaux de couleur rouge ou orange.

Groupe	Composition	Dureté
Phosphates	$(Li,Na)AlPO_4(F,OH)$	5,5-6

AMBLYGONITE

Forme des cristaux courts et prismatiques, à faces souvent rugueuses, et généralement maclés. Aussi en masses clivables. Couleur blanche à blanc grisâtre, mais aussi rosâtre, incolore, jaunâtre, verdâtre ou bleuâtre. Trace blanche. Transparente à translucide, d'éclat vitreux à gras.

• **FORMATION** Dans les roches magmatiques granitiques à gros grains, incluant les pegmatites.

• **TESTS** Membre final riche en fluorine de la série des minéraux amblygonite-montebrasite. Fond aisément et colore la flamme en rouge, à cause de la présence du lithium. Difficilement soluble dans les acides.

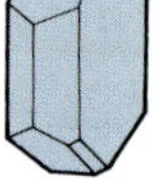

TRICLINIQUE

PS	Clivage	Fracture
3,08	Parfait	Inégale

Groupe Phosphates	Composition $(Mg,Fe)Al_2(PO_4)_2(OH)_2$	Dureté 5,5-6

LAZULITE

Cristaux pyramidaux, parfois tabulaires. Ils sont larges et fréquemment maclés. Les autres faciès sont massifs, granulaires ou compacts. Sa couleur est bleue mais varie de l'azur au bleu clair ou vert bleuâtre. Trace blanche. Transparente à opaque avec un éclat vitreux à terne.

• **FORMATION** Dans différents environnements, tels les filons de quartz, les roches magmatiques, les pegmatites (de composition granitique) et la roche métamorphique, le métaquartzite. Se retrouve avec quantité d'autres minéraux : quartz, grenat, disthène, andalousite, rutile, muscovite, pyrophyllite, sillimanite, corindon.

• **TESTS** Chauffée en éprouvette, laisse échapper de l'eau.

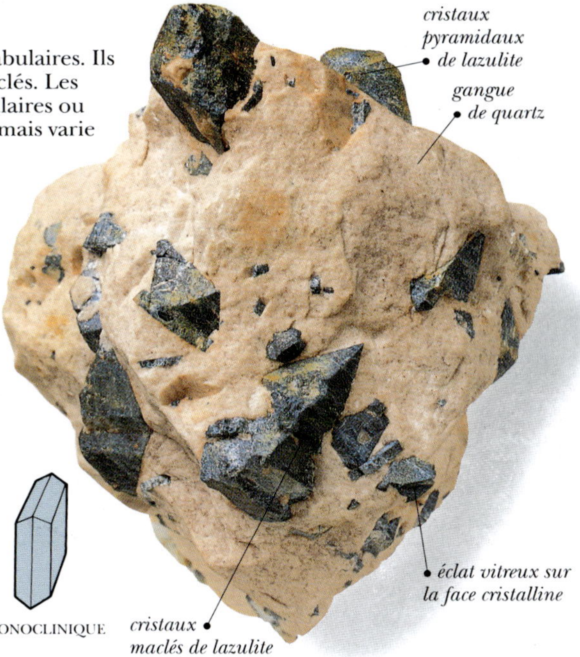

PS 3,1	Clivage Indistinct à bien prismatique	Fracture Inégale à irrégulière

Groupe Phosphates	Composition $Pb_5(PO_4)_3Cl$	Dureté 3,5-4

PYROMORPHITE

Forme habituellement des cristaux courts et hexagonaux, en forme de tonneau. Autres faciès : globulaire, réniforme, granulaire, terreux, botryoïdal ou fibreux. Peut être verte, orange, grise, brune ou jaune. Trace blanche. Transparente à translucide avec un éclat résineux à adamantin.

• **FORMATION** Dans les zones altérées des veines de plomb, tel un minéral secondaire.

• **TESTS** Soluble dans certains acides.

PS 6,5-7,1	Clivage Prismatique très médiocre	Fracture Inégale à subconchoïdale

Groupe Phosphates	Composition $Fe_3(PO_4)_2.8H_2O$	Dureté 1,5-2

VIVIANITE

Cristaux prismatiques, allongés ou tabulaires. Se retrouve aussi sous un faciès massif, lamellé ou fibreux. Incolore lorsqu'elle est fraîche. Trace incolore à blanc bleuâtre. Transparente à translucide, d'éclat vitreux ou perlé.

• **FORMATION** Dans les parties altérées des filons de minerais, les nodules argileux et des pegmatites.

• **TESTS** Soluble dans l'acide chlorhydrique ; fond aisément.

MONOCLINIQUE

PS 2,68	Clivage Parfait	Fracture Inégale

Groupe Phosphates	Composition $Cu(UO_2)_2(PO_4)_2.8-12H_2O$	Dureté 2-2,5

TORBERNITE

Forme des cristaux tabulaires. Les autres faciès sont des agrégats écailleux ou lamellaires. Couleur verte. Trace vert pâle. Transparente à translucide, d'un éclat vitreux à perlé.

• **FORMATION** Dans les granites, les pegmatites et certains dépôts sédimentaires.

• **TESTS** Minéral radioactif.

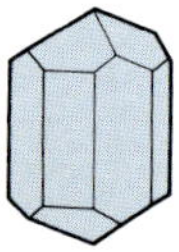

TÉTRAGONAL

PS 3,22	Clivage Basal parfait	Fracture Inégale

Groupe Phosphates	Composition $Ca(UO_2)_2(PO_4)_2.10-12H_2O$	Dureté 2-2,5

AUTUNITE

Forme des cristaux tabulaires, parfois maclés. Se trouve aussi sous forme de croûte, d'agrégats ou de grains. La couleur est jaune à verte, la trace jaune. Transparente à translucide avec un éclat vitreux à perlé.

• **FORMATION** Par altération des minéraux d'uranium.

• **TESTS** Minéral radioactif.

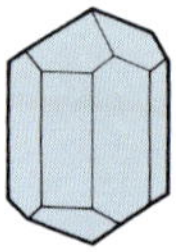

TÉTRAGONAL

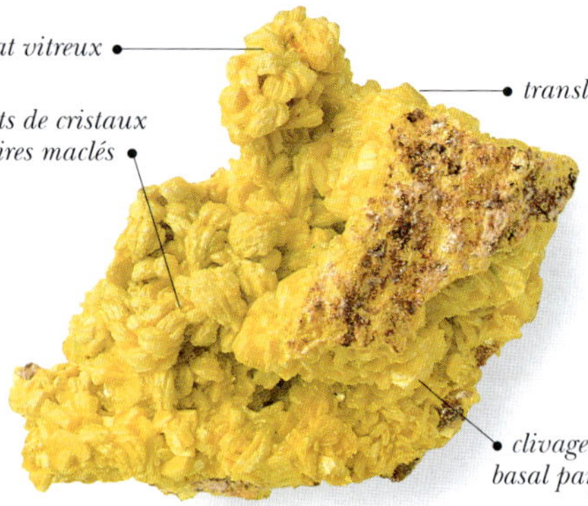

PS 3,05-3,2	Clivage Basal parfait	Fracture Inégale

Groupe Phosphates	Composition YPO_4	Dureté 4-5

XÉNOTIME

Forme des cristaux prismatiques et pyramidaux, parfois isométriques. Des cristaux rugueux se trouvent en agrégats et des cristaux en rosettes peuvent apparaître. Le maclage est rare. Couleur : brun jaunâtre à brun rougeâtre, ou grise, jaune pâle, verdâtre, ou rougeâtre. Trace brun pâle, parfois brun jaunâtre. Transparente à opaque avec un éclat vitreux à résineux.

• **FORMATION** Dans les pegmatites et aussi d'autres roches magmatiques acides, mais en très faible quantité. En plus, la xénotime se forme dans les roches métamorphiques et dans les filons. Elle a été trouvée dans des sédiments comme minéral détritique.

• **TESTS** Très similaire au zircon, mais en moins dur.

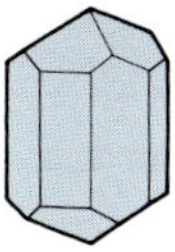

TÉTRAGONAL

PS 4,4-5,1	Clivage Prismatique parfait	Fracture Inégale

Groupe Phosphates	Composition $(Ce,La,Nd,Th)PO_4$	Dureté 5-5,5

MONAZITE

Cristaux tabulaires ou prismatiques, habituellement petits et maclés. Les faces du cristal sont souvent rugueuses ou striées. Le faciès peut aussi être en masses granulaires. Couleur : brun, brun rougeâtre, brun jaunâtre, rose, jaune, grisâtre ou presque blanche. Trace blanche. Transparente à translucide avec un éclat résineux, cireux ou vitreux.

• **FORMATION** Dans les pegmatites, les roches métamorphiques et les filons. Commune dans les placers tels que les rivières et le sable de plage. Quelques cristaux très gros, de plus de 10 cm de diamètre, et pesant plusieurs kilogrammes, ont été trouvés dans les pegmatites.

• **TESTS** Minéral légèrement radioactif.

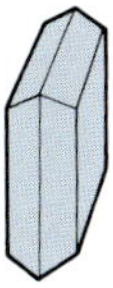

MONOCLINIQUE

PS 4,6-5,4	Clivage Distinct	Fracture Conchoïdale à inégale

Groupe Phosphates	Composition $CuAl_6(PO_4)_4(OH)_8.4H_2O$	Dureté 5-6

TURQUOISE

Forme rarement des cristaux, lesquels sont petits, courts et prismatiques. Les faciès les plus communs sont massifs, granulaires, cryptocristallins, stalactitiques ou concrétionnés ; se forment aussi en croûtes et en veines. Couleur : bleu brillant à bleu pâle, bleu verdâtre, verte et grise. Trace blanche ou vert pâle. Transparente, avec un éclat vitreux ; les formes massives sont opaques,
et cireuses ou ternes.

• **FORMATION** Dans les roches magmatiques et sédimentaires, riches en aluminium et souvent très altérées par l'eau de surface.

• **TESTS** Soluble dans l'acide chlorhydrique

TRICLINIQUE

PS 2,6-2,8	Clivage Bon	Fracture Conchoïdale

Groupe Phosphates	Composition $Al_3(PO_4)_2(OH, F)_3.5H_2O$	Dureté 3,5-4

WAVELLITE

Se retrouve occasionnellement avec des cristaux tout petits et prismatiques. Forme aussi des agrégats aciculaires, radiaires, souvent sphériques, ainsi que des croûtes. La couleur est blanche à blanc verdâtre et verte ; mais aussi vert jaunâtre à jaune et brun jaunâtre. Trace blanche. Transparente à translucide avec un éclat vitreux, résineux ou perlé.

• **FORMATION** Sur les fractures et surfaces des joints comme minéral secondaire.

• **TESTS** Se dissout dans la plupart des acides. Infusible. Donne de l'eau lors d'un chauffage en éprouvette.

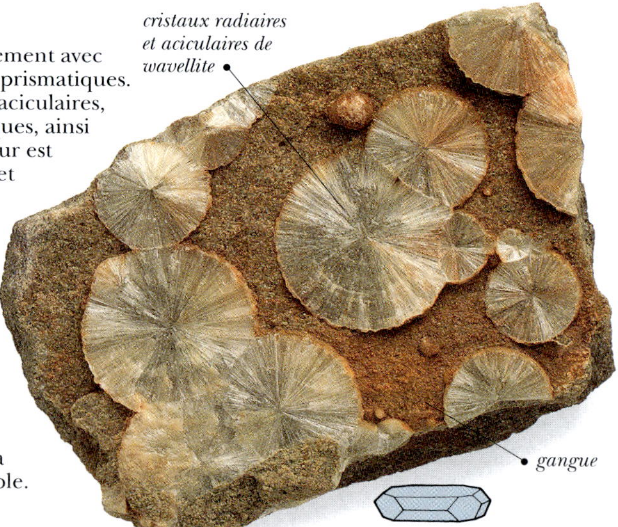

ORTHORHOMBIQUE

PS 2,36	Clivage Parfait	Fracture Subconchoïdale à inégale

Groupe Phosphates	Composition $Al(PO_4).2H_2O$	Dureté 3,5-4,5

VARISCITE

Les cristaux octaédraux sont rarement formés. Communément sous des faciès massifs et concrétionnés et comme des croûtes ou des filons. Couleur verte. Transparente à translucide, avec un éclat vitreux à cireux ou terne.
• **FORMATION** Là où des eaux riches en phosphates ont altéré des roches riches en aluminium.
• **TESTS** Soluble si chauffée avant d'être mise dans l'acide. Infusible.

ORTHORHOMBIQUE

PS 2,6-2,9	Clivage Parfait	Fracture Conchoïdale ou inégale à irrégulière

Groupe Phosphates	Composition $Ca_5(PO_4)_3(F,Cl,OH)$	Dureté 5

APATITE

Groupe minéral formant des cristaux prismatiques ou tabulaires, avec des faciès massifs, compacts ou granulaires. Souvent verte, parfois blanche, incolore, jaune, bleuâtre, rougeâtre, brune, grise ou pourpre. Trace blanche. Transparente à translucide ; éclat vitreux à subrésineux.
• **FORMATION** Dans les roches magmatiques et dans les calcaires métamorphiques.
• **TESTS** Soluble en acide chlorhydrique.

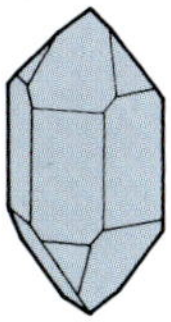
TRIGONAL/ HEXAGONAL

PS 3,1-3,2	Clivage Médiocre	Fracture Conchoïdale à inégale

Groupe Phosphates	Composition $CaBe(PO_4)(F,OH)$	Dureté 5-5,5

HERDÉRITE

Cristaux prismatiques ou tabulaires, souvent pseudo-orthorhombiques. Se forme aussi en agrégats fibreux. L'herdérite est incolore, jaune pâle ou blanc verdâtre. Transparente à translucide ; éclat vitreux.
• **FORMATION** Dans les pegmatites granitiques.
• **TESTS** Soluble dans la plupart des acides. Quelques spécimens fluorescent sous les ultraviolets.

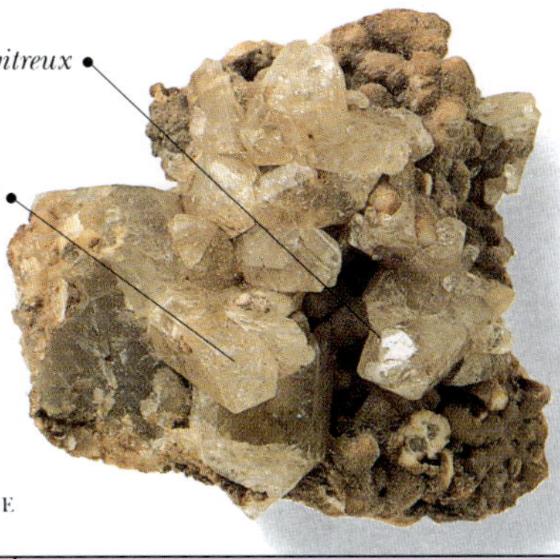

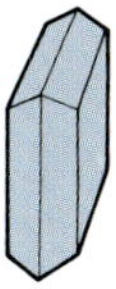
MONOCLINIQUE

PS 2,95-3,01	Clivage Médiocre	Fracture Subconchoïdale

Groupe Arsénates	Composition $Zn_2AsO_4(OH)$	Dureté 3,5

ADAMITE

Cristaux allongés, tabulaires ou isométriques, qui peuvent être maclés. Faciès aussi en masses sphéroïdales. Généralement vert jaune brillant. Trace blanche. Transparente à translucide ; d'éclat vitreux.

• **FORMATION** Dans les parties oxydées des filons de minerais, avec beaucoup d'autres minéraux : calcite, limonite et malachite, mais aussi azurite, smithsonite et hémimorphite.

• **TESTS** Soluble dans les acides dilués. Quelquefois fluorescente dans les ultraviolets. Fusible lors du test de la flamme.

ADAMITE SPHÉROÏDALE

ADAMITE CRISTALLINE

ORTHORHOMBIQUE

PS 4,3-4,4	Clivage Bon	Fracture Subconchoïdale à inégale

Groupe Arsénates	Composition $Ni_3(AsO_4)_2.8H_2O$	Dureté 1,5-2,5

ANNABERGITE

Forme des cristaux prismatiques et striés. Les autres faciès sont en croûte, et en masses terreuses à poudreuses. Blanche, grise, vert pâle ou vert jaune. Trace aussi pâle que la coloration. Transparente à translucide, avec un éclat vitreux à perlé.

• **FORMATION** Dans les parties altérées des filons de nickel.

• **TESTS** Chauffée en éprouvette, laisse suinter de l'eau.

MONOCLINIQUE

PS 3,07	Clivage Parfait	Fracture Inégale

Groupe Arsénates	Composition $Cu_3(AsO_4)(OH)_3$	Dureté 2,5-3

CLINOCLASE

Cristaux aux formes allongées ou tabulaires, parfois rhomboédriques, (dans ce cas, ils sont décrits comme pseudorhomboédriques). Les cristaux se présentent aussi isolés ou en rosettes. Bleu verdâtre sombre à noir verdâtre. Trace vert bleuâtre. Transparente à translucide, d'éclat vitreux sur la face des cristaux, perlée sur les surfaces de clivages.

• **FORMATION** Se forme comme un minéral secondaire dans les filons qui ont été altérés par les fluides circulants, de la surface terrestre ou du dessous de cette surface. Fréquemment associée avec l'olivénite, qui est du même groupe minéral.

• **TESTS** Pas d'autres tests nécessaires pour identifier ce minéral.

MONOCLINIQUE

PS 4,33	Clivage Parfait	Fracture Inégale

Groupe Arsénates	Composition $CO_3(AsO_4)_2.8H_2O$	Dureté 1,5-2,5

ÉRYTHRITE

Cristaux prismatiques à aciculaires souvent striés ou en agrégats lamellés. Faciès également en masse terreuse. Couleur pourpre foncé à rose pâle. Trace juste un peu plus pâle. Transparente à translucide avec un éclat adamantin à vitreux ou perlé.

• **FORMATION** Dans les parties des filons de cobalt altérés par les fluides circulants, et où l'oxydation s'est produite.

• **TESTS** Soluble dans l'acide chlorhydrique.

MONOCLINIQUE

PS 3,18	Clivage Parfait	Fracture Inégale

Groupe Arsénates	Composition $Pb_5(AsO_4)_3Cl$	Dureté 3,5-4

MIMÉTITE

Cristaux aciculaires à prismatiques minces, quelquefois en forme de tonneaux ; dans ce cas, ce sont des cristaux de campylite. Les autres faciès sont botryoïdaux, réniformes ou granulaires. Les couleurs varient depuis le jaune, l'orange et le brun jusqu'au blanc, l'incolore et le verdâtre. Trace blanche. Transparente à translucide, avec un éclat vitreux à résineux.

• **FORMATION** Dans des dépôts de plomb altérés par les fluides circulants, principalement constitués d'eau. Souvent trouvée avec la pyromorphite, la vanadinite, la galène, l'anglésite, l'hémimorphite et l'arsénopyrite.

• **TESTS** Soluble dans l'acide chlorhydrique. Fond aisément si on la place dans une flamme, produisant une odeur d'ail réminiscente et très forte.

MIMÉTITE PRISMATIQUE

CAMPYLITE

MONOCLINIQUE

PS 7,0-7,3	Clivage Aucun	Fracture Subconchoïdale à inégale

Groupe Arsénates	Composition $Cu_2(AsO_4)(OH)$	Dureté 3

OLIVÉNITE

Cristaux prismatiques, aciculaires ou tabulaires. Les autres faciès sont globulaires ou en masses réniformes. Couleur vert olive, brune, jaunâtre, grise ou blanche. Trace vert olive (d'où son nom). Translucide à opaque avec un éclat vitreux à soyeux.

• **FORMATION** Par altération des minéraux de cuivre dans des dépôts de minerai. Se retrouve avec des minéraux tels que la malachite, l'azurite, la calcite, la goethite et la dioptase, aussi bien qu'avec la scorodite.

• **TESTS** Soluble dans les acides ; produit une odeur d'ail en chauffant.

ORTHORHOMBIQUE

PS 4,4	Clivage Indistinct	Fracture Inégale à conchoïdale

Groupe Arsénates	Composition $FeAsO_4.2H_2O$	Dureté 3,5-4

SCORODITE

Cristaux pyramidaux, prismatiques ou tabulaires. Les autres faciès sont massifs ou terreux. Vert pâle, vert grisâtre, vert bleuâtre, bleue, brunâtre, incolore, jaunâtre ou violette. Trace blanche. Transparente à translucide avec un éclat vitreux à résineux ou terne.

• **FORMATION** Dans les parties altérées des dépôts d'arsenic.

• **TESTS** Soluble dans l'acide chlorhydrique et nitrique. Chauffée, produit une odeur réminiscente d'ail. Lors d'un chauffage en éprouvette, l'eau s'échappe du minéral.

PS 3,28	Clivage Imparfait	Fracture Subconchoïdale

Groupe Arsénates	Composition $(Pb,Cu)_3(AsO_4)_2(OH)_2$	Dureté 4,5

BAYLDONITE

Faciès souvent massif, mais aussi granulaire ou poudreux. Ce dernier peut se trouver sur des surfaces de roche ; pour détecter les formes cristallines, il faut un fort agrandissement. Se trouve aussi en forme de croûtes et de concrétions arrondies à structure interne fibreuse et filamenteuse. Couleur : vert herbe brillant, parfois jaunâtre ou vert foncé. Trace non déterminée. La lumière passe fortement à travers les spécimens : la bayldonite est donc décrite comme étant subtranslucide. Éclat résineux ; surface d'apparence gluante.

• **FORMATION** Dans des zones des dépôts et filons des gisements de cuivre, où l'altération, souvent due aux fluides circulants, s'est produite. Associée à beaucoup de minéraux : olivénite, azurite, malachite, mimétite.

• **TESTS** Chauffée en éprouvette, laisse échapper de l'eau.

PS 5,5	Clivage Aucun	Fracture Inégale

Groupe Vanadates	Composition $K_2(UO_2)_2V_2O_8.3H_2O$	Dureté 2

CARNOTITE

Cristaux très petits en forme de feuillets tabulaires. Se présente aussi avec un faciès poudreux, en masses microcristallines ou en croûtes. Jaune brillant ou jaune verdâtre. Trace jaune. Semi-opaque avec un éclat perlé, mais les masses sont ternes.
• **FORMATION** Comme un minéral secondaire, formant des dépôts provenant de l'eau souterraine passant par des dépôts d'uranium.
• **TESTS** Radioactive. Se dissout dans les acides.

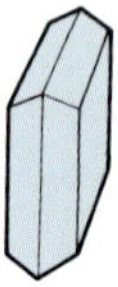
MONOCLINIQUE

PS 4,75	Clivage Basal parfait	Fracture Inégale

Groupe Vanadates	Composition $Ca(UO_2)_2V_2O_8.5-8H_2O$	Dureté 2

TYUYAMUNITE

Forme de très petites écailles et des lattes. Les autres faciès sont massifs, compacts ou microcristallins. Couleur jaune verdâtre à jaune. Trace jaune. Translucide à opaque, d'éclat cireux, perlé, adamantin ou terne.
• **FORMATION** Comme un produit secondaire des minéraux d'uranium.
• **TESTS** Minéral radioactif.

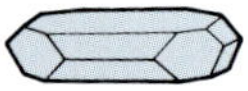
ORTHORHOMBIQUE

PS 3,3-3,6	Clivage Basal parfait	Fracture Inégale

Groupe Vanadates	Composition $Cu_3V_2O_7(OH)_2.2H_2O$	Dureté 3,5

VOLBORTHITE

Forme des écailles encroûtantes, souvent avec des profils triangulaires ou hexagonaux. Macles lamellaires communes. Se présente aussi sous la forme de rosettes ou de nids d'abeille, d'agrégats. Couleur verte, jaune ou brun. Trace indéterminée. Translucide avec un éclat vitreux à perlé.
• **FORMATION** Comme un minéral secondaire.
• **TESTS** Soluble dans les acides.

MONOCLINIQUE

PS 3,42	Clivage Basal parfait	Fracture Inégale

Groupe Vanadates	Composition $Pb_5(VO_4)_3Cl$	Dureté 3

VANADINITE

Cristaux prismatiques formés parfois en creux. La couleur varie du rouge brillant et du rouge orange au brun rouge brunâtre, brun ou jaune. Trace blanche ou jaunâtre. Transparente à translucide. Éclat résineux à subadamantin.

• **FORMATION** Dans les parties des filons et dépôts de plomb altérés secondairement.

• **TESTS** Donne des résultats caractéristiques lorsqu'elle est testée avec les acides ou la chaleur. Fond aisément dans la flamme. Soluble dans l'acide nitrique. Si les liquides résultants sont partis par évaporation, un résidu rouge demeure ; les autres minéraux liés laissent un dépôt blanc.

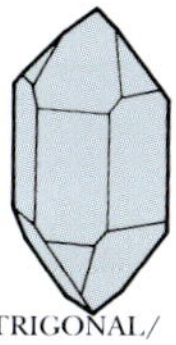

TRIGONAL/ HEXAGONAL

PS 6,88	Clivage Aucun	Fracture Conchoïdale à inégale

Groupe Vanadates	Composition $Pb(Zn,Cu)(VO_4)(OH)$	Dureté 3-3,5

DESCLOIZITE

Cristaux pyramidaux, tabulaires ou prismatiques, aux surfaces souvent rugueuses ou inégales. Se trouve aussi sous des formes en croûtes, en agrégats plumeux ou en masses botryoïdales. Couleur rouge orange à brun rougeâtre ou brun noirâtre. Trace orange jaunâtre à brun rougeâtre. Transparente à translucide. Éclat vitreux à gras.

• **FORMATION** Comme un minéral secondaire dans les parties des filons de minerais et les dépôts altérés par l'oxydation.

• **TESTS** Soluble dans les acides chlorhydrique et nitrique. Fond aisément dans la flamme.

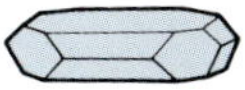

ORTHORHOMBIQUE

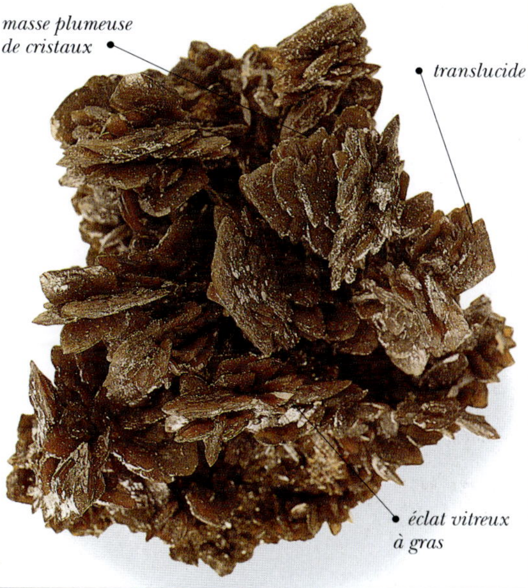

PS 6,24-6,26	Clivage Aucun	Fracture Inégale à conchoïdale

SILICATES

LES MINÉRAUX silicatés ont de la silice et de l'oxygène (SiO_4) dans leurs structures — les deux éléments les plus abondants de la croûte terrestre. La silice tétraédrique combinée et les atomes d'oxygène forment beaucoup de structures silicatées, se liant en chaînes dans le cas des pyroxènes et des amphiboles, en feuillets dans les micas et en cercles dans le béryl. D'où une multitude de minéraux silicatés. Ce sont les principaux formateurs de roches et beaucoup se produisent à partir du magma ou de la lave, habituellement connus comme des silicates en fusion. Les feldspaths, les pyroxènes, les amphiboles, les micas et les olivines, en combinaisons multiples, forment le gros des roches magmatiques. Les autres silicates, tels les grenats, sont communs dans les roches métamorphiques. Nombre de silicates ont un poids spécifique moyen, mais tendent à être des minéraux durs. Le quartz est souvent inclus dans les silicates.

Groupe Silicates	Composition Fe_2SiO_4–Mg_2SiO_4	Dureté 6,5-7

OLIVINE

Série de minéraux formant des cristaux épais et tabulaires, fréquemment avec des terminaisons en forme de coin. Les autres faciès sont massifs, compacts ou granulaires. Couleur verte, jaune verdâtre, brun jaunâtre, brune et blanche. Trace incolore. Transparente à translucide, d'éclat vitreux. La variété précieuse est appelée péridot.

• **FORMATION** Un membre final de la série, la forstérite, se forme dans les roches magmatiques basiques et ultrabasiques, et dans les marbres. Elle est riche en magnésium. La fayalite, l'autre membre final, riche en fer, se forme dans les roches magmatiques acides qui ont été refroidies rapidement.

• **TESTS** Soluble dans l'acide chlorhydrique, avec une gélatinisation.

PÉRIDOT

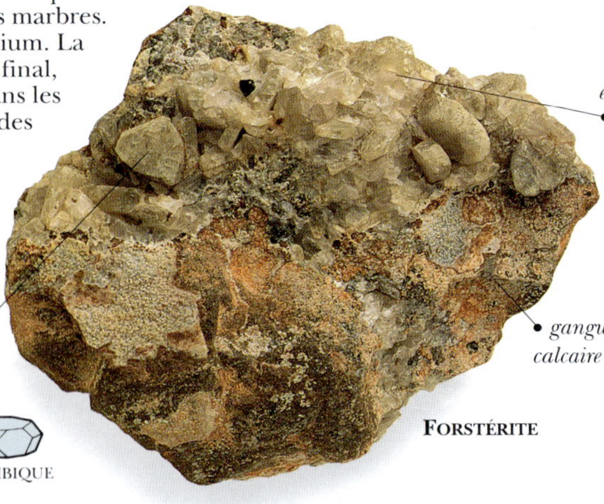

FORSTÉRITE

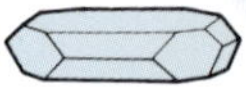

ORTHORHOMBIQUE

PS 3,27-4,32	Clivage Imparfait	Fracture Conchoïdale

Groupe Silicates	Composition $Mg_3Al_2(SiO_4)_3$	Dureté 7-7,5

GRENAT PYROPE

Cristaux dodécaédriques ou trapézoïdaux. Se trouve habituellement en grains arrondis. La couleur varie de rosâtre ou rouge violacé à cramoisi et presque noir. Trace blanche. Transparent à translucide. Éclat vitreux.
• **FORMATION** Dans une variété de roches magmatiques ultrabasiques, incluant la péridotite. Se forme aussi dans les serpentinites associées.
• **TESTS** Fond presque aisément. Virtuellement insoluble dans les acides.

CUBIQUE

PS 3,5-3,8	Clivage Aucun	Fracture Conchoïdale

Groupe Silicates	Composition $Ca_3Al_2(SiO_4)_3$	Dureté 6,5-7

GRENAT GROSSULAIRE

Cristaux dodécaédriques ou trapézoïdaux. Les autres faciès sont massifs, compacts ou granulaires. Couleur très variable : verte, vert jaunâtre, jaune, brune, rouge, orange, brun rougeâtre, blanche, rose, grise ou noire. Trace blanche. Transparent à presque opaque. Éclat vitreux ou résineux.
• **FORMATION** Dans une variété de roches métamorphiques, bien qu'il se retrouve communément dans le marbre.
• **TESTS** Insoluble dans les acides.

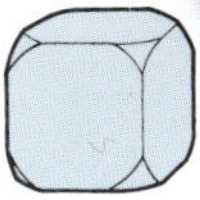
CUBIQUE

PS 3,4-3,6	Clivage Aucun	Fracture Inégale à conchoïdale

Groupe Silicates	Composition $Fe_3Al_2(SiO_4)_3$	Dureté 7-7,5

GRENAT ALMANDIN

Cristaux dodécaédriques, rhombododécaédriques ou trapézoïdaux. Les autres faciès sont massifs, granulaires ou compacts. Couleur rouge sombre à brun rougeâtre et noir brunâtre. Trace blanche. Transparent à translucide avec un éclat vitreux ou résineux.
• **FORMATION** Dans les roches de métamorphisme général, tel que le schiste.
• **TESTS** Insoluble dans les acides. Fond presque aisément.

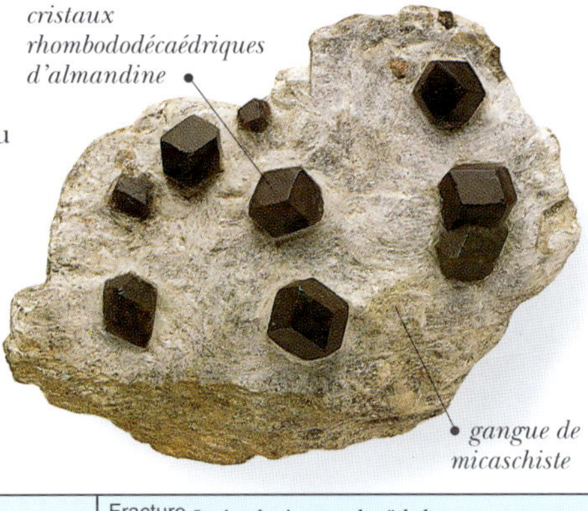

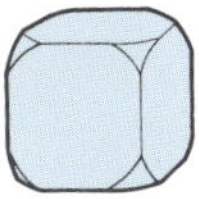
CUBIQUE

PS 4,1-4,3	Clivage Aucun	Fracture Inégale à conchoïdale

Groupe Silicates	Composition $(Mg,Fe)_7(SiO_4)_3(F,OH)_2$	Dureté 6

HUMITE

Petits cristaux tronqués, avec une variabilité des faciès, souvent hautement modifiés. Couleur blanche, jaune, orange sombre ou brune. Transparente à translucide avec un éclat vitreux sur les faces fraîches du cristal.

• **FORMATION** Dans les calcaires à métamorphisme de contact et dans quelques filons. Apparaît avec une quantité de minéraux : calcite, graphite, spinel, diopside, idocrase, grenat et autres types de minéraux propres aux calcaires métamorphiques. Le groupe de l'humite comprend l'humite, la clinohumite, la norbérgite et la chondrotite.

• **TESTS** Aucun test n'est requis pour l'identifier.

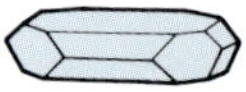

ORTHORHOMBIQUE

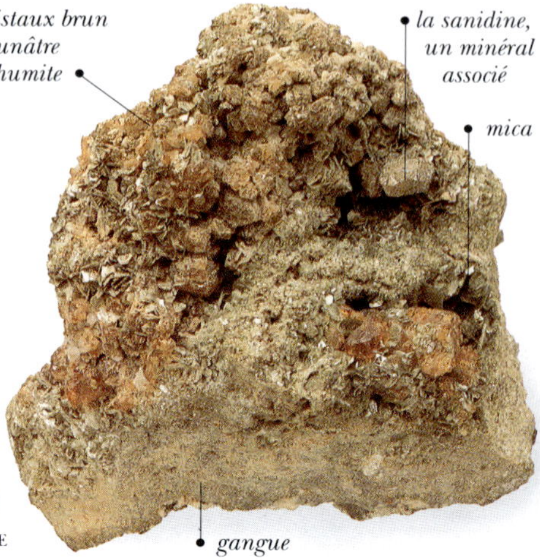

PS 3,24	Clivage Médiocre	Fracture Inégale

Groupe Silicates	Composition $(Mg,Fe)_5(SiO_4)_2(F,OH)_2$	Dureté 6-6,5

CHONDRODITE

Membre du groupe de l'humite. Se forme avec une variété de cristaux hautement modifiés à maclage lamellaire commun. Le faciès peut aussi être massif. Couleur jaune, rouge ou brune. Transparente à translucide avec un éclat vitreux.

• **FORMATION** Dans les calcaires qui ont été altérés par un métamorphisme de contact. Peut apparaître dans le groupe rare des roches magmatiques, riches en calcite, appelées carbonatites.

• **TESTS** Soluble dans l'acide chlorhydrique chaud. Produit un précipité qui devient gélatineux lors du refroidissement de la solution. Fusible.

MONOCLINIQUE

PS 3,16-3,26	Clivage Médiocre	Fracture Inégale

Groupe Silicates	Composition $Al_2SiO_4(F,OH)_2$	Dureté 8

TOPAZE

Cristaux prismatiques nets, qui peuvent être de grande taille et peser plus de 100 kg. Faciès également massif, granulaire et en colonnes. Couleur très variable : neutre, blanche, grise, jaune, orange, brune, bleuâtre, verdâtre, pourpre ou rose. Trace incolore. Transparente à translucide. Éclat vitreux.

• **FORMATION** Se forme communément dans les pegmatites, mais aussi dans les filons et les cavités des roches granitiques. Se retrouve avec une variété de minéraux, dont le quartz.

• **TESTS** Insoluble dans les acides ; infusible à la flamme.

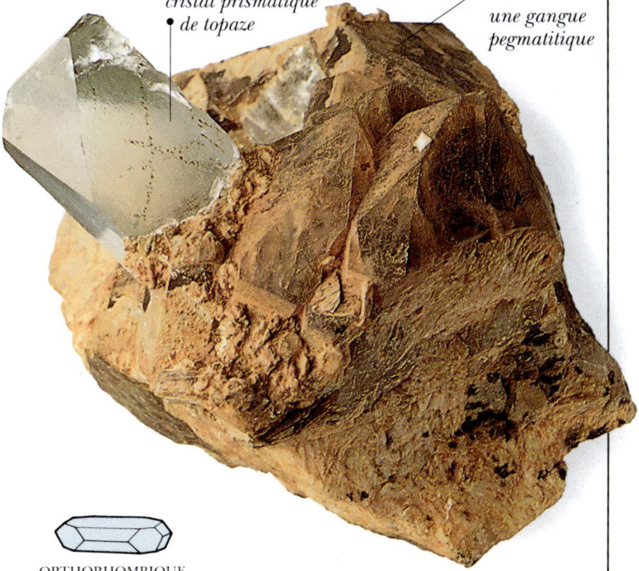

ORTHORHOMBIQUE

PS 3,49-3,57	Clivage Parfait	Fracture Subconchoïdale à inégale

Groupe Silicates	Composition Zn_2SiO_4	Dureté 5,5

WILLÉMITE

Cristaux prismatiques hexagonaux, fréquemment terminés en rhomboèdres. Les autres faciès sont massifs, fibreux, compacts ou granulaires. Blanche, incolore, grise, verte, jaune, brune ou rougeâtre. Trace incolore. Transparente à translucide avec un éclat vitreux à résineux.

• **FORMATION** Dans les zones oxydées des dépôts de minerais de zinc, dans des filons, par altération secondaire et dans les calcaires métamorphiques.

• **TESTS** Peut être très phosphorescente. Soluble dans l'acide chlorhydrique. Montre aussi une fluorescence vert brillant sous les ultraviolets.

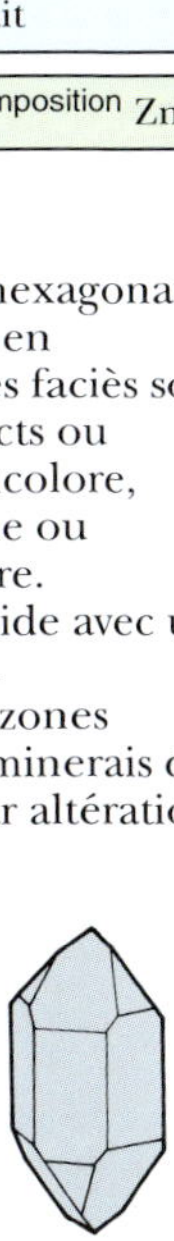

TRIGONAL/
HEXAGONAL

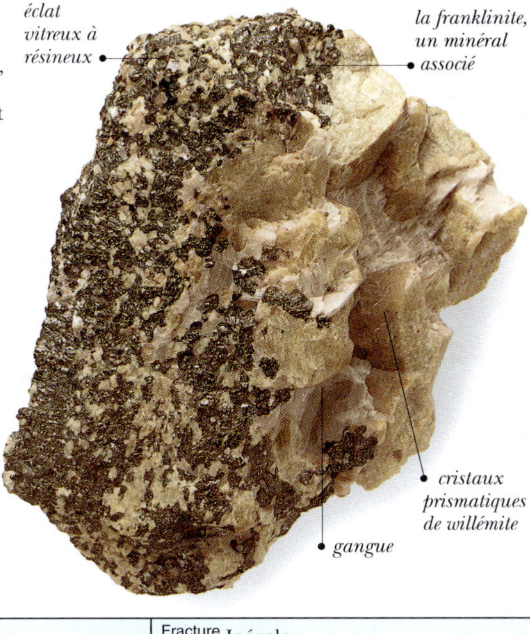

PS 3,89-4,19	Clivage Basal	Fracture Inégale

Groupe Silicates	Composition $(Fe,Mg,Zn)_2Al_9(Si,Al)_4O_{22}(OH)_2$	Dureté 7-7,5

STAUROTIDE

Cristaux courts et prismatiques, souvent maclés en croix. Couleur : brun foncé, brun rougeâtre, brun jaunâtre ou noir brunâtre. Trace incolore à grisâtre. Translucide à presque opaque avec un éclat vitreux à résineux.

• **FORMATION** Dans les profondeurs de l'écorce terrestre, où les roches métamorphiques ont été formées à des températures et des pressions extrêmes. De telles roches comprennent les gneiss et micaschistes. La staurotide est associée avec des minéraux métamorphiques : disthène, muscovite, grenat et quartz.

• **TESTS** Plusieurs variétés ont des traces de manganèse ; dans ce cas elles fondront.

MONOCLINIQUE

PS 3,65-3,83	Clivage Distinct	Fracture Inégale à subconchoïdale

Groupe Silicates	Composition $(Fe,Mg,Mn)_2Al_4Si_2O_{10}(OH)_4$	Dureté 6,5

CHLORITOÏDE

Cristaux rares, tabulaires ou pseudohexagonaux, et communément maclés. Faciès également en feuillets, massifs ou en forme d'écailles ou de plaques. Couleur gris foncé ou verdâtre à noir verdâtre. Trace non déterminée. Translucide avec un éclat perlé sur les surfaces de clivage.

• **FORMATION** Dans les roches telles que le schiste et la phyllite, qui ont été généralement métamorphisés. Aussi dans les pegmatites. Minéraux associés : la muscovite, la chlorite, le grenat, la staurotide (au-dessus), ainsi que le disthène.

• **TESTS** Soluble dans l'acide sulfurique concentré, mais pas dans l'acide chlorhydrique. Fond, mais difficilement.

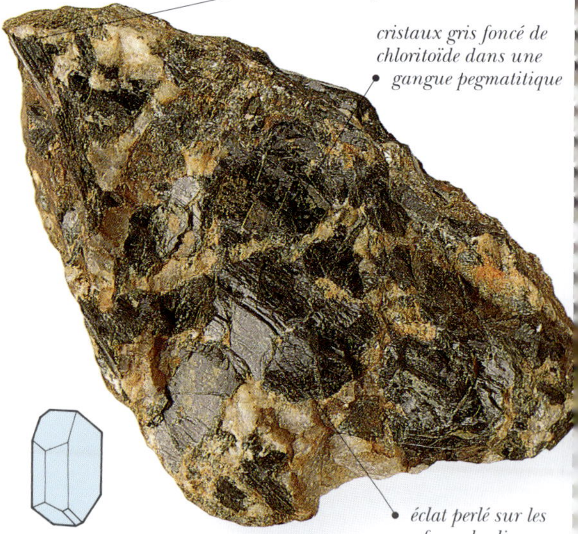

TRICLINIQUE

PS 3,6	Clivage Parfait	Fracture Inégale

Groupe	Composition	Dureté
Silicates	$ZrSiO_4$	7,5

ZIRCON

Se forme avec des cristaux prismatiques et des terminaisons bipyramidales, également en agrégats fibreux radiaires. Les cristaux maclés sont communs. Les autres faciès contiennent des grains irréguliers. Incolore, rouge, brun, jaune, vert ou gris. Minéral transparent à opaque avec un éclat vitreux, adamantin ou gras.

• **FORMATION** Dans les roches magmatiques, telle la syénite, et certaines roches métamorphiques. Aussi dans beaucoup de roches sédimentaires détritiques, où il est un produit de l'altération météorique et de l'érosion des gisements primaires de zircon.

• **TESTS** Souvent radioactif, car peut contenir un peu d'uranium et de thorium.

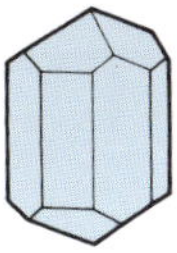

TÉTRAGONAL

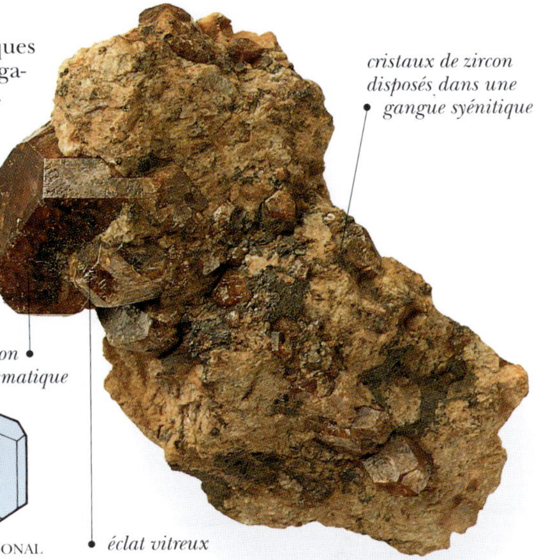

PS	Clivage	Fracture
4,6-4,7	Imparfait	Inégale à conchoïdale

Groupe	Composition	Dureté
Silicates	Al_2SiO_5	6,5-7,5

ANDALOUSITE

Cristaux prismatiques à section presque carrée (la chiastolite est une variété de l'andalousite avec une section en croix). Faciès également massif, fibreux ou en colonnes. Couleur rose, rougeâtre, brunâtre, blanchâtre, grisâtre ou verdâtre. Trace incolore. Transparente à presque opaque avec un éclat vitreux.

• **FORMATION** Dans les granites, les pegmatites et dans beaucoup de roches métamorphiques. Se retrouve aussi avec le disthène, la cordiérite, la sillimanite et le corindon.

• **TESTS** Insoluble dans tous les fluides. Infusible à la flamme.

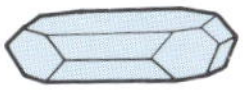

ORTHORHOMBIQUE

PS	Clivage	Fracture
3,13-3,16	Prismatique distinct	Inégale à subconchoïdale

Groupe Silicates	Composition Al_2SiO_5	Dureté 6,5-7,5

SILLIMANITE

Cristaux longs et prismatiques avec une section presque carrée. Peut se présenter en masses fibreuses. Couleur blanche, neutre, grise, jaunâtre, brunâtre, verdâtre ou bleuâtre. Trace incolore. Transparente à translucide avec un éclat vitreux à soyeux.

- **FORMATION** Dans les roches métamorphiques et dans quelques roches magmatiques.
- **TESTS** Infusible. Insoluble dans les acides.

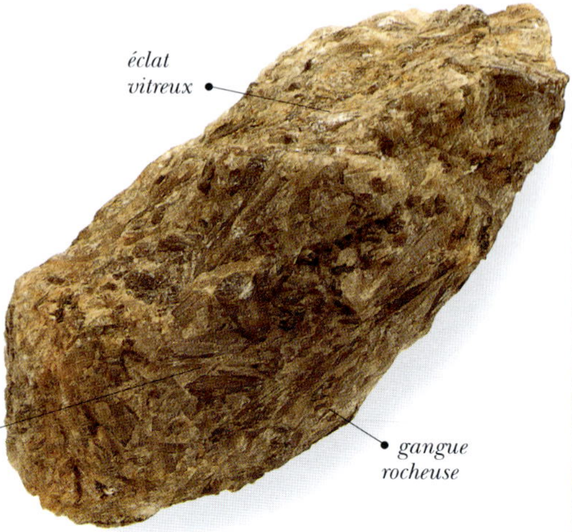

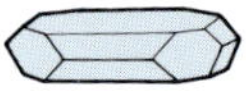

ORTHORHOMBIQUE

PS 3,23-3,27	Clivage Parfait	Fracture Inégale

Groupe Silicates	Composition Al_2SiO_5	Dureté 5,5-7

DISTHÈNE

Trimorphe avec la sillimanite et l'andalousite, forme des cristaux allongés, aplatis et lamellaires souvent maclés ou courbés. Faciès également massif ou fibreux. Couleur bleue, blanche, grise, verte, jaune, rose ou quasi noire, variant souvent dans un seul cristal. Trace incolore. Transparent à translucide avec un éclat vitreux qui devient perlé sur les surfaces de clivage.

- **FORMATION** Dans beaucoup de roches métamorphiques, spécialement les schistes et les gneiss. Sa présence dans les schistes permet aux géologues d'étudier les conditions de température et de pression dans lesquelles ces schistes se sont formés.
- **TESTS** Infusible. Insoluble dans les acides.

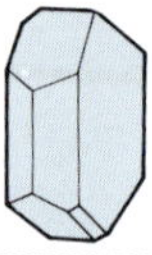

TRICLINIQUE

PS 3,53-3,67	Clivage Parfait	Fracture Inégale

Groupe Silicates	Composition $CaTiSiO_5$	Dureté 5-5,5

SPHÈNE

Cristaux en forme de biseau ou prismatiques et communément maclés. Faciès également massif, lamellaire ou compact. Couleur brune, jaune, verte, neutre, grise, rouge ou noire et variant souvent dans un même cristal. Trace blanche. Transparent à presque opaque avec un éclat adamantin à résineux.

• **FORMATION** Se retrouve dans beaucoup de roches magmatiques comme un minéral accessoire.

• **TESTS** Soluble dans l'acide sulfurique.

MONOCLINIQUE

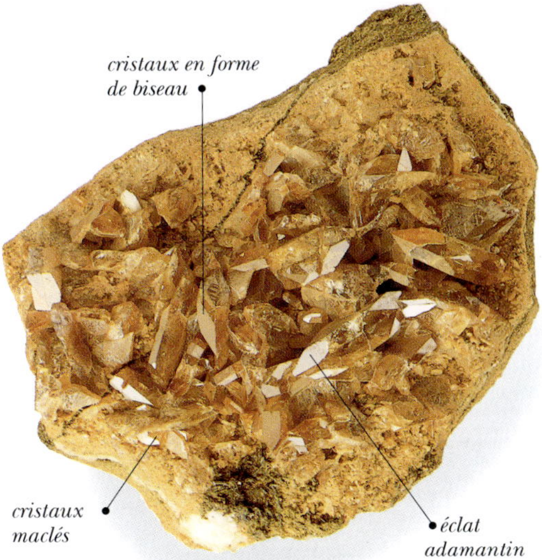

PS 3,45-3,55	Clivage Distinct	Fracture Conchoïdale

Groupe Silicates	Composition $Al_7(BO_3)(SiO_4)_3O_3$	Dureté 8,5

DUMORTIÉRITE

En de rares occasions, forme des cristaux prismatiques. Faciès habituellement massif, fibreux, radiaire ou en colonnes. Couleur bleue, violette, rose ou brune. Trace blanche. Transparente à translucide. Éclat vitreux à terne.

• **FORMATION** Dans les roches magmatiques acides à gros grains, incluant les pegmatites. Les roches riches en aluminium contiennent souvent de la dumortiérite, spécialement si elles ont été altérées par un métamorphisme de contact. Les pegmatites à grains grossiers exceptionnels sont formées par un refroidissement très lent des fluides magmatiques à une certaine profondeur et dans un environnement chimiquement riche.

• **TESTS** Ne se dissout dans aucun acide. Infusible dans la flamme.

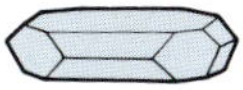

ORTHORHOMBIQUE

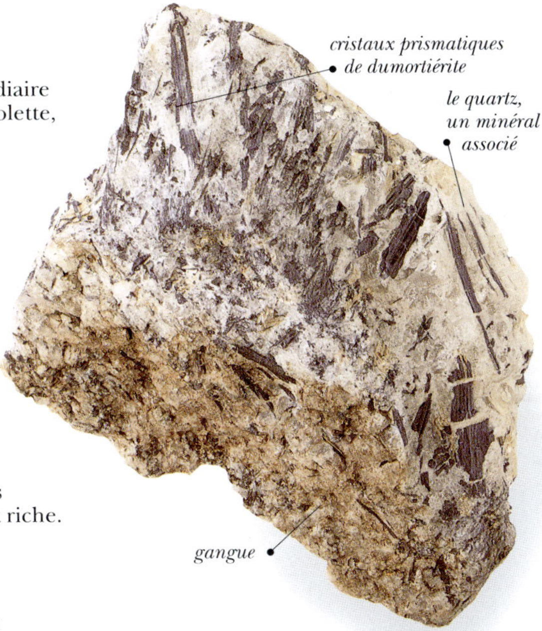

PS 3,41	Clivage Bon	Fracture Inégale

Groupe Silicates	Composition $BeAlSiO_4(OH)$	Dureté 7,5

EUCLASE

Forme des cristaux prismatiques. Incolore, blanchâtre, vert pâle, bleu ou bleu pâle. Trace blanche. Transparente à translucide avec un éclat vitreux sur les surfaces de clivage.

• **FORMATION** Dans les pegmatites. Peut aussi se trouver dans les placers alluviaux.

• **TESTS** Insoluble dans les acides. Fond avec quelque difficulté.

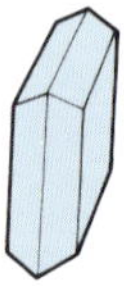

MONOCLINIQUE

PS 3,05-3,10	Clivage Parfait	Fracture Conchoïdale

Groupe Silicates	Composition $K_2Ca_4Al_2Be_4Si_{24}O_{60}H_2O$	Dureté 5,5-6

MILARITE

Se forme en cristaux prismatiques. Incolore, brunâtre, vert pâle ou vert jaunâtre. Trace blanche. Transparente à translucide. Éclat vitreux.

• **FORMATION** Dans les filons et les pegmatites.

• **TESTS** Chauffée en éprouvette, laisse échapper de l'eau.

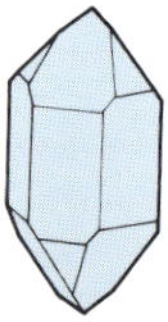

TRIGONAL/
HEXAGONAL

PS 2,46-2,61	Clivage Aucun	Fracture Conchoïdale à inégale

Groupe Silicates	Composition $Na_4(Ca,Ce)_2(Fe^{+2}Mn^{+2}Y)ZrSi_8O_{22}(OH,Cl)_2$	Dureté 5-5,5

EUDIALYTE

Cristaux tabulaires, rhomboédriques ou prismatiques. Brun jaunâtre à rouge brunâtre, rouge ou rose. Trace incolore. Translucide avec un éclat vitreux à terne.

• **FORMATION** Dans les roches magmatiques acides et intermédiaires à gros grains.

• **TESTS** Aisément dissous dans les acides.

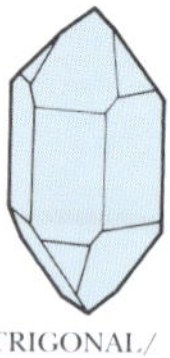

TRIGONAL/
HEXAGONAL

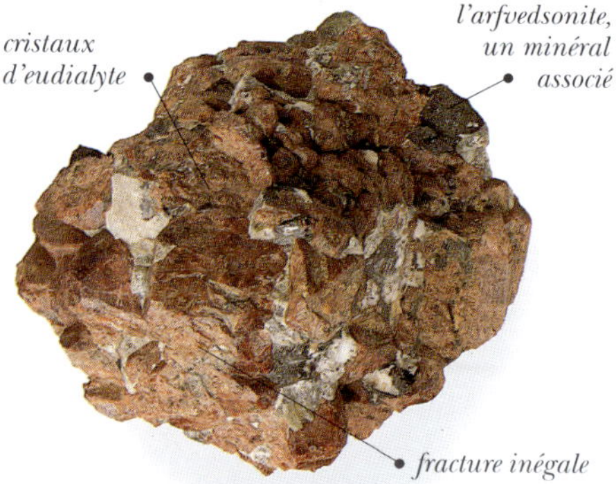

PS 2,74-2,98	Clivage Indistinct	Fracture Inégale

Groupe Silicates	Composition CaBSiO4(OH)	Dureté 5-5,5

DATOLITE

Cristaux courts prismatiques très variables, et aussi masses granulaires ou compactes. Incolore, blanche, jaune pâle, vert pâle ou teintée en rose, rougeâtre ou brun suite aux impuretés. Trace incolore. Transparente à translucide avec un éclat vitreux.

• **FORMATION** Dans les filons et cavités des roches magmatiques basaltiques. Se retrouve aussi avec la calcite, le quartz et quelques minéraux de zéolite.

• **TESTS** Soluble dans les acides. Colore la flamme en vert.

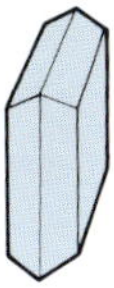

MONOCLINIQUE

PS 2,8-3,0	Clivage Aucun	Fracture Inégale à conchoïdale

Groupe Silicates	Composition Y_2FeBe_2,Si_2O_{10}	Dureté 6,5-7

GADOLINITE

Cristaux prismatiques, mais rarement formés. Se présente habituellement avec des faciès massifs et compacts. Couleur : noire à noir verdâtre, brune, quelquefois vert lumineux. Trace gris verdâtre. Translucide à transparente. Éclat vitreux à gras.

• **FORMATION** Dans les roches magmatiques intermédiaires à gros grains. Se retrouve aussi dans les roches magmatiques acides et dans les pegmatites formées par refroidissement lent du magma intrudé. Peut se retrouver avec d'autres minéraux, dont l'allanite et la fluorite. A été trouvée dans des schistes et d'autres roches de métamorphisme général.

• **TESTS** Radioactive. Se dissout dans les acides en laissant un précipité gélatineux. Non fusible lors du chauffage, mais devient écailleuse et brune.

MONOCLINIQUE

PS 4,0-4,65	Clivage Aucun	Fracture Conchoïdale

Groupe Silicates	Composition $Ca_2(Al,Fe)_3(SiO_4)_3(OH)$	Dureté 6-7

ÉPIDOTE

Se présente en cristaux prismatiques souvent striés ; se forme aussi en cristaux épais, tabulaires ou aciculaires. Faciès aussi massif, granulaire ou fibreux. Couleur vert jaunâtre à verte, vert brunâtre à noir verdâtre ou noire. Trace incolore ou grisâtre. Transparente à presque opaque. Éclat vitreux.

• **FORMATION** Dans les roches métamorphiques et magmatiques.

• **TESTS** Insoluble. Fond assez aisément.

MONOCLINIQUE

PS 3,35-3,50	Clivage Parfait	Fracture Inégale

Groupe Silicates	Composition $Ca_2Al_3(SiO_4)_3(OH)$	Dureté 6,5-7

ZOÏSITE

Cristaux prismatiques qui ont souvent des stries profondes et verticales. Faciès également massif, compact ou en forme de colonnes. Couleur blanche, grise, verte, brun verdâtre, rose (thulite), neutre, bleue ou pourpre (tanzanite). Trace incolore. Transparente à translucide. Éclat vitreux.

• **FORMATION** Dans beaucoup de roches, incluant les sédiments métamorphosés et les granites.

• **TESTS** Insoluble dans les acides.

THULITE

ZOÏSITE

ORTHORHOMBIQUE

PS 3,55	Clivage Parfait	Fracture Inégale à conchoïdale

Groupe Silicates	Composition $Ca_2Al_3(SiO_4)_3(OH)$	Dureté 6,5

CLINOZOÏSITE

Cristaux prismatiques et souvent striés profondément. Peut aussi former des cristaux aciculaires et avoir des faciès massifs, granulaires ou fibreux. Grise, jaune, vert pâle, rose ou incolore. Trace incolore ou grisâtre. Transparente à translucide. Éclat vitreux.

• **FORMATION** Dans les calcaires soumis au métamorphisme de contact et dans les roches à métamorphisme général.

• **TESTS** Insoluble dans les acides.

MONOCLINIQUE

PS 3,21-3,38	Clivage Parfait	Fracture Inégale

Groupe Silicates	Composition $Ca_2Al(Si,Al)O_7$	Dureté 5-6

GEHLÉNITE

Membre du groupe des mélilites. Forme des cristaux courts et prismatiques ; faciès aussi massif ou granulaire. Couleur : vert grisâtre, brune, jaune ou neutre. Trace indéterminée. Transparente à translucide avec un éclat vitreux à résineux.

• **FORMATION** Dans les laves basaltiques et dans les calcaires soumis au métamorphisme de contact.

• **TESTS** Soluble dans les acides forts.

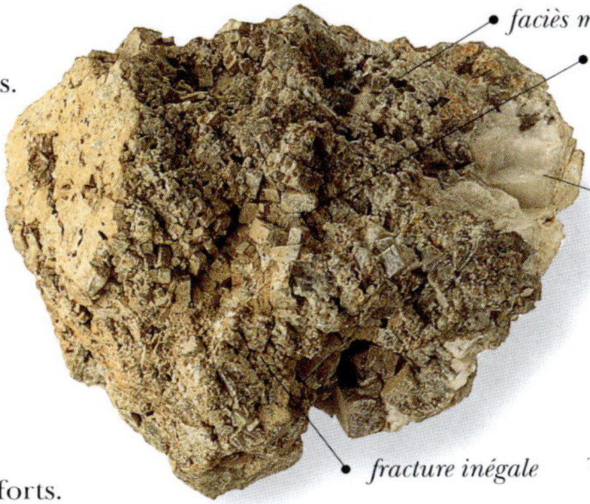

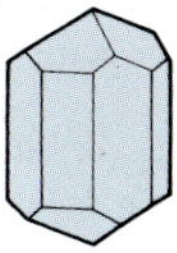

TÉTRAGONAL

PS 3,04	Clivage Distinct	Fracture Inégale à conchoïdale

Groupe Silicates	Composition $Ca_2MgSi_2O_7$	Dureté 5-6

AKERMANITE

Forme des cristaux prismatiques qui peuvent être maclés. Faciès également massif et granulaire. Incolore, grisâtre, brune ou verte. Transparente à translucide avec un éclat vitreux à résineux.

• **FORMATION** Dans les calcaires impurs soumis au métamorphisme thermal.

• **TESTS** Soluble dans les acides forts avec gélatinisation.

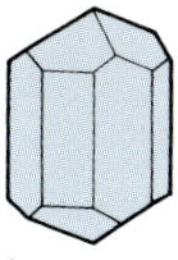

TÉTRAGONAL

PS 2,94	Clivage Distinct	Fracture Inégale à conchoïdale

Groupe Silicates	Composition $Zn_4Si_2O_7(OH)_2.H_2O$	Dureté 4,5-5

HÉMIMORPHITE

Cristaux minces tabulaires, avec des stries verticales. Ils ont différentes terminaisons de chaque côté, appelées hémimorphiques. Faciès également massif, compact, granulaire, botryoïdal, stalactitique, fibreux ou encroûtant. Couleur blanche, neutre, bleue, verdâtre, grise, jaunâtre ou brune. Trace incolore. Transparente à translucide. Éclat vitreux ou soyeux.

• **FORMATION** Dans les filons de zinc altérés par l'oxydation. Se retrouve communément dans les filons avec d'autres minéraux : smithsonite, galène, calcite, anglésite, sphalérite, cérusite, aurichalcite.

• **TESTS** Donne de l'eau lorsqu'elle est chauffée dans une éprouvette. Soluble dans les acides avec gélatinisation. Fond très difficilement.

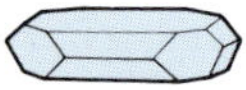

ORTHORHOMBIQUE

HÉMIMORPHITE BOTRYOÏDALE

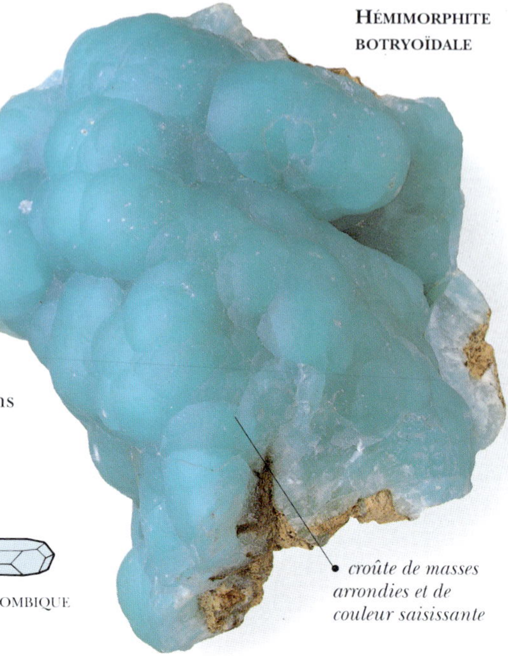

HÉMIMORPHITE CRISTALLINE

HÉMIMORPHITE VERTE

PS 3,4-3,5	Clivage Parfait	Fracture Inégale à conchoïdale

Groupe Silicates	Composition $Ca_{10}Mg_2Al_{14}(SiO_4)_5(Si_2O_7)_2(OH)_4$	Dureté 6-7

Idocrase

Également appelée vésuvianite, forme des cristaux prismatiques et pyramidaux courts. Faciès massifs, granulaires, en colonnes ou compacts. L'idocrase est verte, brune, blanche, jaune, rouge ou pourpre. La forme bleue est appelée cyprine ; la californite est blanche ou jaune. Transparente à translucide avec un éclat vitreux à résineux. Source de pierres précieuses, l'idocrase fut découverte au mont Vésuve.

• **Formation** Dans les calcaires impurs altérés par un métamorphisme de contact. Se retrouve aussi dans quelques roches magmatiques telles que la syénite à néphéline, avec d'autres minéraux : diopside, épidote, grenats, calcite, phlogopite et wollastonite.

• **Tests** Virtuellement insoluble dans les acides.

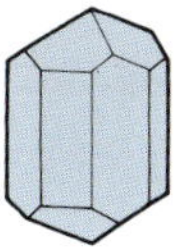

TÉTRAGONAL

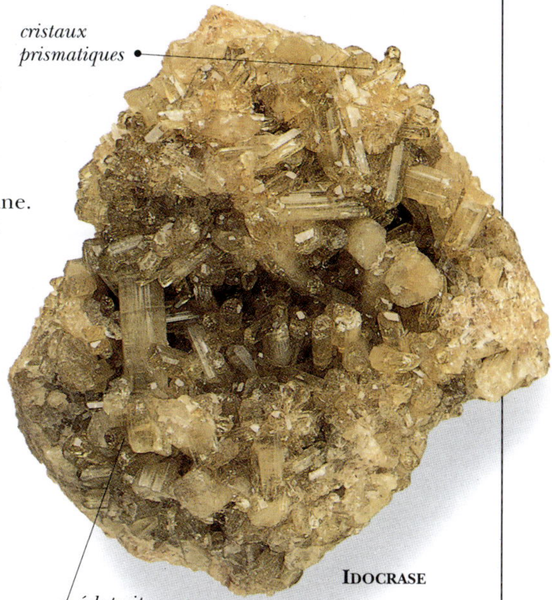

Idocrase

Cyprine

Californite

PS 3,33-3,45	Clivage Indistinct	Fracture Inégale à conchoïdale

Groupe Silicates	Composition $Be_3Al_2Si_6O_{18}$	Dureté 7-8

BÉRYL

Cristaux prismatiques, terminés en petites pyramides. Ils sont souvent striés parallèlement à leur longueur et peuvent être de grande taille ; des spécimens de plus de 5,5 m de longueur ont été trouvés. Présente également des faciès massifs, compacts ou en colonne. La couleur varie grandement : neutre, blanche, verte (émeraude), jaune (héliodore), rose (morganite), rouge et bleue (aigue-marine). Trace blanche. Transparent à translucide. Éclat vitreux.

• **FORMATION** Dans les pegmatites et les granites, et dans certaines roches de métamorphisme général.

• **TESTS** Fond avec difficulté, arrondissant les arêtes des petits fragments.

BÉRYL

ÉMERAUDE

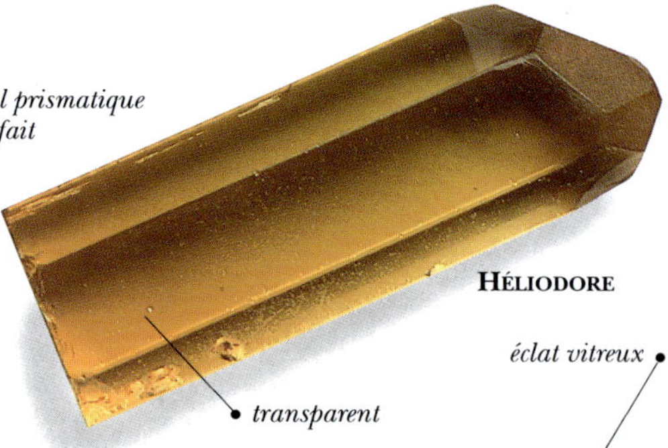

HÉLIODORE

AIGUE-MARINE

MORGANITE

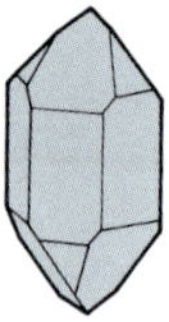
TRIGONAL/ HEXAGONAL

PS 2,6-2,9	Clivage Indistinct	Fracture Inégale à conchoïdale

Groupe	Composition	Dureté
Silicates	$Na(Mg,Fe,Li,Mn,Al)_3Al_6(BO_3)_3Si_6.O_{18}(OH,F)_4$	7-7,5

TOURMALINE

Cristaux prismatiques souvent striés verticalement. Ils peuvent être triangulaires arrondis en section. Présente également des faciès massifs et compacts. La couleur varie considérablement : bleue, verte (elbaïte), rose (rubellite), rouge, noire (schorl), noir brunâtre (uvite), brune (dravite), neutre ou jaune. Les cristaux sont souvent roses à un bout et verts à l'autre et parfois d'une taille considérable. Trace incolore. Transparente à opaque avec un éclat vitreux.

• **FORMATION** Dans les granites et les pegmatites aussi bien que dans certaines roches métamorphiques. La tourmaline peut être trouvée avec plusieurs autres minéraux : béryl, zircon, quartz, feldspath.

• **TESTS** Insoluble dans les acides. Les minéraux plus sombres tendent à fondre avec plus de difficulté que les variétés rouges et vertes.

RUBELLITE

ELBAÏTE

TOURMALINE

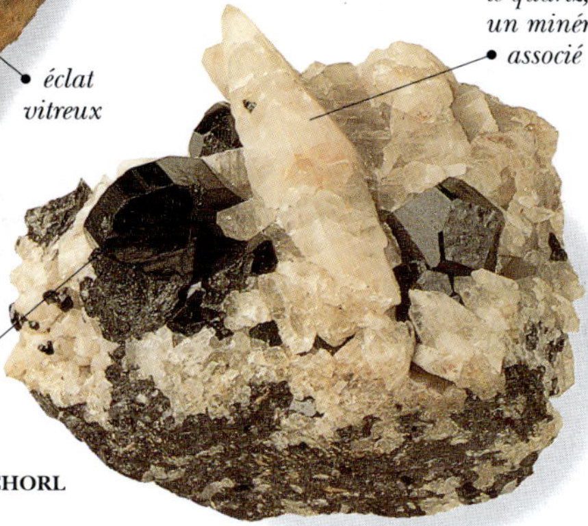

SCHORL

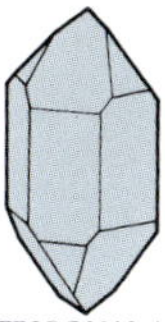

TRIGONAL/ HEXAGONAL

PS	Clivage	Fracture
3,0-3,2	Vraiment indistinct	Inégale à conchoïdale

Groupe Silicates	Composition $CaFe^{+2}_2Fe^{+3}(SiO_4)_2(OH)$	Dureté 5,5-6

ILVAÏTE

Cristaux épais, prismatiques et en forme de diamant en coupe. Les faces cristallines peuvent être striées verticalement. Se présente aussi sous des faciès massifs, en colonne ou compacts. Minéral très sombre, souvent noir à brun grisâtre ou noir brunâtre. Trace noire, souvent avec des nuances verdâtres ou brunâtres. Opaque avec un aspect terne, submétallique, mais parfois brillant.

• **FORMATION** Dans les roches intrudées par du magma ou qui viennent en contact avec la lave et qui, en conséquence, ont été altérées par un métamorphisme de contact. Se retrouve aussi, moins communément, dans les roches magmatiques comme la syénite.

• **TESTS** Placée dans l'acide chlorhydrique, est soluble avec gélatinisation. Fond aisément dans la flamme.

ORTHORHOMBIQUE

PS 3,8-4,1	Clivage Distinct	Fracture Inégale

Groupe Silicates	Composition $CuSiO_2(OH)_2$	Dureté 5

DIOPTASE

Forme des cristaux prismatiques, souvent avec des terminaisons rhomboédriques. Peut se présenter sous la forme d'agrégats cristallins ou avec un faciès massif. Couleur émeraude à vert bleuâtre profond. Trace bleu verdâtre pâle. Transparente à translucide. Éclat vitreux.

• **FORMATION** Dans des filons de cuivre altérés par oxydation et dans les trous et les cavités des roches voisines. Habituellement associée avec la limonite, la chrysocolla, la cérusite et la wulfénite.

• **TESTS** Soluble dans l'acide chlorhydrique, l'acide nitrique et l'ammoniaque. Infusible.

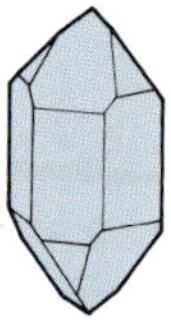

TRIGONAL/
HEXAGONAL

PS 3,28-3,35	Clivage Parfait	Fracture Inégale à conchoïdale

Groupe	Composition	Dureté
Silicates	$Mg_2Al_4Si_5O_{18}$	7-7,5

CORDIÉRITE

Cristaux courts, prismatiques et communément maclés. Les autres faciès sont massifs ou granulaires. Bleue, mais peut être verdâtre, jaunâtre, grise ou brune ; souvent fortement pléochroïque. Trace incolore. Transparente à translucide. Éclat vitreux.

• **FORMATION** Dans les roches magmatiques et métamorphiques de contact.

• **TESTS** Fusible sur les arêtes minces dans la flamme.

PS	Clivage	Fracture
2,53-2,78	Distinct	Conchoïdale

Groupe	Composition	Dureté
Silicates	$Ca_2,(Fe^{+2},Mn^{+2})Al_2BSi_4O_{15}(OH)$	6-7

AXINITE

Cristaux tabulaires et en forme de coin. Faciès également massifs ou lamellaires. Brun rougeâtre, jaune, incolore, bleue, violette ou grise. Trace incolore. Transparente à translucide. Éclat vitreux.

• **FORMATION** Dans les calcaires altérés par métamorphisme de contact.

• **TESTS** Fond aisément.

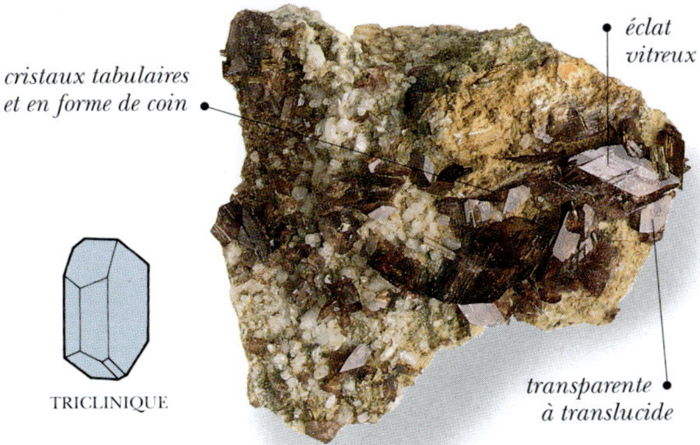

PS	Clivage	Fracture
3,2-3,4	Bon	Inégale à conchoïdale

Groupe	Composition	Dureté
Silicates	$BaTiSi_3O_9$	6-6,5

BÉNITOÏTE

Cristaux pyramidaux ou tabulaires. Bleue, pourpre, rose, blanche ou incolore et souvent de couleur variable. Trace incolore. Transparente à translucide. Éclat vitreux.

• **FORMATION** Dans les serpentinites et aussi dans les schistes.

• **TESTS** Fluorescence bleue sous ultraviolets de courte longueur d'ondes.

PS	Clivage	Fracture
3,64-3,68	Indistinct	Conchoïdale à inégale

Groupe Silicates	Composition $Mg_2Si_2O_6$	Dureté 5-6

ENSTATITE

Membre du groupe des pyroxènes. Forme rarement des cristaux prismatiques, mais présente habituellement des faciès massifs, fibreux ou lamellaires. Incolore, verte, brune ou jaunâtre. Trace incolore ou grise. Transparente à presque opaque. Éclat vitreux ou perlé.

- **FORMATION** Se forme communément dans les roches magmatiques basiques et ultrabasiques, tels le gabbro, la dolérite, la norite et la péridotite.
- **TESTS** Insoluble ; parfois fusible.

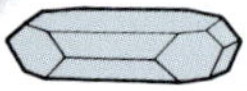
ORTHORHOMBIQUE

PS 3,2-3,4	Clivage Bon	Fracture Inégale

Groupe Silicates	Composition $(Mg,Fe)_2Si_2O_6$	Dureté 5-6

HYPERSTHÈNE

Se forme rarement en cristaux prismatiques. Faciès habituellement massif ou lamellaire. Couleur vert brunâtre ou noire. Trace gris brunâtre. Translucide à opaque avec un éclat submétallique.

- **FORMATION** Dans les roches magmatiques basiques et ultrabasiques.
- **TESTS** Fusible. Peut manifester une schillérisation.

ORTHORHOMBIQUE

PS 3,4-3,8	Clivage Bon	Fracture Inégale

Groupe Silicates	Composition $CaMgSi_2O_6$	Dureté 5,5-6,5

DIOPSIDE

Forme de petits cristaux prismatiques fréquemment maclés. Les autres faciès sont massifs, lamellaires, granulaires ou en colonne. Incolore, blanche, grise, verte, noir verdâtre, brun jaunâtre ou brun rougeâtre. Trace blanche à grise. Transparente à presque opaque. Éclat vitreux.

- **FORMATION** Dans beaucoup de roches métamorphiques et dans les roches magmatiques de bases.
- **TESTS** Insoluble dans les acides.

MONOCLINIQUE

PS 3,22-3,38	Clivage Bon	Fracture Inégale

Groupe	Composition	Dureté
Silicates	$CaFeSi_2O_6$	6

HÉDENBERGITE

Cristaux courts, prismatiques et communément maclés. Les faciès les plus courants sont massifs, feuillés ou lamellaires. Couleur : du vert brunâtre, vert grisâtre ou vert sombre au noir grisâtre ou noir. Trace blanche ou grise. Transparente à presque opaque. Éclat vitreux à résineux ou terne.

• **FORMATION** Dans les marbres et dans une variété de roches magmatiques.

• **TESTS** Ce pyroxène est insoluble. Fond assez facilement.

MONOCLINIQUE

PS	Clivage	Fracture
3,50-3,56	Bon	Inégale à conchoïdale

Groupe	Composition	Dureté
Silicates	$(Ca,Na)(Mg,Fe,Al,Ti)(Si,Al)_2O_6$	5,5-6

AUGITE

Un pyroxène qui apparaît avec des courts cristaux prismatiques souvent maclés. Faciès également massif, compact et granulaire. Couleur brune, verdâtre ou noire. Trace vert grisâtre. Translucide à presque opaque. Éclat vitreux à terne.

• **FORMATION** Dans beaucoup de roches magmatiques basiques et ultrabasiques, et dans les roches de métamorphisme élevé.

• **TESTS** Habituellement insoluble dans les acides.

MONOCLINIQUE

PS	Clivage	Fracture
3,23-3,52	Bon	Inégale à conchoïdale

Groupe	Composition	Dureté
Silicates	$NaFeSi_2O_6$	6

AÉGIRINE

Pyroxène se formant en cristaux longs, striés verticalement, prismatiques et souvent maclés. Faciès également en agrégats fibreux. Couleur : vert sombre, noir verdâtre, noire ou brun rougeâtre. Trace gris jaunâtre pâle. Translucide à opaque. Éclat vitreux à résineux.

• **FORMATION** Dans les roches magmatiques intermédiaires et dans les roches métamorphiques.

• **TESTS** Fond facilement.

MONOCLINIQUE

PS	Clivage	Fracture
3,55-3,60	Bon	Inégale

Groupe Silicates	Composition $LiAlSi_2O_6$	Dureté 6,5-7,5

SPODUMÈNE

Cristaux prismatiques souvent aplatis, maclés et striés verticalement. Peut être de grande taille. Également en masses clivables. Couleur très variable : neutre, blanche, grise, jaunâtre, verdâtre, vert émeraude (hiddénite), rose ou lilas (kunzite). Trace blanche. Transparente à translucide. Éclat vitreux.

• **FORMATION** Dans les pegmatites granitiques, avec d'autres minéraux : feldspath, muscovite, biotite, mica lépidolite, quartz, columbite-tantalite, béryl, tourmaline et topaze. Souvent altérée un certain temps après sa genèse, devenant un minéral argileux et du mica.

• **TESTS** Minéral insoluble. Fond en colorant la flamme en rouge à cause de la présence du lithium.

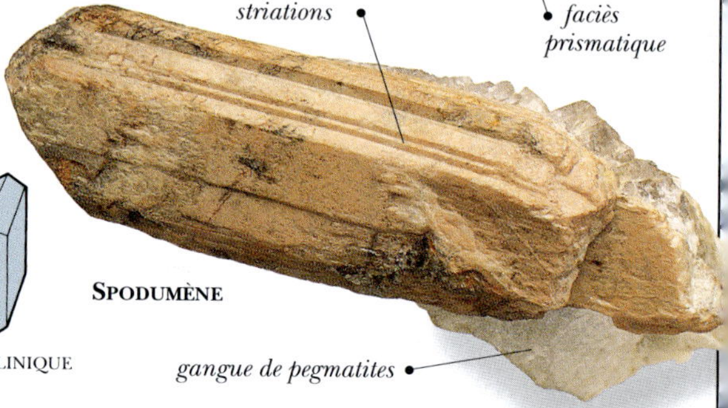

PS 3,0-3,2	Clivage Parfait	Fracture Inégale

Groupe Silicates	Composition $Na(Al,Fe)Si_2O_6$	Dureté 6-7

JADÉITE

Forme rarement des cristaux, lesquels sont petits, prismatiques et allongés, habituellement striés et souvent maclés. Faciès principalement massif ou granulaire. La couleur est typiquement verte, mais peut être blanche, grise, mauve et, lorsqu'elle est souillée par des oxydes de fer, brune ou jaune. Trace incolore. Translucide. Éclat vitreux à gras.

• **FORMATION** Dans les roches magmatiques ultrabasiques serpentinisées et dans certains schistes. Également trouvée à l'état de veines et d'inclusions en forme de lentille dans les cherts et les graywackes.

• **TESTS** Insoluble mais fond presque facilement.

PS 3,24	Clivage Bon	Fracture Irrégulière

Groupe Silicates	Composition $Ca_2(Mg,Fe)_4Al(Si_7Al)O_{22}(OH,F)_2$	Dureté 5-6

Hornblende

Forme des cristaux prismatiques souvent hexagonaux en section et maclés. Faciès également massif, compact, granulaire, en colonne, feuillé ou fibreux. Elle est verte, brun verdâtre ou noire. Trace blanche ou grise. Translucide à opaque. Éclat vitreux. Il y a un angle de 60° ou 120° entre les plans de clivage.
• **Formation** Dans les roches magmatiques et aussi dans la roche métamorphique, l'amphibolite.
• **Tests** Insoluble. Fond avec difficulté.

MONOCLINIQUE

PS 3,28-3,41	Clivage Parfait	Fracture Inégale

Groupe Silicates	Composition $(Mg,Fe)_7Si_8O_{22}(OH)_2$	Dureté 5,5-6

Anthophyllite

Forme des cristaux prismatiques, mais rarement. Faciès également massif, fibreux ou lamellaire. Couleur blanche à grise, verdâtre, vert brunâtre et brune. Trace incolore ou grise. Transparente à presque opaque. Éclat vitreux.
• **Formation** Dans les schistes cristallins et les gneiss.
• **Tests** Insoluble. Fond avec difficulté.

ORTHORHOMBIQUE

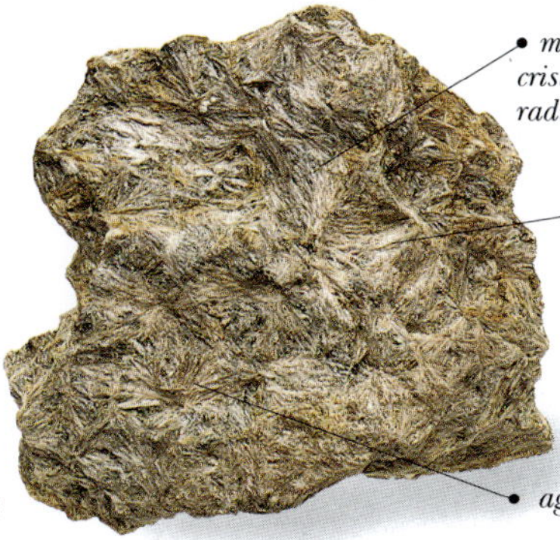

PS 2,85-3,57	Clivage Parfait	Fracture Inégale

Groupe Silicates	Composition $(Fe,Mg)_7Si_8O_{22}(OH)_2$	Dureté 5-6

Grunérite

Membre terminal de la série des amphiboles cummingtonite-grunérite, forme des cristaux fibreux ou lamellaires souvent en agrégats radiaires. Très fréquemment maclés. Grise, vert sombre ou brune, translucide à presque opaque avec un éclat soyeux.
• **Formation** Dans les roches qui ont subi un métamorphisme de contact.
• **Tests** Insoluble.

MONOCLINIQUE

PS 3,44-3,60	Clivage Bon	Fracture Inégale

Groupe Silicates	Composition $Na_2(Mg,Fe)_3Al_2Si_8O_{22}(OH)_2$	Dureté 6

GLAUCOPHANE

Membre du groupe des amphiboles, forme des cristaux minces et prismatiques. Faciès également massif, fibreux ou granulaire. Couleur grise, bleue, noir bleuâtre ou bleu lavande. Trace bleu grisâtre. Translucide. Éclat vitreux à terne ou perlé.

• **FORMATION** Dans les roches métamorphiques, surtout celles soumises à des températures basses et des pressions élevées.

• **TESTS** Insoluble dans les acides. Fond en formant un verre de couleur verte.

MONOCLINIQUE

PS 3,08-3,15	Clivage Parfait	Fracture Inégale à conchoïdale

Groupe Silicates	Composition $Na_3(Fe^{+2},Mg)_4Fe^{+3}Si_8O_{22}(OH)_2$	Dureté 5

RIÉBECKITE

Cristaux longs et prismatiques avec des striations parallèles. Faciès également massif, fibreux ou asbétin (crocidolite). Bleu sombre à noire. Trace non déterminée. Translucide. Éclat vitreux ou soyeux.

• **FORMATION** Dans beaucoup de roches magmatiques et les schistes.

• **TESTS** Fond aisément.

MONOCLINIQUE

PS 3,32-3,38	Clivage Parfait	Fracture Inégale

Groupe Silicates	Composition $Ca_2(Mg,Fe)_5Si_8O_{22}(OH)_2$	Dureté 5-6

ACTINOLITE

Les cristaux forment des spécimens longs et feuillés, communément maclés. Aussi en agrégats lamellaires et en colonne, souvent radiaires et à faciès également massif, fibreux ou granulaire. Couleur claire à vert noirâtre. Trace blanche. Transparente à presque opaque. Éclat vitreux. Une variété compacte est appelée la néphrite, forme de jade.

• **FORMATION** Dans les schistes et les amphibolites provenant communément du métamorphisme des roches magmatiques basiques.

• **TESTS** Insoluble dans l'acide chlorhydrique.

MONOCLINIQUE

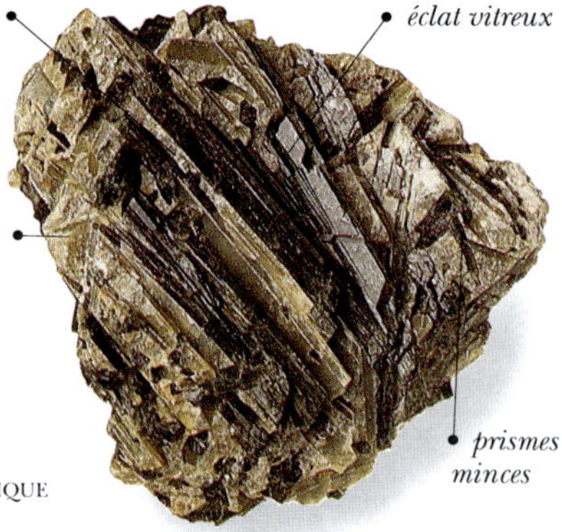

PS 3,0-3,44	Clivage Bon	Fracture Inégale à subconchoïdale

Groupe Silicates	Composition $Ca_2(Mg,Fe)_5Si_8O_{22}(OH)_2$	Dureté 5-6

TRÉMOLITE

Cristaux longs et feuillés, souvent maclés. Également en agrégats en colonne, fibreux ou plumeux, souvent radiaires, et avec un faciès massif ou granulaire. Incolore, blanche, grise, verte, rose ou brune. Trace blanche. Transparente à translucide. Éclat vitreux. Forme une série avec l'actinolite.

- **FORMATION** Dans les dolomites métamorphosées par contact et les serpentinites.
- **TESTS** Insoluble dans les acides.

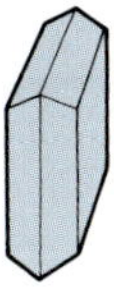
MONOCLINIQUE

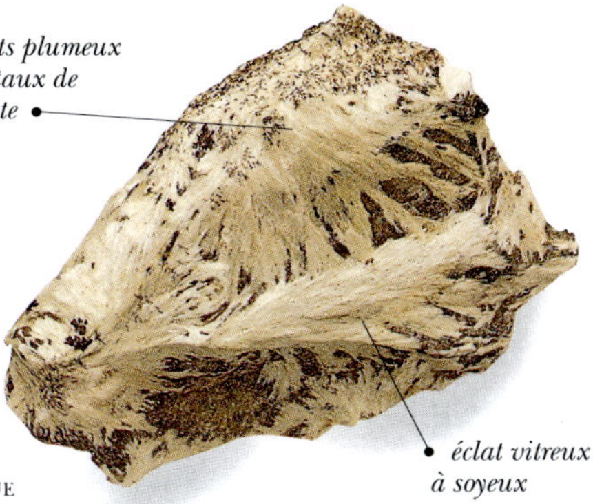

PS 2,9-3,2	Clivage Bon	Fracture Inégale à subconchoïdale

Groupe Silicates	Composition $Na_3(Fe,Mg)_4FeSi_8O_{22}(OH)_2$	Dureté 5-6

ARFVEDSONITE

Cristaux prismatiques et tubulaires, fréquemment en agrégats et maclés. Couleur noir verdâtre à noire. Trace sombre, gris bleuâtre. Presque opaque avec un éclat vitreux.

- **FORMATION** Dans les roches magmatiques, spécialement la syénite. Aussi trouvée dans quelques roches de métamorphisme général, tels les schistes.
- **TESTS** Insoluble dans les acides. Fond aisément en produisant un verre noir magnétique.

MONOCLINIQUE

PS 3,37-3,50	Clivage Parfait	Fracture Inégale

Groupe Silicates	Composition $Na_2Ca(Mg,Fe)_5Si_8O_{22}(OH)_2$	Dureté 5-6

RICHTÉRITE

Cristaux longs et prismatiques. Couleur brune, jaune, rouge brunâtre ou vert pâle à sombre. Trace jaune pâle. Transparente à translucide. Éclat vitreux sur les faces fraîches.

- **FORMATION** Dans les roches magmatiques et les calcaires métamorphosés par contact.
- **TESTS** Insoluble dans les acides, mais fond aisément à la flamme.

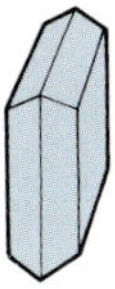
MONOCLINIQUE

PS 2,97-3,13	Clivage Parfait	Fracture Inégale

Groupe	Composition	Dureté
Silicates	$(Mn^{+2},Fe^{+2},Mg,Ca)SiO_3$	5,5-6,5

RHODONITE

Cristaux tabulaires souvent arrondis sur les crêtes. Faciès également massif, compact ou granulaire. Couleur rose à rouge rose, parfois rouge brunâtre. Elle a souvent des veines de produits altérés. Trace blanche. Transparente à translucide. Éclat vitreux sur les faces cristallines, devenant perlé sur les surfaces de clivage.
• **FORMATION** Dans les roches métamorphiques riches en manganèse et les sédiments métasomatiques altérés. Ces roches incluent les skarns et les marbres, spécialement ceux qui ont été des calcaires impurs à l'origine.
• **TESTS** Fond assez aisément, produisant une substance vitreuse rouge ou brun rouge.

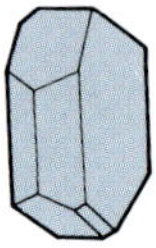

TRICLINIQUE

PS	Clivage	Fracture
3,57-3,76	Parfait	Conchoïdale à inégale

Groupe	Composition	Dureté
Silicates	$NaCa_2Si_3O_8(OH)$	4,5-5

PECTOLITE

Agrégats de cristaux en aiguilles (aciculaires). Forme communément des masses globulaires. Également en cristaux tabulaires. Couleur blanche, grisâtre ou neutre. Trace blanche. Transparente. Éclat vitreux ou soyeux sur les surfaces propres.
• **FORMATION** Dans les cavités des laves basaltiques, souvent avec des minéraux zéolites (heulandite, phillipsite, analcine, chabazite et natrolite). Ces trous sont habituellement des vésicules où les bulles de gaz se trouvaient dans la lave. Remplies, ces vésicules sont appelées « amygdales » et la texture de la roche est dite amygdaloïdale.
• **TESTS** Gélatinise avec l'acide chlorhydrique. Lors du chauffage en éprouvette, de l'eau peut s'échapper.

TRICLINIQUE

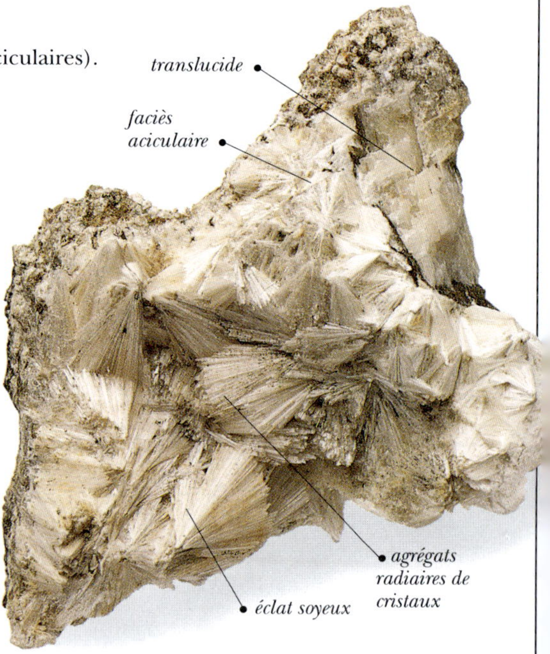

PS	Clivage	Fracture
2,74-2,88	Parfait	Inégale

Groupe Silicates	Composition $CaSiO_3$	Dureté 4,5-5

WOLLASTONITE

Cristaux tabulaires et fréquemment maclés. Faciès également massif, fibreux, granulaire ou compact. Couleur blanche à grisâtre, parfois vert très pâle ou neutre. Trace blanche. Transparente à translucide. Éclat vitreux à perlé sur les faces fraîches.
• **FORMATION** Par métamorphisme des calcaires impurs. Peut être alors associée avec la brucite et l'épidote. Ces minéraux produisent souvent la couleur intense des veines de marbre. Se retrouve aussi dans quelques roches magmatiques et des ardoises métamorphosées régionalement, les phyllites et les schistes.
• **TESTS** Soluble dans les acides, produisant une séparation de la silice dans sa composition. Fond assez aisément.

TRICLINIQUE

PS 2,87-3,09	Clivage Parfait	Fracture Irrégulière

Groupe Silicates	Composition $KNa_2Li(Fe^{2+},Mn^{2+})_2Ti_2Si_8O_{24}$	Dureté 5-6

NEPTUNITE

Cristaux prismatiques avec une section carrée. Couleur noire, bien qu'elle puisse être brun rougeâtre profond dans quelques réflexions internes. Trace brun rougeâtre. Presque opaque. Éclat vitreux.
• **FORMATION** Se forme comme un minéral accessoire dans les roches magmatiques, plutoniques intermédiaires, telles la syénite néphéline et les pegmatites de composition chimique globale similaire. Se forme aussi dans les serpentinites, associée avec les minéraux de bénitoïte, natrolite et joaquinite.
• **TESTS** Insoluble dans l'acide chlorhydrique. Infusible dans la flamme.

MONOCLINIQUE

PS 3,19-3,23	Clivage Parfait	Fracture Conchoïdale

Groupe Silicates	Composition $(Mg,Fe)_3Si_2O_5(OH)_4$	Dureté 2,5-3,5

ANTIGORITE

Cristaux tout petits et floconneux ou en forme de lames. Faciès également massif, fibreux ou folié. Blanche, jaune, verte ou brune. Trace blanche. Translucide à opaque. Éclat résineux ou perlé.

• **FORMATION** Dans les serpentinites dérivées des roches magmatiques ultrabasiques.

• **TESTS** Fond avec difficulté.

MONOCLINIQUE

PS 2,61	Clivage Basal parfait	Fracture Conchoïdale ou irrégulière

Groupe Silicates	Composition $Mg_3Si_2O_5(OH)_4$	Dureté 2,5

CHRYSOTILE

Faciès massif et fibreux. Les spécimens fibreux se séparent en des fibres flexibles. Couleur blanche, grise, verte, jaune ou brune. Translucide avec un éclat soyeux à gras.

• **FORMATION** Dans les serpentinites par altération des roches ultrabasiques.

• **TESTS** Produit de l'eau lors du chauffage.

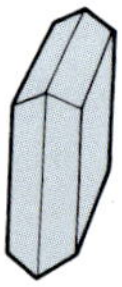

MONOCLINIQUE

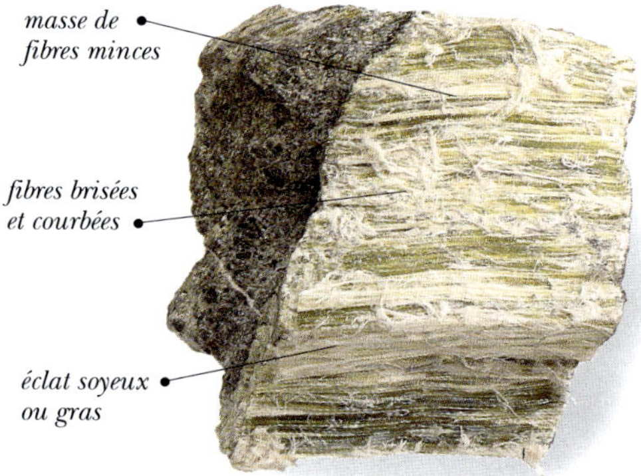

PS 2,53	Clivage Aucun	Fracture Inégale

Groupe Silicates	Composition $Mg_3Si_4O_{10}(OH)_2$	Dureté 1

TALC

Cristaux minces et tabulaires, mais faciès également massif, compact, folié ou fibreux. Couleur pâle à vert sombre, grise, brunâtre ou blanche. Trace blanche. Translucide avec un éclat perlé à terne ou gras.

• **FORMATION** Se forme par altération des roches magmatiques ultrabasiques et des dolomites.

• **TESTS** Facilement griffé et gras au toucher.

MONOCLINIQUE

PS 2,58-2,83	Clivage Parfait	Fracture Inégale

Groupe Silicates	Composition $(Cu,Al)_2H_2Si_2O_5(OH)_4.nH_2O$	Dureté 2-4

CHRYSOCOLLE

Cristaux aciculaires microscopiques, en groupes radiaires ou en agrégats serrés. Faciès également massif, terreux, cryptocristallin ou botryoïdal. Couleur verte, bleue et vert bleue. Peut aussi être brune à noire lorsque des impuretés sont présentes. Trace blanche. Translucide à presque opaque. Éclat vitreux à terreux.

• **FORMATION** Dans les parties altérées des dépôts de cuivre. Se trouve avec l'azurite, la malachite et la cuprite. Important minéral pour les prospecteurs de minerai, car sa présence suggère que des dépôts de cuivre sont très proches.

• **TESTS** Se décompose dans l'acide chlorhydrique.

MONOCLINIQUE

PS 2,0-2,4	Clivage Aucun	Fracture Inégale à conchoïdale

Groupe Silicates	Composition Be_2SiO_4	Dureté 7,5-8

PHÉNACITE

Cristaux prismatiques ou rhomboédriques souvent maclés. Aussi faciès granulaire ou aciculaire, et telles des sphérulites radiaires et fibreuses. Incolore, jaune, rose ou brune. Trace blanche. Transparente. Éclat vitreux.

• **FORMATION** Dans les filons hydrothermaux et les roches magmatiques granitiques. Ces roches comprennent les pegmatites et les greisens (granites altérés). Peut aussi se trouver dans certains schistes, associée alors avec le béryl, le chrysobéryl, la topaze, le quartz et l'apatite.

• **TESTS** Insoluble dans les acides. Infusible.

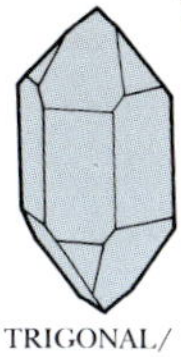
TRIGONAL/ HEXAGONAL

PS 2,93-3,00	Clivage Distinct	Fracture Conchoïdale

Groupe Silicates	Composition $KAl_2(Si_3Al)O_{10}(OH,F)_2$	Dureté 2,5-4

MUSCOVITE

Cristaux tabulaires, pseudo-hexagonaux et communément maclés. Faciès aussi lamellaire ou cryptocristallin. Peut former des masses écailleuses, compactes et des flocons éparpillés. Couleur neutre à blanche ou grise, parfois teintée en jaune, vert, brun, rouge ou violet. Trace incolore. Transparente à translucide. Éclat vitreux à perlé.

• **FORMATION** Dans les roches magmatiques, spécialement celles qui ont une composition acide comme le granite, et dans les roches métamorphiques telles que le schiste et le gneiss. Un schiste particulier, le micaschiste, peut être extrêmement riche en muscovite.

• **TESTS** Insoluble dans les acides.

MONOCLINIQUE

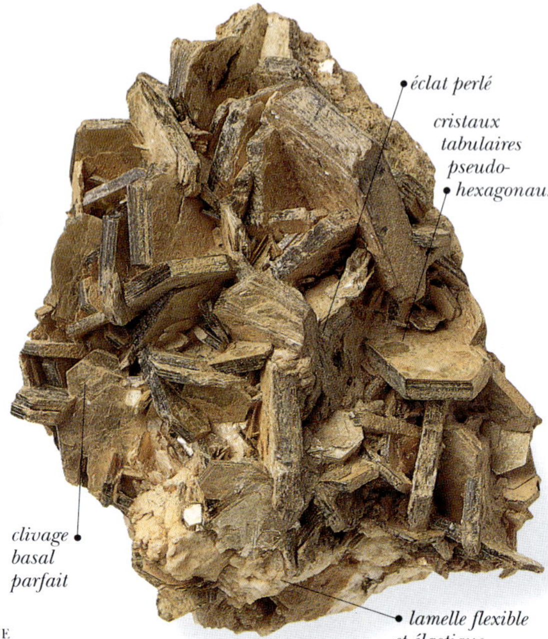

PS 2,77-2,88	Clivage Basal parfait	Fracture Inégale

Groupe Silicates	Composition $K(Li,Al)_3(Si,Al)_4O_{10}(F,OH)_2$	Dureté 2,5-3

LÉPIDOLITE

Cristaux tabulaires, pseudo-hexagonaux, en agrégats écailleux et en masses clivables. Couleur rose, pourpre, grisâtre et blanche ; parfois incolore. Trace incolore. Transparente à translucide. Éclat perlé.

• **FORMATION** Dans les roches magmatiques acides telles que le granite et la pegmatite. Souvent associée avec la tourmaline, l'amblygonite et la spodumène. Se trouve aussi dans des filons riches en étain.

• **TESTS** Colore la flamme en rouge. Insoluble dans les acides.

MONOCLINIQUE

PS 2,8-3,3	Clivage Basal parfait	Fracture Inégale

Groupe Silicates	Composition $K(Mg,Fe^{+2})_3(Al,Fe^{+3})Si_3O_{10}(OH,F)_2$	Dureté 2,5-3

BIOTITE

Cristaux tabulaires ou prismatiques courts avec souvent des contours pseudohexagonaux. Couleur noire ou brun noir à brun rougeâtre, verte, très rarement blanche. Trace incolore. Transparente à presque opaque. Éclat très brillant à vitreux.
• **FORMATION** Dans les roches magmatiques et métamorphiques.
• **TESTS** Soluble dans l'acide sulfurique concentré.

MONOCLINIQUE

PS 2,7-3,4	Clivage Basal parfait	Fracture Inégale

Groupe Silicates	Composition $KMg_3Si_3AlO_{10}(OH,F)_2$	Dureté 2-2,5

PHLOGOPITE

Cristaux prismatiques et pseudohexagonaux souvent effilés et parfois maclés. Aussi en plaques et écailles. Incolore, brun jaunâtre, rouge brunâtre, verdâtre ou blanche. Trace incolore. Transparente à translucide. Éclat perlé.
• **FORMATION** Dans les roches magmatiques acides et métamorphiques.
• **TESTS** Soluble dans l'acide sulfurique concentré.

MONOCLINIQUE

PS 2,76-2,90	Clivage Basal parfait	Fracture Inégale

Groupe Silicates	Composition $(K,Na)(Fe,Al,Mg)_2(Si,Al)_4O_{10}(OH)_2$	Dureté 2

GLAUCONITE

Cristaux tout petits en forme de lattes. Également en agrégats granulaires arrondis. Couleur habituellement vert terne, parfois vert jaunâtre ou vert bleuâtre. Translucide à opaque. Éclat terne ou luisant.
• **FORMATION** Dans les couches sédimentaires marines.
• **TESTS** Produit de l'eau lors du chauffage.

MONOCLINIQUE

PS 2,4-2,95	Clivage Basal parfait	Fracture Inégale

Groupe Silicates	Composition $(Mg,Fe,Al)_3(Al,Si)_4O_{10}(OH)_2.4H_2O$	Dureté 1,5

VERMICULITE

Nom donné à un groupe de minéraux. Un exemple typique forme des cristaux en plaques et tabulaires, avec un contour pseudohexagonal dans le système monoclinique. Couleur verdâtre, jaune or ou brune. Trace jaune pâle. Translucide. Éclat vitreux.

- **FORMATION** À partir des altérations des micas.
- **TESTS** Chauffée, se dilate en une forme vermiculaire tordue.

PS 2,3	Clivage Parfait	Fracture Inégale

Groupe Silicates	Composition $(Fe^{+2},Mg,Fe^{3+})_5Al(Si_3Al)O_{10}(OH,O)_8$	Dureté 2-2,5

CLINOCHLORE

Cristaux tabulaires à section hexagonale. Faciès également massif, folié, écailleux, granulaire ou terreux. Blanc à jaunâtre ou incolore, aussi bien que vert. Trace incolore à blanc verdâtre. Transparent à opaque. Éclat perlé.

- **FORMATION** Dans beaucoup de roches métamorphiques, spécialement les schistes.
- **TESTS** Soluble dans les acides forts.

MONOCLINIQUE

PS 2,63-2,98	Clivage Parfait	Fracture Inégale

Groupe Silicates	Composition $(Mg,Fe)_3Fe_3(Al,Si_3)O_{10}(OH)_8$	Dureté 3

CHAMOSITE

Se produit en faciès compact, massif et oolithique. Couleur verdâtre à noire. Trace blanche ou vert pâle. Translucide. Éclat vitreux à terreux.

- **FORMATION** Se forme dans différentes roches sédimentaires telles que le minerai de fer et les argiles. S'y présente avec la sidérite (carbonate de fer).
- **TESTS** Produit de l'eau lors du chauffage.

MONOCLINIQUE

PS 3-3,4	Clivage Non déterminé	Fracture Inégale

Groupe Silicates	Composition $Al_2Si_2O_5(OH)_4$	Dureté 2-2,5

Kaolinite

Groupe de minéraux comprenant la kaolinite, la nacrite et l'halloysite. Forme de très petites plaques ou écailles pseudohexagonales. Faciès aussi massif, compact ou en masses terreuses ou argileuses. Couleur blanche ou neutre à jaunâtre, brunâtre, rougeâtre ou bleuâtre. Trace blanche. Groupe transparent à translucide. Éclat perlé à terne ou terreux.

• **Formation** Par altération des feldspath et minéraux d'aluminium riches en silice, provoquée par la désagrégation, spécialement dans les régions humides, ou, à une plus grande échelle, par les fluides hydrothermaux montant des profondeurs à travers la roche. Le granite est alors réduit en une masse incohérente de quartz et de sable micacé, avec de la kaolinite argileuse blanche.

• **Tests** Minéraux plastiques quand ils sont humides. Perdent de l'eau lors d'un chauffage en éprouvette. Tests optiques spéciaux nécessaires pour discerner la kaolinite.

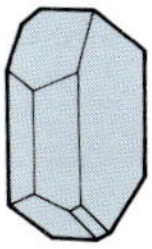

TRICLINIQUE

Kaolinite

Nacrite

Halloysite

PS 2,6-2,63	Clivage Basal parfait	Fracture Inégale

Groupe Silicates	Composition $Ca_2Al_2Si_3O_{10}(OH)_2$	Dureté 6-6,5

PRÉHNITE

Cristaux prismatiques, tabulaires ou pyramidaux, mais faciès souvent botryoïdaux, réniformes, stalactitiques, granulaires ou compacts. Habituellement verte, parfois blanche, incolore, jaune ou grise. Trace incolore. Transparente à translucide. Éclat vitreux à perlé.

- **FORMATION** Dans les cavités des laves basaltiques.
- **TESTS** Produit de l'eau lors du chauffage.

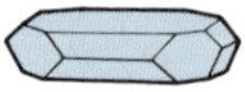

ORTHORHOMBIQUE

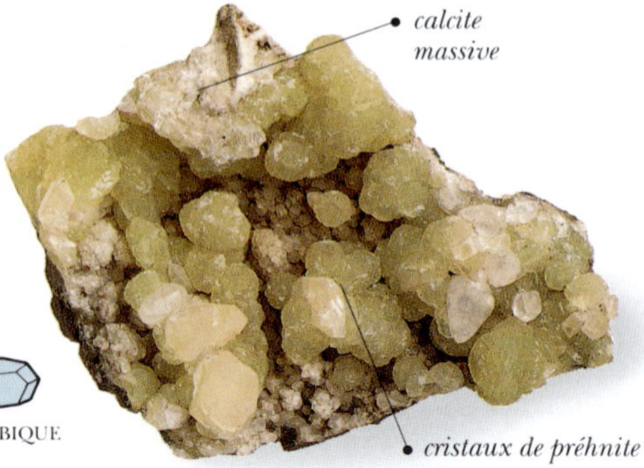

PS 2,90-2,95	Clivage Distinct	Fracture Inégale

Groupe Silicates	Composition $(Ni,Mg)_6Si_4O_{10}(OH)_8$	Dureté 2-4

GARNIÉRITE

Cristaux habituellement lamellaires. Aussi en croûtes microcristallines et faciès également massif. Couleur verte brillante caractéristique, parfois aussi blanche. Trace vert clair. Transparente à opaque. Éclat cireux ou terreux.

- **FORMATION** Par altération des sulfates de nickel par les fluides dans les roches magmatiques.
- **TESTS** Infusible.

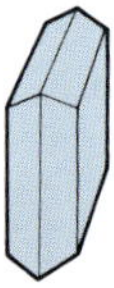

MONOCLINIQUE

PS 2,3-2,5	Clivage Aucun	Fracture Irrégulière

Groupe Silicates	Composition $Mg_4Si_6O_{15}(OH)_2.6H_2O$	Dureté 2-2,5

SÉPIOLITE

Faciès massif, fibreux, compact, terreux et nodulaire. Couleur blanche, rougeâtre, jaunâtre, grisâtre ou vert bleuâtre. Trace blanchâtre. Opaque et terne.

- **FORMATION** Par altération des minéraux dans la serpentinite.
- **TESTS** Se retrouve souvent en masses sèches et poreuses qui peuvent flotter sur l'eau.

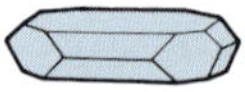

ORTHORHOMBIQUE

PS 2	Clivage Non déterminé	Fracture Inégale

Groupe Silicates	Composition $KCa_4Si_8O_{20}(F,OH).8H_2O$	Dureté 4,5-5

APOPHYLLITE

Cristaux pseudocubiques, pyramidaux, tabulaires ou prismatiques. Faciès également massif, lamellaire ou granulaire. Couleur blanche, neutre, jaune, rose ou verte. Trace blanche. Transparente à translucide. Éclat vitreux à perlé sur les surfaces fraîches.

• **FORMATION** Dans les filons hydrothermaux et les cavités vésiculaires formées dans les laves basaltiques quand elles étaient riches en gaz. Minéraux associés : les zéolites, la gyrolite, la calcite, le quartz, la stilbite, l'analcime, la préhnite et la scolécite.

• **TESTS** Colore la flamme en violet. Soluble dans l'acide chlorhydrique. Dégage de l'eau lors du chauffage.

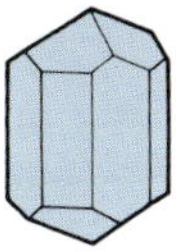

TÉTRAGONAL

PS 2,3-2,5	Clivage Parfait	Fracture Inégale

Groupe Silicates	Composition $NaCa_{16}(Si_{23}Al)O_{60}(OH)_5.15H_2O$	Dureté 3-4

GYROLITE

Cristaux radiaires lamellaires, en sphérules ou concrétions. Blanche ou incolore. Transparente à translucide. Éclat vitreux.

• **FORMATION** Par altération des minéraux de silicate de calcium. En tant que minéral secondaire, elle est associée avec l'apophyllite et se produit dans les trous et cavités des roches, spécialement les basaltes. Des sphérules de plus de 5 cm et des amas de plus de 30 cm ont été trouvés.

• **TESTS** Produit de l'eau lors d'un chauffage dans une éprouvette.

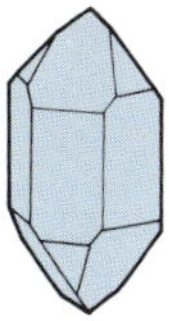

TRIGONAL/
HEXAGONAL

PS 2,34-2,45	Clivage Parfait	Fracture Inégale

Groupe Silicates	Composition $Al_2Si_4O_{10}(OH)_2$	Dureté 1-2

PYROPHYLLITE

Cristaux tabulaires, allongés, souvent déformés. Également en masses foliées, fibreuses, radiaires ou lamellaires. Blanche, grise, bleuâtre, jaunâtre, verdâtre et brun verdâtre. Trace blanche. Transparente à translucide. Éclat perlé sur les surfaces cristallines fraîches, mais peut devenir terne.

• **FORMATION** Dans les schistes cristallins avec le talc, l'andalousite, la sillimanite et la lazulite. Aussi dans les filons hydrothermaux avec le mica et le quartz.

• **TESTS** Touché gras comme le talc. S'écaille lors du chauffage. Insoluble dans la plupart des acides.

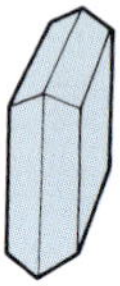
MONOCLINIQUE

PS 2,65-2,90	Clivage Parfait	Fracture Inégale

Groupe Silicates	Composition $(K,Na)_3(Fe,Mn)_7Ti_2Si_8O_{24}(O,OH)_7$	Dureté 3

ASTROPHYLLITE

Forme des cristaux en lames, souvent en groupes étoilés. Couleur jaune bronze à jaune or. Trace brun verdâtre pâle. Translucide dans les minces lamines. Éclat submétallique à perlé.

• **FORMATION** Dans les cavités des roches magmatiques, spécialement dans la syénite, roche à grains grossiers de composition intermédiaire. Présente aussi dans d'autres roches plutoniques. Associée avec le quartz, le feldspath, le zircon, la riebeckite, la sphène, le mica et l'acmite.

• **TESTS** Légèrement soluble dans les acides. Fond dans la flamme en donnant une substance vitreuse sombre, faiblement magnétique. Lorsque l'astrophyllite se clive, de minces lamines sont produites, qui se brisent aisément.

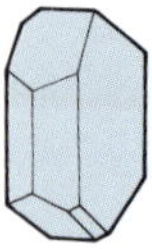
TRICLINIQUE

PS 3,3-3,4	Clivage Parfait	Fracture Inégale

Groupe	Composition	Dureté
Silicates	$(Na,K)AlSi_3O_8$	6-6,5

ANORTHOCLASE

Appartenant à la série des feldspaths alcalins, forme des cristaux courts prismatiques ou tabulaires souvent maclés. Faciès aussi massif, lamellaire, granulaire ou cryptocristallin. Jaunâtre, incolore, rougeâtre, blanche, grise ou verdâtre. Trace blanche. Transparente à translucide. Éclat vitreux.

• **FORMATION** Principalement dans les roches magmatiques volcaniques.

• **TESTS** Insoluble dans les acides.

TRICLINIQUE

PS	Clivage	Fracture
2,56-2,62	Parfait	Inégale

Groupe	Composition	Dureté
Silicates	$KAlSi_3O_8$	6-6,5

MICROCLINE

Feldspath alcalin qui forme des cristaux tabulaires, ou plus souvent des cristaux courts prismatiques, souvent maclés. Faciès aussi massif. Couleur grise, blanche, jaunâtre, rougeâtre ou rose. Il existe aussi une forme de microcline verte : l'amazonstone. Trace blanche. Transparente à translucide. Éclat vitreux ou perlé sur les surfaces de clivage.

• **FORMATION** Communément dans les roches magmatiques, spécialement les granites, pegmatites et les syénites. Se retrouve aussi dans certaines roches métamorphiques telles que les schistes, ainsi que dans des filons hydrothermaux et des zones de métamorphisme de contact. Souvent associée avec le quartz et l'albite lorsqu'elle se forme dans les pegmatites.

• **TESTS** Insoluble dans les acides, sauf dans l'acide fluorhydrique (à employer avec beaucoup de prudence). Infusible dans la flamme.

AMAZONSTONE

MICROCLINE

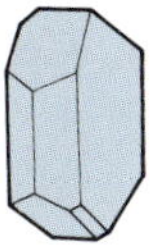

TRICLINIQUE

PS	Clivage	Fracture
2,55-2,63	Parfait	Inégale

Groupe	Composition	Dureté
Silicates	$KAlSi_3O_8$	6

SANIDINE

Groupe des feldspaths alcalins. Se présente avec des cristaux prismatiques ou tabulaires souvent maclés. Couleur blanchâtre ou neutre. Trace blanche. Translucide. Éclat vitreux sur les faces des cristaux.

• **FORMATION** Dans une variété de roches volcaniques, incluant la trachyte et la rhyolite. Trouvée également dans plusieurs variétés de roches métamorphosées par contact.

• **TESTS** Insoluble dans la plupart des acides, mais se dissout complètement dans l'acide fluorhydrique (à utiliser avec prudence).

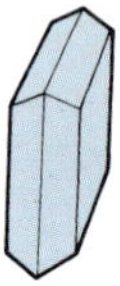

MONOCLINIQUE

PS	Clivage	Fracture
2,56-2,62	Parfait	Conchoïdale à inégale

Groupe	Composition	Dureté
Silicates	$NaAlSi_3O_8$	6-6,5

ALBITE

De température basse, riche en sodium, ce membre final de la série des plagioclasiques forme des cristaux tabulaires, souvent planaires et maclés. Faciès également massif, granulaire ou lamellaire. Les lamines sont fréquemment courbées. Couleur blanche ou neutre, parfois bleuâtre, grise, verdâtre ou rougeâtre. Trace blanche. Transparente à translucide. Éclat vitreux à perlé.

• **FORMATION** Composant essentiel de beaucoup de roches magmatiques, incluant le granite, la pegmatite, la rhyolite, l'andésite et la syénite. Se retrouve aussi dans quelques roches métamorphiques telles que les schistes et les gneiss, et dans les roches sédimentaires. Apparaît dans les filons hydrothermaux. Sa formation est parfois le résultat d'une altération d'autres feldspaths par albitisation.

• **TESTS** Fond avec difficulté en colorant la flamme en jaune.

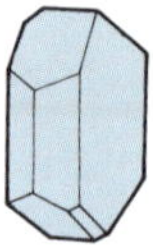

TRICLINIQUE

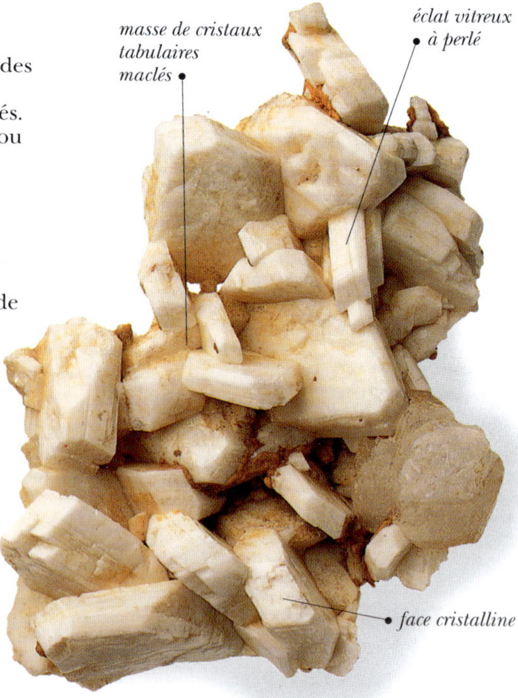

PS	Clivage	Fracture
2,60-2,63	Distinct	Inégale

Groupe Silicates	Composition $(Na,Ca)Al_{1-2}Si_{3-2}O_8$	Dureté 6-6,5

LABRADORITE

Membre de la série des feldspaths plagioclasiques. Forme rarement des cristaux, lesquels sont alors tabulaires et souvent maclés. Faciès aussi massif, granulaire ou compact. Couleur bleue, grise, blanche ou incolore ; large palette de couleurs sur les faces de clivage. Trace blanche. Translucide. Éclat vitreux.

• **FORMATION** Important constituant de certaines roches magmatiques et métamorphiques, incluant le basalte, le gabbro, la diorite, l'andésite, la norite et l'amphibolite. Commune dans les roches intermédiaires et basiques, mais rare dans les roches granitiques.

• **TESTS** La schillérisation ou la palette de couleurs sur les surfaces de cassure sont des traits caractéristiques. Soluble dans l'acide lorsqu'elle est en poudre.

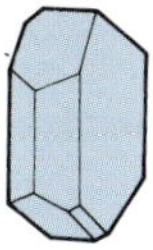

TRICLINIQUE

PS 2,69-2,72	Clivage Parfait	Fracture Inégale à conchoïdale

Groupe Silicates	Composition $CaAl_2Si_2O_8$	Dureté 6-6,5

ANORTHITE

Membre terminal de température plus élevée de la série des feldspaths plagioclasiques. Forme des cristaux courts prismatiques, souvent maclés. Faciès également lamellaire ou massif. Couleur grise, blanche, rose ou neutre. Trace blanche. Transparente à translucide. Éclat vitreux.

• **FORMATION** Dans beaucoup de roches magmatiques, spécialement de composition basique, qui sont formées à des températures élevées. Ces roches comprennent le basalte, le gabbro, la dolérite et la péridotite. Ce plagioclase, riche en calcium, se classe dans les albites riches en sodium et formées dans les roches à basse température. Se forme aussi dans certaines roches métamorphiques.

• **TESTS** Soluble dans l'acide chlorhydrique.

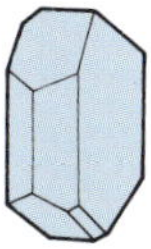

TRICLINIQUE

PS 2,74-2,76	Clivage Parfait	Fracture Conchoïdale à inégale

Groupe	Composition	Dureté
Silicates	$(Na,Ca)Al_{1\text{-}2}Si_{3\text{-}2}O_8$	6-6,5

ANDÉSINE

Membre de la série des feldspaths plagioclasiques. Forme parfois des cristaux tabulaires souvent maclés. Faciès habituellement massif, compact ou granulaire. Couleur grise, blanche ou neutre. Trace blanche. Transparente à translucide. Éclat vitreux sur les faces cristallines fraîches.

• **FORMATION** Communément dans les roches magmatiques intermédiaires et dans beaucoup de roches métamorphiques, dont la lave andésitique et l'amphibolite. Ce minéral est à peu près un intermédiaire entre l'anorthite, riche en calcium, et l'albite, riche en sodium.

• **TESTS** Le sodium colore la flamme en jaune, le calcium la colore en rouge brique. Chacune de ces deux couleurs va apparaître, selon la température.

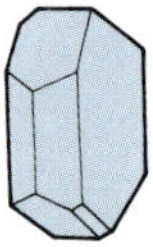

TRICLINIQUE

PS	Clivage	Fracture
2,66-2,68	Parfait	Inégale à conchoïdale

Groupe	Composition	Dureté
Silicates	$(Na,Ca)Al_{1\text{-}2}Si_{3\text{-}2}O_8$	6-6,5

OLIGOCLASE

Membre de la série des feldspaths plagioclasiques formant des cristaux tabulaires souvent maclés. Les faciès plus habituels sont massifs, granulaires ou compacts. Couleur grise, blanche, verdâtre, jaunâtre, brune, rougeâtre ou neutre. Trace blanche. Transparent à translucide. Éclat vitreux.

• **FORMATION** Dans beaucoup de roches magmatiques et métamorphiques. Les roches magmatiques (plutoniques et volcaniques) incluent le granite acide, les pegmatites, la syénite intermédiaire, la trachyte, l'andésite et le basalte basique. Dans les situations métamorphiques, l'oligoclase est formée dans les gneiss et les schistes de métamorphisme général élevé.

• **TESTS** Peut montrer un rouge éclatant.

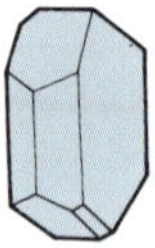

TRICLINIQUE

PS	Clivage	Fracture
2,63-2,67	Parfait	Inégale à conchoïdale

Groupe Silicates	Composition $KAlSi_3O_8$	Dureté 6-6,5

ORTHOSE

Constituant minéral important de la roche, le feldspath orthoclasique forme des cristaux prismatiques ou tabulaires souvent maclés. Les autres faciès sont massifs, lamellaires, ou granulaires. Blanche, rougeâtre, incolore, jaune, grise ou verte. Trace blanche. Transparente à translucide. Éclat vitreux à perlé.

• **FORMATION** Dans beaucoup de roches magmatiques (granite, pegmatite, rhyolite, trachyte et syénite) et métamorphiques (gneiss et schistes). Peut aussi se retrouver dans certaines roches sédimentaires.

• **TESTS** Insoluble dans les acides et presque infusible.

MONOCLINIQUE

PS 2,55-2,63	Clivage Parfait	Fracture Inégale à conchoïdale

Groupe Silicates	Composition $(Na,Ca)Al_{1\text{-}2}Si_{3\text{-}2}O_8$	Dureté 6-6,5

BYTOWNITE

Membre de la série des feldspaths plagioclasiques formant des cristaux tabulaires communément maclés. Faciès plus fréquemment massif, compact et granulaire. Blanche, grise, brunâtre ou incolore. Trace blanche. Transparente à translucide. Éclat vitreux.

• **FORMATION** Se forme comme un composant essentiel de beaucoup de roches magmatiques telles que la dolérite, le basalte, le gabbro, la norite et l'anorthosite. Aussi dans certaines roches métamorphiques (gneiss et schiste) formées par métamorphisme général.

• **TESTS** Comme les autres membres de la série des feldspaths plagioclasiques, montre un maclage multiple. Cela aide à la distinguer de l'orthose qui a un maclage simple.

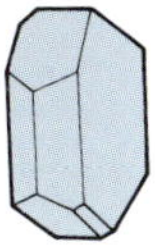

TRICLINIQUE

PS 2,72-2,74	Clivage Parfait	Fracture Inégale à conchoïdale

Groupe	Composition	Dureté
Silicates	$(Na,Ca)_{4\text{-}8}Al_6Si_6(O,S)_{24}(SO_4Cl)_{1\text{-}2}$	5,5-6

HAÜYNE

Cristaux dodécaédriques ou octaédriques fréquemment maclés. Se retrouve aussi en grains arrondis. Couleur : du bleu au blanc, verte, jaune ou rouge. Trace bleuâtre ou blanche. Transparente à translucide. Éclat vitreux ou gras.

• **FORMATION** Dans les laves pauvres en silice.

• **TESTS** Soluble dans les acides avec gélatinisation.

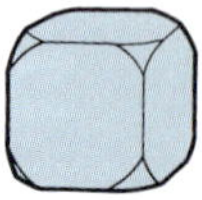

CUBIQUE

PS	Clivage	Fracture
2,44-2,50	Indistinct	Inégale à conchoïdale

Groupe	Composition	Dureté
Silicates	$(Na,Ca)_{7\text{-}8}(Al,Si)_{12}O_{24}[(SO_4),Cl_2(OH)_2]$	5-5,5

LAZURITE

Cristaux dodécaédriques, octaédriques ou cubiques, mais rares. Faciès habituellement massif ou compact. Couleur : bleu profond, bleu azur, bleu violette ou bleu verdâtre. Trace bleu brillant. Transparente. Éclat terne.

• **FORMATION** Dans les calcaires qui ont été métamorphosés par la chaleur.

• **TESTS** Soluble dans l'acide chlorhydrique, donnant une odeur d'œuf pourri.

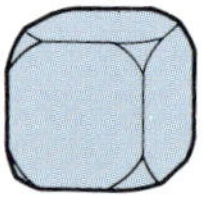

CUBIQUE

PS	Clivage	Fracture
2,4-2,5	Imparfait	Inégale

Groupe	Composition	Dureté
Silicates	$Na_8Al_6Si_6O_{24}Cl_2$	5,5-6

SODALITE

Cristaux dodécaédriques communément maclés. Faciès également massif ou granulaire avec une structure interne concentrique. Couleur : de bleu clair à sombre, parfois blanche, neutre, jaunâtre, verdâtre ou rougeâtre. Trace incolore. Transparente à translucide. Éclat vitreux à gras.

• **FORMATION** Dans certaines roches magmatiques, telles les syénites.

• **TESTS** Soluble dans les acides chlorhydrique et nitrique, avec gélatinisation.

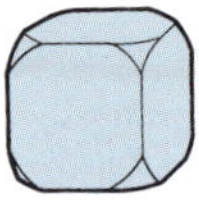

CUBIQUE

PS	Clivage	Fracture
2,14-2,40	Médiocre	Inégale à conchoïdale

Groupe Silicates	Composition $KAlSi_2O_6$	Dureté 5,5-6

LEUCITE

Forme des cristaux trapézoïdaux qui peuvent avoir les faces striées. Le maclage est commun. Faciès également massif, granulaire ou en grains disséminés. Couleur blanche, grise ou neutre. Trace incolore. Transparente à translucide. Éclat vitreux.

• **FORMATION** Dans les laves de composition basique, spécialement celles riches en potassium, telles que les basaltes et les phonolites. S'altère très facilement, donc rarement trouvée dans les laves d'un âge géologique élevé.

• **TESTS** Soluble dans l'acide chlorhydrique. Si elle est chauffée à plus de 625 °C, sa structure cristalline change d'une symétrie tétragonale en cubique.

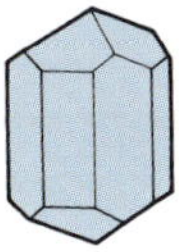
TÉTRAGONAL

PS 2,5	Clivage Très médiocre	Fracture Conchoïdale

Groupe Silicates	Composition $(Na,K)AlSiO_4$	Dureté 5,5-6

NÉPHÉLINE

Forme communément des cristaux prismatiques hexagonaux, souvent maclés. Faciès également compact, massif ou granulaire. Couleur blanche, neutre, grise à jaunâtre, vert foncé ou rouge brunâtre. Trace blanche. Transparente à translucide. Éclat vitreux à gras.

• **FORMATION** Dans beaucoup de roches magmatiques alcalines pauvres en silice, particulièrement celles de composition intermédiaire. Trouvée dans les syénites (syénite néphéline), les pegmatites et occasionnellement dans les schistes et les gneiss.

• **TESTS** Placée dans l'acide chlorhydrique, elle gélatinise. Colore aussi la flamme en jaune, indiquant la présence de sodium dans sa composition chimique.

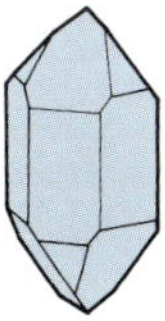
TRIGONAL/ HEXAGONAL

PS 2,5-2,7	Clivage Indistinct	Fracture Conchoïdale

Groupe Silicates	Composition $Na_8Al_6Si_6O_{24}(SO_4)$	Dureté 5,5-6

NOSÉANE

Forme des cristaux dodécaédriques, mais le faciès est généralement massif ou granulaire. Couleur : grise, bleuâtre, brune ou neutre, blanche. Trace incolore. Transparente à translucide. Éclat vitreux sur les surfaces fraîches.

• **FORMATION** Dans les laves pauvres en silice. Celles-ci comprennent la roche intermédiaire, la phonolite, où la noséane se présente souvent en larges cristaux enchâssés dans la gangue, produisant une roche porphyritique. Occasionnellement enregistrée aussi dans les bombes volcaniques.

• **TESTS** Gélatinise au contact de l'acide.

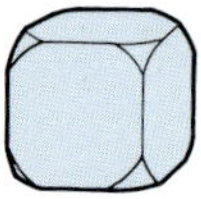

CUBIQUE

PS 2,3-2,4	Clivage Indistinct	Fracture Inégale à conchoïdale

Groupe Silicates	Composition $Na_6Ca_2Al_6Si_6O_{24}(CO_3)_2$	Dureté 5-6

CANCRINITE

Forme rarement des cristaux prismatiques. Faciès habituellement massif. Blanche, jaune, orange, rose, rougeâtre ou bleuâtre. Trace incolore. Transparente à translucide. Éclat vitreux, perlé ou gras.

• **FORMATION** Dans plusieurs roches magmatiques, telles que les roches alcalines où elle apparaît comme un minéral primaire ou comme un produit d'altération de la néphéline. Souvent associée avec la sodalite dans les syénites. A été trouvée aussi dans des roches de métamorphisme général de degré élevé, tel le gneiss.

• **TESTS** Se dissout dans l'acide chlorhydrique, avec effervescence, abandonnant un gel siliceux.

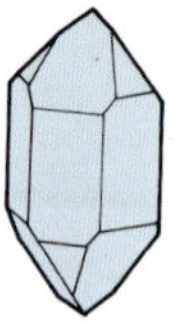

TRIGONAL/ HEXAGONAL

PS 2,42-2,51	Clivage Parfait	Fracture Inégale

Groupe Silicates	Composition $(Na,Ca,K)_4Al_3(Al,Si)_3Si_6O_{24}(Cl,F,OH,CO_3,SO_4)$	Dureté 5,5-6

SCAPOLITE

La méionite riche en calcium et la marialite riche en sodium forment une série minérale avec le groupe de la scapolite. Ce groupe présente des cristaux prismatiques et aussi un faciès granulaire et massif. Couleur neutre, blanche, grise, bleuâtre, verdâtre, jaunâtre, brunâtre ou rose à violette. Trace incolore. Transparente à translucide. Éclat vitreux à perlé ou résineux.

• **FORMATION** Dans les roches magmatiques qui ont été altérées depuis leur composition basique d'origine, et dans les roches métamorphiques, tels les schistes de haut degré métamorphique et les gneiss.

• **TESTS** Soluble dans l'acide chlorhydrique.

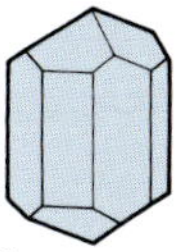

TÉTRAGONAL

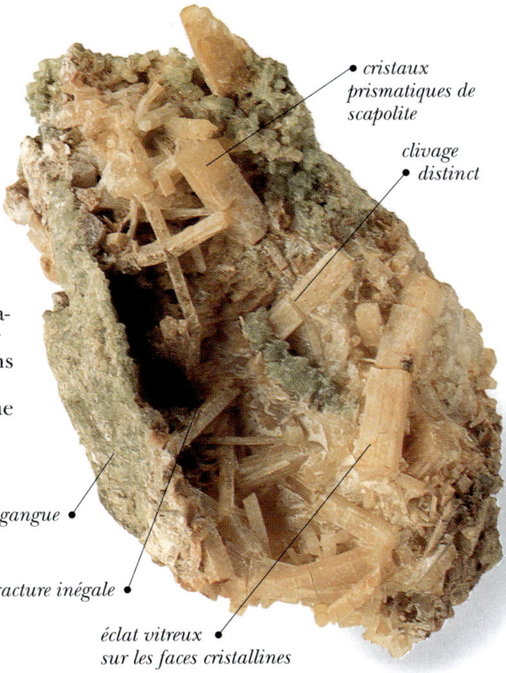

PS 2,50-2,78	Clivage Distinct	Fracture Inégale à conchoïdale

Groupe Silicates	Composition $LiAlSi_4O_{10}$	Dureté 6-6,5

PÉTALITE

Forme rarement de petits cristaux, souvent maclés. Apparaît plutôt en larges masses clivables. Couleur blanche, grise, rosâtre, jaune ou neutre. Trace blanche. Transparente à translucide. Éclat vitreux à perlé.

• **FORMATION** Dans les roches magmatiques acides, à grains très grossiers. Associée avec un nombre d'autres minéraux comme le quartz, la lépidolite, le spodumène et d'autres minéraux riches en lithium.

• **TESTS** Colore la flamme en rouge cramoisi. Insoluble.

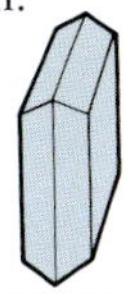

MONOCLINIQUE

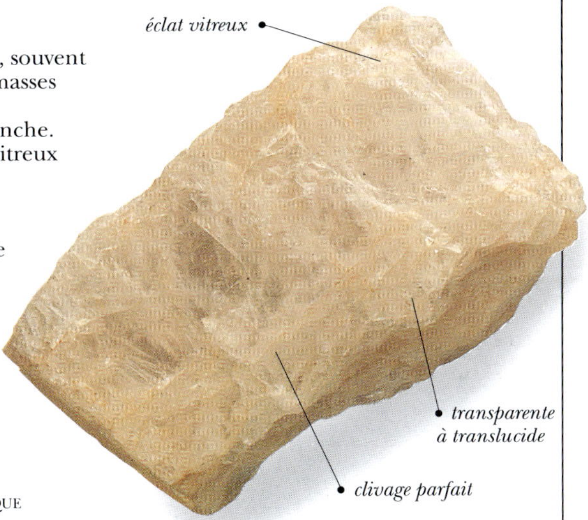

PS 2,3-2,5	Clivage Parfait	Fracture Subconchoïdale

Groupe Silicates	Composition $NaAlSi_2O_6.H_2O$	Dureté 5-5,5

ANALCIME

Zéolite formant des cubes trapézoïdaux, icositétraédriques et modifiés. Faciès également massif, granulaire ou compact. Couleur blanche, neutre, grise, rose, jaunâtre et verdâtre. Trace blanche. Transparente à translucide. Éclat vitreux.

• **FORMATION** Dans les roches magmatiques basaltiques. Peut être formée par l'altération de la sodalite et de la néphéline. Aussi trouvée dans certains sédiments détritiques, avec d'autres zéolites et la calcite.

• **TESTS** Chauffée, fond et colore la flamme en jaune. Soluble dans les acides. Lors d'un chauffage en éprouvette, peut laisser s'échapper de l'eau.

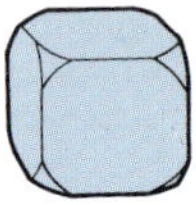
CUBIQUE

PS 2,22-2,29	Clivage Très médiocre	Fracture Subconchoïdale

Groupe Silicates	Composition $CaAl_2Si_4O_{12}.6H_2O$	Dureté 4-5

CHABAZITE

Membre du groupe de la zéolite, se retrouve en cristaux pseudocubiques, rhomboédriques souvent maclés. Couleur blanche, jaunâtre, rosâtre, rougeâtre, verdâtre ou neutre. Trace incolore. Transparente à translucide. Éclat vitreux.

• **FORMATION** Dans les cavités des laves basaltiques et certains calcaires. Associée avec beaucoup d'autres zéolites : harmotome, phillipsite, heulandite, scolécite, quartz et calcite. Peut se retrouver dans certaines roches métamorphiques comme les schistes et se former autour des sources chaudes, dans la croûte des minéraux déposés par les fluides chauds.

• **TESTS** Laisse suinter de l'eau lors du chauffage en éprouvette.

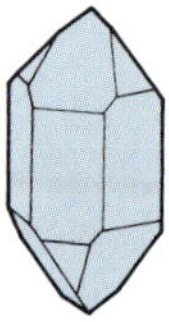
TRIGONAL/ HEXAGONAL

PS 2,05-2,16	Clivage Indistinct	Fracture Inégale

Groupe Silicates	Composition $(Ba,K)_{1-2}(Si,Al)_8O_{16}.6H_2O$	Dureté 4,5

HARMOTOME

Zéolite qui se présente en cristaux maclés pseudotétragonaux ou pseudo-orthorhombiques et en agrégats radiaires. Couleur blanche, grise, rose, jaune, brune ou neutre. Trace blanche. Transparent à translucide. Éclat vitreux.

• **FORMATION** Dans les vésicules des basaltes.

• **TESTS** Fusible et soluble dans l'acide chlorhydrique.

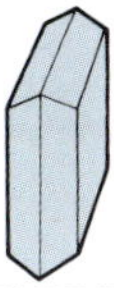

MONOCLINIQUE

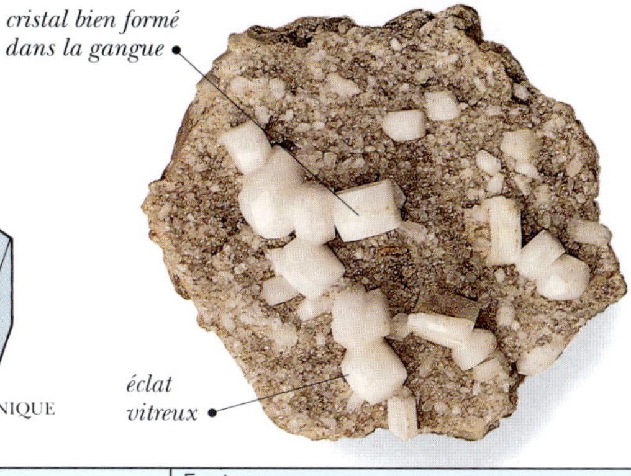

PS 2,41-2,50	Clivage Distinct	Fracture Inégale à subconchoïdale

Groupe Silicates	Composition $(Na,Ca)_{2-3}Al_3(Al,Si)_2Si_{13}O_{36}.12H_2O$	Dureté 3,5-4

HEULANDITE

Zéolite qui se présente en cristaux tabulaires, trapézoïdaux, et forme aussi des faciès massifs et granulaires. Blanche, grise, jaune, rose, rouge, orange, neutre ou brune. Trace incolore. Transparente à translucide. Éclat vitreux à perlé.

• **FORMATION** Dans les vésicules basaltiques.

• **TESTS** Fusible. Soluble dans l'acide chlorhydrique.

MONOCLINIQUE

PS 2,1-2,2	Clivage Parfait	Fracture Inégale

Groupe Silicates	Composition $CaAl_2Si_4O_{12}.4H_2O$	Dureté 3-4

LAUMONTITE

Minéral zéolitique formant des cristaux prismatiques ; les autres faciès sont massifs, fibreux, en colonnes et radiaires. Blanche, grise, brunâtre, rose ou jaunâtre. Trace incolore. Transparente à opaque. Éclat vitreux à perlé.

• **FORMATION** Dans les cavités des roches magmatiques.

• **TESTS** Soluble dans l'acide chlorhydrique avec gélatinisation.

MONOCLINIQUE

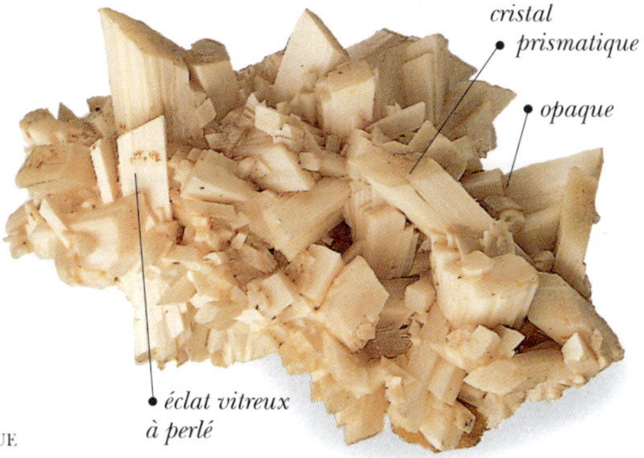

PS 2,2-2,4	Clivage Parfait	Fracture Inégale

Groupe Silicates	Composition $Na_2Al_2Si_3O_{10}.2H_2O$	Dureté 5-5,5

NATROLITE

Zéolite formant des cristaux minces ou aciculaires et prismatiques souvent striés verticalement. Faciès également fibreux, radiaire, massif, compact ou granulaire. Couleur blanche, grise, jaunâtre, rougeâtre ou neutre. Trace blanche. Transparente à translucide. Éclat vitreux à perlé.

• **FORMATION** Dans les vésicules basaltiques.

• **TESTS** Gélatinise avec l'acide.

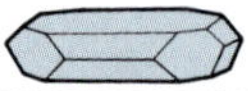

ORTHORHOMBIQUE

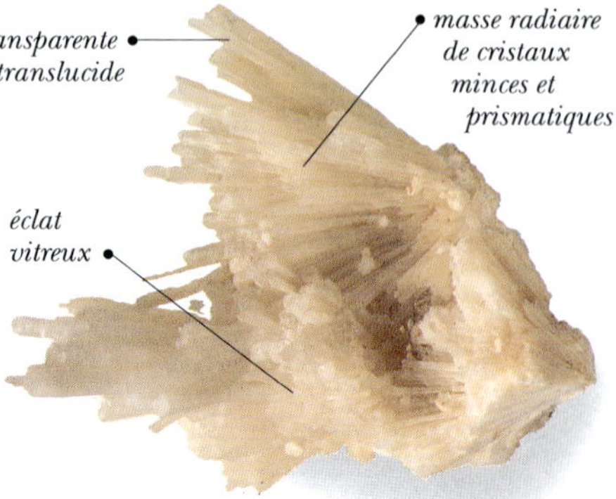

PS 2,20-2,26	Clivage Parfait	Fracture Inégale

Groupe Silicates	Composition $Na_2Ca_2Al_6Si_9O_{30}.8H_2O$	Dureté 5

MÉSOLITE

Minéral zéolitique présentant des cristaux fibreux et aciculaires qui peuvent former des masses tuffeuses ou compactes. Toujours maclée. Blanche ou incolore. Transparente. Éclat vitreux à soyeux.

• **FORMATION** Dans les vésicules des laves basaltiques.

• **TESTS** Gélatinise avec les acides. Perd de l'eau lors d'un chauffage en éprouvette.

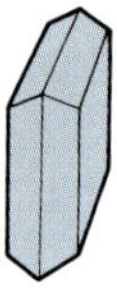

MONOCLINIQUE

PS 2,2-2,3	Clivage Parfait	Fracture Inégale

Groupe Silicates	Composition $(K,Na,Ca)_{1-2}(Si,Al)_8O_{16}.6H_2O$	Dureté 4-4,5

PHILLIPSITE

Zéolite qui se présente en cristaux maclés ; blanche, incolore, rougeâtre ou jaunâtre. Transparente à translucide. Éclat vitreux.

• **FORMATION** Dans les cavités vésiculaires des basaltes, dans quelques dépôts marins profonds et autour des sources chaudes.

• **TESTS** Soluble dans les acides. A deux clivages bien distincts.

MONOCLINIQUE

PS 2,2	Clivage Distinct	Fracture Inégale

Groupe Silicates	Composition $CaAl_2Si_3O_{10}.3H_2O$	Dureté 5

SCOLÉCITE

Zéolite formant des cristaux striés verticalement, minces et prismatiques. Également en masses radiaires fibreuses. Couleur blanche, jaunâtre ou neutre. Transparente à translucide. Éclat vitreux à soyeux.

• **FORMATION** Dans les vésicules des basaltes.

• **TESTS** Chauffée, ondule en forme de ver et fond.

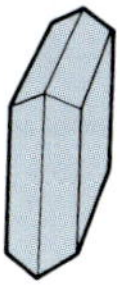

MONOCLINIQUE

PS 2,27	Clivage Parfait	Fracture Inégale

Groupe Silicates	Composition $NaCa_2Al_5Si_{13}O_{36}.14H_2O$	Dureté 3,5-4

STILBITE

Zéolite présentant des cristaux rhombiques et montrant un maclage cruciforme par pénétration. Faciès aussi en lames, globulaire et en masses radiaires. Couleur blanche, grise, jaunâtre, rose, rougeâtre, orange ou brune. Trace incolore. Transparente à translucide. Éclat vitreux à perlé.

• **FORMATION** Dans les cavités des basaltes et autres laves.

• **TESTS** Soluble dans l'acide chlorhydrique.

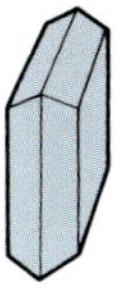

MONOCLINIQUE

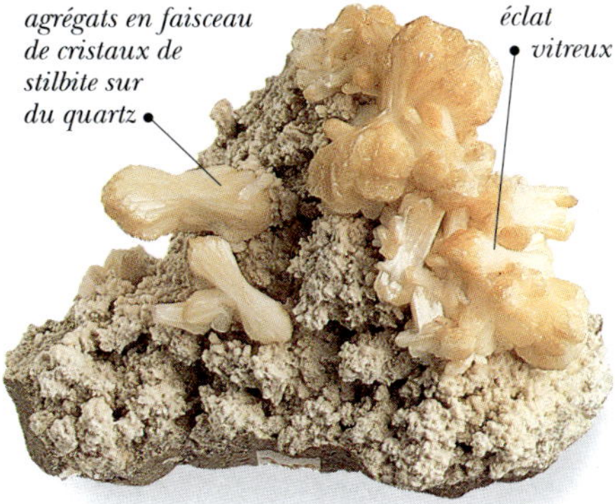

PS 2,09-2,20	Clivage Parfait	Fracture Inégale

Groupe Silicates	Composition $NaCa_2Al_5Si_5O_{20}.6H_2O$	Dureté 5-5,5

THOMSONITE

Minéral zéolitique formant des cristaux aciculaires, prismatiques, mais plus souvent en agrégats lamellaires ou radiaires. Couleur blanche, neutre, jaunâtre, rose ou verdâtre. Trace incolore. Transparente à translucide. Éclat vitreux à perlé.

• **FORMATION** Dans les cavités des laves.

• **TESTS** Soluble dans l'acide chlorhydrique, avec gélatinisation.

ORTHORHOMBIQUE

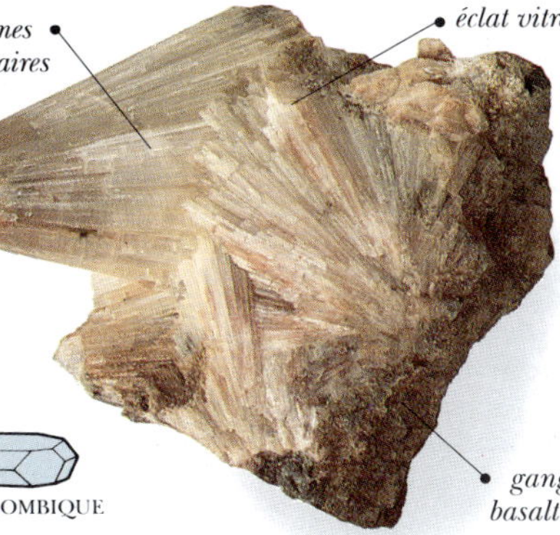

PS 2,25-2,40	Clivage Parfait	Fracture Inégale à subconchoïdale

ROCHES

ROCHES MAGMATIQUES

CES ROCHES se forment par cristallisation du matériel en fusion de départ (magma souterrain), la lave émergeant à la surface. C'est un mélange de silicates contenant, outre de la silice et de l'oxygène, de nombreux autres éléments, particulièrement des métaux (calcium, sodium, fer, potassium). Ceux-ci se combinent, lors du refroidissement du magma ou de la lave, pour former les minéraux silicatés qui constitueront les roches magmatiques.

Groupe	Origine	Taille du grain	Forme cristalline
Magmatique	Magma	Grossier	Euédrique, anédrique

GRANITE ROSE

Se situant dans le groupe acide des roches magmatiques, le granite a un contenu total en silice supérieur à 65 % et un contenu en quartz de 10 %. Orthose normalement dominante sur le feldspath plagioclasique. Couleur rose. Le mica est aussi bien une biotite sombre qu'une muscovite pâle. La hornblende peut aussi être présente.

• **TEXTURE** Grains grossiers avec des cristaux de plus de 5 mm de diamètre et grains de taille similaire.

• **ORIGINE** Se forme dans les environnements plutoniques, à des profondeurs considérables.

Classification	Formation	Couleur
Acide	Plutonique	Pâle

Groupe	Origine	Taille du grain	Forme cristalline
Magmatique	Magma	Grossier	Euédrique, anédrique

GRANITE BLANC

Forte teneur en silice (plus de 65 % de silice au total, pas moins de 10 % de quartz). Le granite blanc est donc une roche acide. Orthose dominante. Couleur blanche. Habituellement il y a peu de plagioclase. Le mica biotite sombre et la hornblende apparaissent en taches. La muscovite pâle et brillante est aussi commune.

• **TEXTURE** Roche à grains grossiers avec cristaux euédriques de feldspath et de mica et, habituellement, du quartz anédrique.

• **ORIGINE** Dans les environnements plutoniques à de grandes profondeurs.

Classification	Formation	Couleur
Acide	Plutonique	Pâle

Groupe Magmatique	Origine Magma	Taille du grain Grossier	Forme cristalline Euédrique, anédrique

GRANITE PORPHYRIQUE

Granite acide (plus de 65 % de silice, minimum 10 % de quartz). L'orthose, la biotite mica et le quartz sont visibles. La hornblende, lorsqu'elle est présente, accentue l'aspect tacheté.

• **TEXTURE** Généralement homogène, mais les phénocristaux des feldspaths, supérieurs à 6 cm, donnent la texture porphyrique — et le nom.

• **ORIGINE** Se forme dans les magmas refroidis en deux étapes à une certaine profondeur dans l'écorce terrestre.

Classification Acide	Formation Plutonique	Couleur Pâle

Groupe Magmatique	Origine Magma	Taille du grain Grossier	Forme cristalline Euédrique, anédrique

GRANITE GRAPHIQUE

Roche magmatique acide (plus de 10 % de quartz et plus de 65 % de silice au total). Constituée d'orthose rose, de quartz gris et de mica biotite sombre.

• **TEXTURE** Grain grossier avec texture graphique produite par les particules angulaires de quartz dans une matrice feldspathique.

• **ORIGINE** Se forme dans les environnements plutoniques à des profondeurs considérables.

Classification Acide	Formation Plutonique	Couleur Pâle

Groupe Magmatique	Origine Magma	Taille du grain Grossier	Forme cristalline Euédrique, anédrique

GRANITE À HORNBLENDE

Roche acide (plus de 10 % de quartz et plus de 65 % de silice). Orthose plus abondante que les plagioclases. La hornblende se présente en petites masses avec cristaux prismatiques. Mica également présent.

• **TEXTURE** Grains grossiers avec cristaux de taille égale donnant une texture homogène.

• **ORIGINE** Se forme dans les grandes profondeurs.

Classification Acide	Formation Plutonique	Couleur Moyenne

Groupe Magmatique	Origine Magma	Taille du grain Grossier	Forme cristalline Euédrique, anédrique

ADAMELLITE

Roche acide (plus de 65 % de silice au total et plus de 10 % de quartz). Contient aussi une large quantité de feldspaths — également divisés entre l'orthose et le plagioclase. La biotite lui donne une apparence tachetée. De petits grains de quartz gris remplissent les trous entre les autres cristaux.

• **TEXTURE** Roche à grain grossier généralement de taille égale, bien qu'elle puisse être porphyrique. Cristaux assez larges pour être vus aisément à l'œil nu. La plupart sont euédriques, bien que certains cristaux de quartz puissent être anédriques.

• **ORIGINE** Se forme au cours de la solidification des magmas dans les larges intrusions plutoniques.

Classification Acide	Formation Plutonique	Couleur Pâle

Groupe Magmatique	Origine Magma	Taille du grain Moyen	Forme cristalline Euédrique, anédrique

MICROGRANITE BLANC

Roche acide (plus de 65 % de silice au total et plus de 10 % de quartz). Contient plus d'orthose que de plagioclase. Il peut y avoir de la biotite sombre et/ou de la muscovite pâle. Cette roche a beaucoup de biotite, d'où sa couleur sombre.

• **TEXTURE** Grain moyen à cristaux de 5 à 0,5 mm de diamètre, d'où une identification difficile. Grains généralement de même taille, mais plusieurs de ces cristaux sont médiocrement formés à cause du refroidissement rapide du magma.

• **ORIGINE** Se forme dans des intrusions mineures, tels les filons-couches et les dykes, depuis le magma solidifié à des profondeurs modérées.

Classification Acide	Formation En dyke, en filon-couche	Couleur Pâle, moyenne

Groupe Magmatique	Origine Magma	Taille du grain Moyen	Forme cristalline Euédrique, anédrique

MICROGRANITE ROSE

Roche acide (plus de 65 % de silice au total et plus de 10 % de quartz). Si le feldspath prédominant est l'orthose rose, la couleur de la roche s'en ressent. Lorsqu'il y a de la biotite, cette roche se présente en petites taches sombres. Grains gris de quartz dans la matrice souvent anédriques.

• **TEXTURE** Grains moyens avec des cristaux de 5 à 0,5 mm de diamètre, généralement de taille similaire.

• **ORIGINE** Dans les dykes et les filons-couches, à partir du magma solidifié.

Classification Acide	Formation En dyke, en filon-couche	Couleur Pâle, moyen

Groupe Magmatique	Origine Magma	Taille du grain Moyen	Forme cristalline Euédrique, anédrique

MICROGRANITE PORPHYRIQUE

Roche acide (plus de 65 % de silice au total et plus de 10 % de quartz). Contient plus d'orthose que de plagioclase. Ce spécimen a des phénocristaux pâles dans sa matrice assombrie par la biotite.

• **TEXTURE** Roche à grain moyen avec des cristaux de 5 à 0,5 mm de diamètre. Texture porphyrique produite par les cristaux euédriques. Plusieurs des cristaux de la matrice sont anédriques, du fait d'un refroidissement en deux étapes dans le magma parental : les phénocristaux croissent lentement, dans un magma environnant liquide, dont le mouvement ascendant accélère le refroidissement de la matrice.

• **ORIGINE** Dans les intrusions mineures, filons-couches et dykes. Se refroidit plus rapidement que le granite.

Classification Acide	Formation En dyke, en filon-couche	Couleur Moyenne

Groupe Magmat./Mét.	Origine Locale	Taille du grain Fin	Forme cristalline Euédrique, anédrique

XÉNOLITE

Fragments de l'encaissant (matériel entourant une intrusion), qui ont été incorporés dans le magma et partiellement altérés. La xénolite est parfois digérée par le magma et perd son identité. Ce spécimen est une masse sombre de lave à l'intérieur d'un granite rose. Les feldspaths, le mica et le quartz du granite contrastent notablement avec la xénolite sombre.

• **TEXTURE** Roche à grain moyen à fin avec des cristaux de 0,5 mm de diamètre. Le granite est à grain grossier avec des cristaux de 5 mm et plus.

• **ORIGINE** Se forme dans beaucoup d'environnements magmatiques. Ici, l'environnement est plutonique.

Classification Acide à basique	Formation Plutonique à volcanique	Couleur Sombre

Groupe Magmatique	Origine Magma	Taille du grain Moyen	Forme cristalline Euédrique, anédrique

PORPHYRE À QUARTZ

Roche acide (plus de 65 % de silice au total et plus de 10 % de quartz). Quartz en petits grains gris dans la matrice. Dans cette roche, l'orthose excède le plagioclase. Quelques taches de hornblende sont également visibles dans ce spécimen.

• **TEXTURE** Roche à grain moyen, mais avec quelques larges cristaux (phénocristaux) de divers minéraux essentiels, entourés par des petits grains de minéraux. Cette dualité de taille en fait une roche porphyrique et suggère que le refroidissement de la roche s'est fait en deux temps. Les petits grains dans la gangue sont de taille similaire.

• **ORIGINE** Se forme dans des structures intrusives (filons-couches et dykes) à partir du magma intrusif qui refroidit. Ne se forme habituellement pas à de grandes profondeurs.

Classification Acide	Formation En dyke, en filon-couche	Couleur Pâle, moyenne

Groupe Magmatique	Origine Magma	Taille du grain Très grossier	Forme cristalline Euédrique

PEGMATITE FELDSPATHIQUE

Roche acide (même composition que le granite). Contient une grande proportion de feldspath (généralement rose ou blanc), un peu de quartz grisâtre et de l'amphibole sombre. Contenu en silice total supérieur à 65 %.

• **TEXTURE** À cause du refroidissement lent, les pegmatites sont à grain grossier, certaines ayant plusieurs mètres de long. Dans ce spécimen, la masse de feldspath blanche a plus de 10 cm de long. Minéraux visibles sans loupe.

• **ORIGINE** Se forme dans les environnements plutoniques, tels des dykes associés avec des intrusions magmatiques, sur une petite surface géographique.

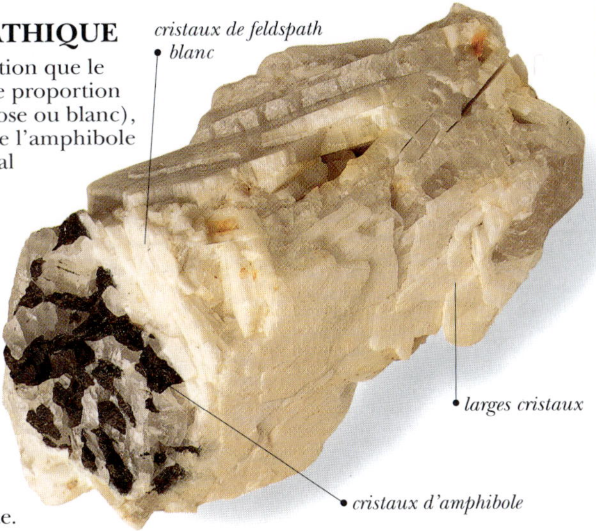

Classification Acide	Formation Plutonique, en dyke	Couleur Pâle

Groupe Magmatique	Origine Magma	Taille du grain Très grossier	Forme cristalline Euédrale

PEGMATITE MICACÉE

Roche acide de composition granitique (plus de 65 % de silice au total et plus de 10 % de quartz). La muscovite blanche forme de larges feuilles de plus de 6 cm de long sur la surface. Il y a aussi un peu de quartz, de feldspath et de biotite. Le nom pegmatite désigne généralement des roches acides, mais toute roche magmatique de grain très grossier est dite pegmatitique.

• **TEXTURE** Taille grossière des grains due à un refroidissement lent. De larges cristaux, certains de quelques mètres de long, ont été trouvés.

• **ORIGINE** En profondeur, dans les environnements plutoniques. Refroidissement du magma lent, souvent associé avec des fluides migrants apportant de nouveaux éléments chimiques.

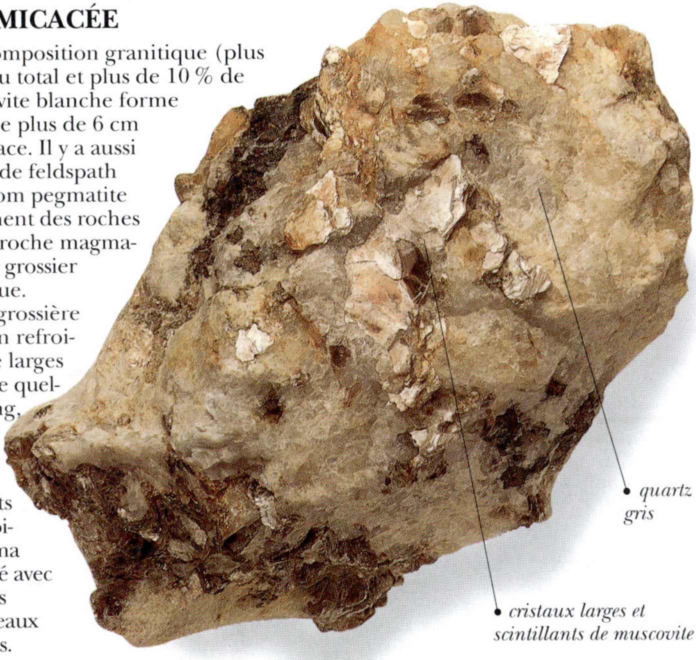

Classification Acide	Formation Plutonique	Couleur Pâle

Groupe Magmatique	Origine Magma	Taille du grain Très grossier	Forme cristalline Euédrique

PEGMATITE À TOURMALINE

Composition acide similaire à celle du granite (bien plus de 10 % de quartz et plus de 65 % de silice au total). On observe une proportion élevée de quartz gris, d'orthose rose et de biotite sombre. Les cristaux prismatiques foncés sont de la tourmaline.

• **TEXTURE** Cristaux très grands, certains atteignant 5 à 6 cm de long. La plupart sont euédriques, donc de forme cristalline nette (absence d'entrave à la croissance en raison du refroidissement lent du magma d'origine).

• **ORIGINE** Se forme dans de larges intrusions, dans les dykes ou les filons-couches, par refroidissement lent du magma à une profondeur considérable.

Classification Acide	Formation En dyke, en filon-couche	Couleur Pâle

Groupe Magmatique	Origine Magma	Taille du grain Moyen	Forme cristalline Euédrique, anédrique

GRANOPHYRE

Roche de composition acide (plus de 10 % de quartz et un contenu total en silice de plus de 65 %). Contient à la fois de l'orthose et du plagioclase, du mica et de l'amphibole. Des minéraux ferromagnésiens sont parfois présents, assombrissant la couleur de la roche.

• **TEXTURE** Roche moyennement grenue à texture enchevêtrée de feldspath et de quartz (structure dite granophyrique) et une version à grains fins de la texture graphique observée dans certains granites. Texture mieux visible sous la loupe ou au microscope.

• **ORIGINE** Sur les franges des larges intrusions plutoniques et dans les intrusions hypoabyssales, donc moins profondément que les plutons.

Classification Acide	Formation Plutonique, en dyke	Couleur Pâle, moyenne

Groupe Magmatique	Origine Magma	Taille du grain Grossier	Forme cristalline Euédrique, anédrique

GRANODIORITE ROSE

Roche de composition intermédiaire (20 à 40 % de quartz). Contenu en silice bien inférieur à celui des roches acides. Peut contenir du plagioclase, de l'orthose, de la biotite et de la hornblende. Se confond facilement avec le granite.

• **TEXTURE** Roche moyennement à grossièrement grenue ; cristaux bien formés.

• **ORIGINE** Se forme dans les intrusions magmatiques.

Classification Intermédiaire	Formation Plutonique, en dyke	Couleur Pâle, moyenne

Groupe Magmatique	Origine Magma	Taille du grain Grossier	Forme cristalline Euédrique, anédrique

GRANODIORITE BLANCHE

Contenu total en silice entre 55 et 65 %, inférieur à celui du granite. Cette forme pâle de granodiorite contient une proportion élevée de quartz gris et de feldspath blanc. Le mica foncé et la hornblende donnent un aspect moucheté à la roche.

• **TEXTURE** Roche grossièrement grenue aux cristaux bien formés. Une partie du quartz interstitiel peut être anédrique.

• **ORIGINE** Dans les larges intrusions plutoniques.

Classification Intermédiaire	Formation Plutonique	Couleur Pâle

Groupe Magmatique	Origine Magma	Taille du grain Grossier	Forme cristalline Euédrique, anédrique

DIORITE

Roche de composition intermédiaire (55 à 65 % de silice au total). Contient moins de 10 % de quartz et des plagioclases variant de l'oligoclase à l'andésine. L'amphibole, la biotite et le pyroxène peuvent tous être présents, d'où une apparence mouchetée.

• **TEXTURE** La taille du grain est grossière à moyenne. La plupart des diorites sont équigranulaires, donc contiennent des grains de taille généralement identique.

• **ORIGINE** Se forme dans les intrusions ayant pénétré dans des roches préexistantes où elles refroidissent.

Classification Intermédiaire	Formation Plutonique, en dyke	Couleur Moyenne, sombre

Groupe Magmatique	Origine Magma	Taille du grain Grossier	Forme cristalline Euédrique

SYÉNITE

Contenu total en silice intermédiaire (de 55 à 65 %). Les principaux minéraux sont des feldspaths, du quartz (moins de 10 %), du pyroxène, de l'amphibole et du mica, souvent sous forme de biotite. Cette composition minérale donne à la roche une couleur pâle (la syénite peut être confondue avec le granite).

• **TEXTURE** Roche grossièrement grenue avec tous les minéraux visibles à l'œil nu. Grains généralement de même taille. Roche rarement porphyrique (structure où des cristaux de grande taille sont enchâssés dans une gangue plus finement grenue). Cristaux principalement euédriques.

• **ORIGINE** Se forme lors du refroidissement lent du magma dans diverses intrusions magmatiques.

Classification Intermédiaire	Formation Plutonique, en dyke	Couleur Pâle, sombre

Groupe Magmatique	Origine Magma	Taille du grain Grossier	Forme cristalline Euédrique

SYÉNITE NÉPHÉLINE

Roche de composition intermédiaire typique : contenu total en silice de 55 à 65 %, moins de 10 % de quartz, proportion élevée de feldspath, de pyroxène, d'amphibole et de mica. Contient de la néphéline, minéral feldspathoïde. Ressemble au granite, mais un examen approfondi révèle un contenu en quartz bien inférieur et la présence de pyroxène.

• **TEXTURE** Grossièrement grenue ; les minéraux peuvent être nettement observés sans loupe. Cristaux généralement de même taille. Peut être pegmatitique (exceptionnellement à grains grossiers) et les cristaux sont euédriques (absence de constriction lors du lent refroidissement du magma).

• **ORIGINE** À partir de magma en solidification.

Classification Intermédiaire	Formation Plutonique, en dyke	Couleur Pâle, sombre

Groupe Magmatique	Origine Magma	Taille du grain Grossier	Forme cristalline Euédrique

GABBRO

Roche basique (moins de 10 % de quartz et 45 à 55 % de silice au total). Contient du plagioclase et du pyroxène — l'augite est commune. L'olivine et la magnétite sont souvent présentes.
• **TEXTURE** Roche grossièrement grenue : cristaux euédriques et grains de taille générale identique.
• **ORIGINE** Se forme dans les intrusions plutoniques qui sont généralement stratifiées et en couches.

Classification Basique	Formation Plutonique	Couleur Moyenne

Groupe Magmatique	Origine Magma	Taille du grain Grossier	Forme cristalline Euédrique

GABBRO RUBANÉ

Composition basique (moins de 10 % de quartz et 45 à 55 % de silice au total). Les principaux minéraux sont des plagioclases et du pyroxène ainsi que de l'olivine et des oxydes de fer. Bandes de minéraux ferromagnésiens probablement dues au dépôt par gravité.
• **TEXTURE** Roche grossièrement grenue : cristaux euédriques et grains de taille générale identique.
• **ORIGINE** Se forme dans les intrusions plutoniques en nappes.

Classification Basique	Formation Plutonique	Couleur Moyenne

Groupe Magmatique	Origine Magma	Taille du grain Grossier	Forme cristalline Euédrique

LARVIKITE

Forme de syénite de composition intermédiaire (moins de 10 % de quartz, du feldspath, du pyroxène, du mica, de l'amphibole, 55 à 65 % de silice au total). Gris pâle à gris foncé, avec un jeu de couleur appelé schillérisation à la surface des cristaux de feldspath.
• **TEXTURE** Grossièrement grenue. Cristaux bien développés.
• **ORIGINE** Dans des intrusions relativement petites (laccolites ou filons-couches).

Classification Intermédiaire	Formation Plutonique	Couleur Pâle, sombre

Groupe Magmatique	Origine Magma	Taille du grain Grossier	Forme cristalline Euédrique, anédrique

GABBRO À OLIVINE

Roche de composition basique (moins de 55 % de silice au total et moins de 10 % de quartz). Contenu élevé en minéraux ferromagnésiens, d'où la coloration sombre. Densité plus grande que les roches acides. On y retrouve du plagioclase (habituellement une variété riche en calcium), du pyroxène et de l'olivine, ainsi que de la magnétite (généralement en petites quantités).

• **TEXTURE** Grains grossiers à cristaux souvent euédriques, de plus de 5 mm, bien visibles à l'œil nu et tous de même taille, bien que les gabbros puissent être porphyriques, ayant de larges cristaux entourés par une gangue plus fine.

• **ORIGINE** En milieu plutonique, souvent dans les accumulations, filons-couches et autres intrusions de type feuillées.

Classification Basique	Formation Plutonique	Couleur Moyenne, sombre

Groupe Magmatique	Origine Magma	Taille du grain Grossier	Forme cristalline Euédrique, anédrique

LEUCOGABBRO

Composition basique (plus de 10 % de quartz, contenu en silice total inférieur à 55 %). Plus pâle que les autres gabbros, peut-être à cause d'un grand pourcentage de plagioclase. Le pyroxène sombre (souvent de l'augite) est l'autre minéral principal. L'olivine et la magnétite peuvent aussi être présentes.

• **TEXTURE** Roche grossièrement grenue. Cristaux de plus de 5 mm de diamètre, facilement visibles à l'œil nu. Grains de même taille, pour la plupart euédriques.

• **ORIGINE** Dans les environnements plutoniques, souvent dans des intrusions de larges tailles, par injection et solidification du magma. Le refroidissement est lent à cette profondeur, d'où une roche avec de larges cristaux.

Classification Basique	Formation Plutonique	Couleur Moyenne, pâle

Groupe Magmatique	Origine Magma	Taille du grain Grossier	Forme cristalline Euédrique, anédrique

Bojite

Roche basique (contenu en silice total en dessous de 55 %, moins de 10 % de quartz). Minéraux principaux : plagioclase, amphibole et pyroxène. Minéral accessoire commun : oxyde de fer (magnétite). Taches et traces de couleur souvent étonnantes.

• **Texture** Grossièrement grenue avec des cristaux de plus de 5 mm de diamètre. Grains généralement de la même taille, mais les minéraux de cette roche tendent à être arrangés en taches et traces.

• **Origine** Dans les environnements plutoniques, à grande profondeur.

Classification Basique	Formation Plutonique	Couleur Sombre

Groupe Magmatique	Origine Magma	Taille du grain Grossier	Forme cristalline Euédrique, anédrique

Anorthosite

Composition basique (contenu total en silice de moins de 55 %, absence virtuelle du quartz). Plus de 80 % de plagioclase, d'où la couleur pâle. Les autres minéraux peuvent être des ferromagnésiens tels que l'olivine, le pyroxène et la magnétite. Le grenat se forme parfois dans la frange réactionnelle autour du pyroxène.

• **Texture** Grossièrement grenue avec des grains généralement de même taille. Les cristaux ont souvent plus de 5 mm de diamètre.

• **Origine** Dans les environnements plutoniques, les intrusions en culot et en couche. Grossièrement grenue à cause du refroidissement lent aux profondeurs plutoniques. A été découverte à la surface de la Lune.

Classification Basique	Formation Plutonique	Couleur Pâle

Groupe Magmatique	Origine Magma	Taille du grain Moyen	Forme cristalline Euédrique, anédrique

DOLÉRITE

Composition basique (contenu total en silice de moins de 55 % et de quartz de moins de 10 %). Formée de plagioclase riche en calcium et en pyroxène — souvent de l'augite — avec un petit peu de quartz et parfois de la magnétite et de l'olivine. Apparence mouchetée caractéristique. Couleur globalement sombre.

• **TEXTURE** Moyennement grenue avec des cristaux entre 5 mm et 0,5 mm de diamètre, qui tendent à être de la même taille.

• **ORIGINE** Dans les intrusions telles que les filons-couches et les dykes, à une profondeur moindre que celle des plutons, où le magma a envahi la partie supérieure de la croûte terrestre. Processus de refroidissement relativement rapide.

Classification Basique	Formation En dyke, en filon-couche	Couleur Sombre

Groupe Magmatique	Origine Magma	Taille du grain Moyen	Forme cristalline Euédrique, anédrique

NORITE

Composition basique, similaire au gabbro (moins de 55 % de silice au total et moins de 10 % de quartz). Constituée de feldspath et de pyroxène. La norite a plus d'orthopyroxène que le gabbro, où domine le clinopyroxène. Autre différence : la norite contient peu d'olivine. La biotite, la hornblende et la cordiérite peuvent aussi s'y trouver.

• **TEXTURE** Grossièrement grenue avec une texture granulaire. Montre souvent une structure en couches.

• **ORIGINE** Par refroidissement du magma dans un environnement plutonique profond. Se retrouve en petits amas dans les larges corps magmatiques, plutôt qu'en larges masses telles que les batolithes. Se forme parfois dans des intrusions magmatiques en couches ; différents types de roches peuvent se former dans une seule intrusion par séparation de leur contenu minéral, souvent sous l'effet de la gravité.

Classification Basique	Formation Plutonique	Couleur Sombre

Groupe	Origine	Taille du grain	Forme cristalline
Magmatique	Magma	Moyen	Euédrique, anédrique

TROCTOLITE

Composition chimique similaire à la dolérite et au gabbro (contenu en silice total inférieur à 55 % et moins de 10 % de quartz). Contient une proportion élevée de plagioclase mais peu de pyroxène. L'olivine est aussi un minéral commun. Généralement gris sombre avec des taches foncées. Son apparence marbrée lui donne son nom commun de « pierre-truite ».

• **TEXTURE** Grossièrement à moyennement grenue. Beaucoup de cristaux de 5 mm de diamètre. Grains généralement de la même taille.

• **ORIGINE** Dans un environnement plutonique où le magma refroidit lentement, permettant la formation sans restriction des cristaux, comme le plagioclase.

Classification	Formation	Couleur
Basique	Plutonique	Sombre

Groupe	Origine	Taille du grain	Forme cristalline
Magmatique	Magma	Moyen	Euédrique

DUNITE

Composition ultrabasique (moins de 45 % de silice au total et pas de quartz). Constituée quasi exclusivement d'olivine, d'où sa couleur verdâtre ou brunâtre. Le nom alternatif, l'olivinite, se réfère à sa composition minérale. Peut contenir des minéraux rares et riches en métaux, telle la chromite.

• **TEXTURE** Moyennement grenue avec des cristaux entre 5 mm et 0,5 mm de diamètre. Texture granuleuse.

• **ORIGINE** Dans un environnement plutonique, depuis la solidification du magma. Lorsque le magma à composition basique refroidit, les cristaux d'olivine se forment les premiers. Ces cristaux denses coulent à travers le magma liquide, à cause de la gravité, s'accumulant en dunite ultrabasique à la base de l'intrusion. Ce processus, où un type de magma produit des roches de composition différentes, est appelé différenciation.

Classification	Formation	Couleur
Ultrabasique	Plutonique	Sombre, moyenne

Groupe Magmatique	Origine Magma	Taille du grain Grossier	Forme cristalline Euédrique, anédrique

SERPENTINITE

Composition ultrabasique avec moins de 45 % de silice au total et une variété de minéraux qui donnent à la roche une couleur sombre, souvent avec des surfaces noires, vertes et rouges. L'olivine et d'autres minéraux ferromagnésiens (grenat, pyroxène, hornblende, mica) sont communs dans cette roche, autant que les minéraux serpentiniques (antigorite, chrysotile).

• **TEXTURE** Grossièrement à moyennement grenue. Cristaux facilement visibles à l'œil nu. Composée entièrement de cristaux, habituellement avec une texture compacte et des taches de différents minéraux.

• **ORIGINE** Se forme en masses isolées dans des roches métamorphosées et plissées, soit à partir d'une intrusion magmatique originale, soit depuis des roches ultrabasiques altérées, telle la péridotite. D'où sa coloration en taches et son grain grossier.

Classification Ultrabasique	Formation En ceinture orogénique	Couleur Sombre

Groupe Magmatique	Origine Magma	Taille du grain Grossier	Forme cristalline Euédrique, anédrique

PYROXÉNITE

Contient moins de 45 % de silice au total et virtuellement pas de quartz, d'où sa coloration sombre. Comme le nom le suggère, les minéraux principaux sont les pyroxènes, mais la hornblende et les autres amphiboles, la biotite et les oxydes de fer peuvent être présents. Les cristaux pâles peuvent être des feldspaths en petites quantités.

• **TEXTURE** Grossièrement à moyennement grenue. Texture granulaire avec des cristaux bien formés visibles à l'œil nu.

• **ORIGINE** Se forme plutôt dans de petites intrusions isolées, souvent associées avec des gabbros basiques ou d'autres roches ultrabasiques, et à de grandes profondeurs, dans des régions d'un haut degré métamorphique.

Classification Ultrabasique	Formation Plutonique	Couleur Sombre

Groupe Magmatique	Origine Magma	Taille du grain Grossier	Forme cristalline Euédrique

KIMBERLITE

Riche en minéraux ferromagnésiens : pyroxène, grenat (particulièrement la pyrope), olivine (souvent serpentinisée), phlogopite, chromite et diopside. Coloration sombre. Contient souvent des diamants.

• **TEXTURE** Grossièrement grenue. La présence de phénocristaux lui donne souvent une texture porphyrique. Granulaire. À l'apparence fragmentaire de la roche sédimentaire, la breccia.

• **ORIGINE** Dans les pipes volcaniques et les corps de roches magmatiques redressés et intrusifs. Les pipes sont habituellement inférieures à un kilomètre de diamètre. Elles ont été exploitées, spécialement en Afrique du Sud, pour leur contenu en diamant.

Classification Ultrabasique	Formation Hypabyssale, plutonique	Couleur Sombre

Groupe Magmatique	Origine Magma	Taille du grain Grossier	Forme cristalline Euédrique, anédrique

PÉRIDOTITE À GRENAT

Moins de 45 % de silice au total et pas de quartz, ni de feldspath. Riche en minéraux ferromagnésiens, particulièrement le grenat et l'olivine. Similaire aux autres péridotites, telle la dunite, mais diffère dans son contenu en grenat.

• **TEXTURE** Grossièrement à moyennement grenue avec des assortiments de grenats dans la gangue granulaire. Les grenats varient du très petit grain à la large tache de plus de 5 mm de diamètre.

• **ORIGINE** Se forme dans des situations intrusives, les dykes, les filons-couches et les accumulations, associée avec de larges masses de gabbro, de pyrénoxite et d'anorthosite. De petites pièces, issues des profondeurs, sont trouvées dans les basaltes et les roches à haut degré métamorphique.

Classification Ultrabasique	Formation En dyke, en filon-couche	Couleur Sombre

Groupe Magmatique	Origine Lave	Taille du grain Fin	Forme cristalline Anédrique

RHYOLITE

De composition acide : contient généralement bien plus de 10 % de quartz et une grande quantité de feldspath (plus d'orthose que de plagioclase). Biotite et muscovite également présentes.

• **TEXTURE** Finement grenue. Des phénocristaux peuvent donner une structure porphyrique. Les cristaux de la matrice sont trop petits pour être vus à l'œil nu, le refroidissement rapide de la lave entraînant un développement médiocre. Peut aussi présenter des vésicules et des amygdales.

• **ORIGINE** Éjectée de volcans violents, elle résulte du refroidissement de lave visqueuse, laquelle peut obstruer la cheminée. La pression nécessaire pour expulser ce bouchon est considérable, entraînant une éruption très explosive.

Classification Acide	Formation Volcanique	Couleur Pâle

Groupe Magmatique	Origine Lave	Taille du grain Fin	Forme cristalline Anédrique

RHYOLITE ZONÉE

Roche acide (contenu en silice de plus de 65 % et plus de 10 % de quartz). Quartz, feldspath et mica en sont les composants majeurs. La hornblende peut aussi être présente.

• **TEXTURE** Finement ou très finement grenue. Minéraux trop petits pour être vus à l'œil nu. Sa structure zonée consiste en de fines couches alternantes sombres et claires dues à une coulée de lave particulièrement visqueuse.

• **ORIGINE** Formée par refroidissement de lave issue d'une éruption violente. Les volcans à rhyolite sont souvent escarpés et libèrent beaucoup de matériaux fragmentaires.

Classification Acide	Formation Volcanique	Couleur Pâle, moyenne

Groupe	Origine	Taille du grain	Forme cristalline
Magmatique	Lave	Fin	Anédrique, euédrique

DACITE

Composition intermédiaire (de 55 à 65 % de silice au total). Minéraux essentiels : plagioclase, biotite, quartz et hornblende. Le pyroxène, l'orthose et des oxydes de fer peuvent être présents.

• **TEXTURE** Finement grenue, mais peut présenter une structure porphyrique. Les cristaux varient d'anédriques à euédriques.

• **ORIGINE** Volcanique, mais se trouve aussi en petites intrusions.

Classification	Formation	Couleur
Intermédiaire	Volcanique	Pâle, moyenne

Groupe	Origine	Taille du grain	Forme cristalline
Magmatique	Lave	Très fin	Anédrique

OBSIDIENNE

Composition acide, riche en silice. Le composant principal est le verre et, suite au refroidissement rapide, les cristaux peuvent être absents. Parfois décrite comme une roche de verre volcanique avec un contenu en eau inférieur à 1 %.

• **TEXTURE** Très finement grenue avec une apparence brillante. Se casse avec une fracture conchoïdale très nette, exploitée dans le passé pour fabriquer des outils tranchants.

• **ORIGINE** Refroidissement très rapide de lave acide visqueuse.

Classification	Formation	Couleur
Acide	Volcanique	Sombre

Groupe	Origine	Taille du grain	Forme cristalline
Magmatique	Lave	Très fin	Anédrique

OBSIDIENNE FLOCONNEUSE

Composition acide. Contient elle aussi un pourcentage élevé de verre plutôt que des cristaux. Les pâles « flocons » caractéristiques à la surface sont des taches où le verre a été dévitrifié autour de centres distincts.

• **TEXTURE** Grains extrêmement fins avec des taches microcristallines de couleur blanche.

• **ORIGINE** Formée de lave refroidie rapidement.

Classification	Formation	Couleur
Acide	Volcanique	Sombre

Groupe Magmatique	Origine Lave	Taille du grain Très fin	Forme cristalline Anédrique

PECHSTEIN

Composition variant d'un contenu élevé à faible en silice. Peut être associée avec de l'obsidienne, une autre roche volcanique, et contenir beaucoup de verre. Habituellement de couleur sombre. Une surface luisante la rend similaire aux fragments de bitume ou à de la poix.

• **TEXTURE** Plus de cristaux que dans l'obsidienne, bien que celle-ci ait une texture vitreuse. Mais, au microscope, les cristaux apparaissent peu formés.

• **ORIGINE** Résulte d'un refroidissement brusque de la lave ou se forme dans des petites intrusions. La grande quantité de verre qu'elle contient en résulte.

Classification Acide à basique	Formation Volcanique, en dyke, en filon-couche	Couleur Sombre

Groupe Magmatique	Origine Lave	Taille du grain Très fin	Forme cristalline Anédrique

PITCHSTONE PORPHYRIQUE

Très sombre et vitreuse. Habituellement de composition acide bien que, comme la pechstein, de chimie variable. Généralement riche en quartz, feldspath et pyroxène formant les phénocristaux. Certains spécialistes distinguent la pechstein de l'obsidienne par son contenu en eau : la pechstein en a plus de 10 %, l'obsidienne moins de 1 %.

• **TEXTURE** En raison du refroidissement en deux étapes, des phénocristaux de feldspath sont accumulés dans la gangue, finement grenue suite au refroidissement rapide lors de l'éruption.

• **ORIGINE** Se forme dans les coulées de lave et les petits filons-couches et les dykes, souvent près des masses granitiques. Dans les deux cas la lave refroidit rapidement, ne donnant pas le temps aux cristaux de grandir — d'où l'apparence vitreuse.

Classification Acide à basique	Formation Volcanique, en dyke, en filon-couche	Couleur Sombre

Groupe Magmatique	Origine Magma	Taille du grain Moyen	Forme cristalline Euédrique, anédrique

LAMPROPHYRE

Groupe de roches de composition variable, les unes acides, les autres basiques. Comportent toutes un pourcentage élevé de minéraux ferromagnésiens et souvent des feldspaths et du mica, bien que certaines en contiennent très peu. Minéraux accessoires : hornblende, calcite, sphène et magnétite.

• **TEXTURE** Roches typiquement porphyriques et moyennement grenues. Les phénocristaux peuvent être très grands.

• **ORIGINE** Se forme dans des intrusions mineures, généralement des dykes, où le magma refroidit assez rapidement, l'encaissant local étant à une température bien inférieure à celle du magma. Peut être associé avec d'autres roches magmatiques : granites, syénites…

Classification Acide à basique	Formation En dyke, en filon-couche	Couleur Moyenne

Groupe Magmatique	Origine Lave	Taille du grain Fin	Forme cristalline Anédrique, euédrique

ANDÉSITE

Composition intermédiaire (55 à 65 % de silice au total et moins de 10 % de quartz). Contient une proportion élevée de plagioclase (généralement de l'andésine ou de l'oligoclase), du pyroxène, de l'amphibole et de la biotite.

• **TEXTURE** Finement grenue avec quelques phénocristaux enchâssés dans la gangue. Vus à la loupe, les cristaux apparaissent plutôt mal formés suite au refroidissement rapide de la lave.

• **ORIGINE** Par refroidissement de lave issue de volcans assez violents, souvent associés à des zones de subduction comme dans les Andes.

Classification Intermédiaire	Formation Volcanique	Couleur Moyenne

Groupe Magmatique	Origine Lave	Taille du grain Fin	Forme cristalline Anédrique, euédrique

ANDÉSITE AMYGDALOÏDALE

Composition intermédiaire (contenu total en silice de 55 à 65 % avec moins de 10 % de quartz). Le feldspath est un constituant important, généralement sous la forme d'oligoclase ou d'andésine. Pyroxène, amphibole et biotite également communs. La couleur de la base rocheuse tend vers un gris moyen plutôt que le noir du basalte.

• **TEXTURE** Gangue rocheuse finement grenue. Nombreuses petites amygdales arrondies visibles à la surface. Vésicules laissées après échappement de bulles de gaz de la lave. Les vésicules remplies, souvent avec des zéolites, sont connues sous le nom d'amygdales. Cavités élargies par la croissance des minéraux.

• **ORIGINE** Par refroidissement rapide de lave projetée par une éruption violente.

Classification Intermédiaire	Formation Volcanique	Couleur Moyenne

Groupe Magmatique	Origine Lave	Taille du grain Fin	Forme cristalline Anédrique, euédrique

ANDÉSITE PORPHYRIQUE

Même composition que l'andésite. Roche intermédiaire (55 à 65 % de silice au total et moins de 10 % de quartz). Le plagioclase est un constituant important, ainsi que le pyroxène, l'amphibole et la biotite. Cet arrangement donne à la roche une couleur générale moyenne, plus sombre que la rhyolite mais plus pâle que le basalte.

• **TEXTURE** Gangue finement grenue ; les cristaux ne peuvent être étudiés qu'au microscope. Grands phénocristaux de feldspath et de pyroxène enchâssés dans la gangue. Certains cristaux se sont donc formés dans la lave liquide et, au moment de l'éruption, la gangue s'est rapidement solidifiée autour d'eux.

• **ORIGINE** Formée par le refroidissement de lave après une éruption violente.

Classification Intermédiaire	Formation Volcanique	Couleur Moyenne

Groupe Magmatique	Origine Lave	Taille du grain Fin	Forme cristalline Anédrique, euédrique

TRACHYTE

Composition intermédiaire (55 à 65 % de silice au total et moins de 10 % de quartz). Le contenu en plagioclase diffère de l'andésite : ici, l'albite et la sanidine sont communes. Les minéraux ferromagnésiens comprennent la biotite, l'augite et la hornblende.

• **TEXTURE** Finement grenue. Minéraux de la gangue donc difficiles à distinguer.

• **ORIGINE** Se forme par refroidissement de lave lors d'éruptions assez violentes.

Classification Intermédiaire	Formation Volcanique	Couleur Moyenne

Groupe Magmatique	Origine Lave	Taille du grain Fin	Forme cristalline Anédrique, euédrique

TRACHYTE PORPHYRIQUE

Roche de chimie similaire à la trachyte et de composition intermédiaire (55 à 65 % de silice au total et plus de 10 % de quartz). Les plagioclases tendent à être riches en sodium ; présence de pyroxène, hornblende et biotite.

• **TEXTURE** Gangue finement grenue et phénocristaux euédriques foncés donnant la texture porphyrique.

• **ORIGINE** Formée par refroidissement de lave.

Classification Intermédiaire	Formation Volcanique	Couleur Moyenne

Groupe Magmatique	Origine Magma	Taille du grain Moyen	Forme cristalline Euédrique

PORPHYRE RHOMBOÉDRIQUE

Roche de chimie intermédiaire souvent appelée microsyénite (55 à 65 % de silice au total et plus de 10 % de quartz). Principaux minéraux : feldspath alcalin, hornblende, pyroxène et biotite.

• **TEXTURE** Moyennement grenue à texture porphyrique. Phénocristaux de plagioclase de forme rhomboédrique.

• **ORIGINE** Formé dans des intrusions mineures.

Classification Intermédiaire	Formation En dyke, en filon-couche	Couleur Moyenne

Groupe Magmatique	Origine Lave	Taille du grain Fin	Forme cristalline Anédrique, euédrique

BASALTE

Composition basique, (moins de 10 % de quartz et 55 à 65 % de silice au total). Contient une grande quantité de plagioclase – principalement de l'anorthite riche en calcium – et du pyroxène. L'olivine peut entrer dans sa composition et la magnétite est un minéral souvent accessoire.

• **TEXTURE** Finement grenue. Cristaux à la fois euédriques et anédriques, difficiles à voir même avec une loupe.

• **ORIGINE** Se forme par refroidissement de lave très fluide s'écoulant des volcans sur de longues distances avant de se solidifier. Les énormes boucliers volcaniques de Hawaii en sont un excellent exemple.

Classification Basique	Formation Volcanique	Couleur Sombre

Groupe Magmatique	Origine Lave	Taille du grain Fin	Forme cristalline Anédrique, euédrique

BASALTE PORPHYRIQUE

Composition basique (45 à 55 % de silice au total et moins de 10 % de quartz). Plagioclase (généralement de l'anorthite riche en calcium) et pyroxène constituent le gros de la roche. L'olivine et la magnétite peuvent également être présentes.

• **TEXTURE** Finement grenue avec de larges phénocristaux de minéraux ferromagnésiens enchâssés dans la gangue. Structure porphyrique indiquant deux stades dans le refroidissement de la lave.

• **ORIGINE** Projeté des volcans en zone océanique, il s'agit d'une lave non visqueuse qui coule sur de longues distances. Ces volcans, très larges à la base, s'étalent sur plusieurs kilomètres. Le grand volcan Mauna Loa, à Hawaii, présente des pentes typiquement douces.

Classification Basique	Formation Volcanique	Couleur Sombre

Groupe Magmatique	Origine Lave	Taille du grain Fin	Forme cristalline Anédrique

BASALTE AMYGDALOÏDE

Contenu en quartz supérieur à 10 % et contenu en silice total de 45 à 55 %. Principaux minéraux : le plagioclase, riche en calcium, et le pyroxène. L'olivine et la magnétite sont également fréquemment associées à cette roche.

• **TEXTURE** Nombreuses amygdales — petites cavités de bulles de gaz remplies de minéraux. Les zéolites et le quartz — souvent sous forme d'agate — sont des minéraux amygdaloïdaux communs.

• **ORIGINE** Par refroidissement de lave fluide.

Classification Basique	Formation Volcanique	Couleur Sombre

Groupe Magmatique	Origine Lave	Taille du grain Fin	Forme cristalline Anédrique, euédrique

BASALTE VÉSICULAIRE

On y trouve plus de 10 % de quartz et de 45 à 55 % de silice au total. Plagioclase et pyroxène sont les minéraux essentiels. L'olivine et la magnétite sont généralement présentes.

• **TEXTURE** Roche remplie de petites cavités de bulles de gaz ou vésicules. Gangue finement grenue. Si les cavités se remplissent de minéraux, le basalte vésiculaire devient un basalte amygdaloïdal.

• **ORIGINE** Formé par refroidissement de lave.

Classification Basique	Formation Volcanique	Couleur Sombre

Groupe Magmatique	Origine Lave	Taille du grain Fin	Forme cristalline Anédrique, euédrique

SPILITE

Contient moins de 10 % de quartz et de 45 à 55 % de silice au total. Plagioclase souvent riche en sodium. L'augite est aussi un composant essentiel. Le pyroxène contenu est souvent altéré en chlorite.

• **TEXTURE** Finement grenue avec des cavités remplies de gaz. Les amygdales sont parfois visibles, enchâssées dans la gangue.

• **ORIGINE** Dans les coulées de laves sous-marines et les laves en coussin formées sur le fond des océans, dans des zones comme la dorsale médio-atlantique.

Classification Basique	Formation Volcanique	Couleur Sombre

Groupe	Origine	Taille du grain	Forme cristalline
Magmatique	Pyroclastes	Grossier	Fragments

AGGLOMÉRAT

Composé de fragments projetés d'un volcan. Sa nature dépend du type de volcan. Des fragments de l'encaissant peuvent être pris dans la structure.

• **TEXTURE** La taille des particules varie considérablement : la texture de la roche consiste souvent en une base de lave enchâssant de gros fragments angulaires. Les particules de lave peuvent contenir des cavités ; elles sont en fuseau, angulaires ou arrondies.

• **ORIGINE** Se forme près et dans les cratères volcaniques. L'agglomérat consiste en fragments de lave et de roches de l'encaissement entraînés par l'activité volcanique et projetés avec la lave par la cheminée.

Classification	Formation	Couleur
Acide à basique	Volcanique	Moyenne

Groupe	Origine	Taille du grain	Forme cristalline
Magmatique	Lave, cendre	Fin	Fragments

TUF LITHIQUE

Composé d'une grande variété de matériaux : petits fragments de lave, cristaux de quartz, minéraux ferromagnésiens, feldspath, éventuellement fragments de verre et de roche.

• **TEXTURE** Finement grenue avec des particules de diamètre bien inférieur à 5 mm. Stratification nette. Contient, quoique rarement, des fossiles.

• **ORIGINE** Se forme par dépôt de cendres volcaniques projetées dans l'atmosphère ou parfois sous l'eau, où des strates nettes se dessinent. Ces couches peuvent être stratifiées, le tuf présentant une variété de structures en rapport avec la sédimentation (en couches, en bandes). La cendre est souvent transportée sur de nombreux kilomètres après une éruption volcanique très violente. Les systèmes de vents amènent alors la cendre à se déposer loin du volcan original. Dans ce cas, les particules poussiéreuses soufflées haut dans l'atmosphère produisent de splendides couchers de soleil.

Classification	Formation	Couleur
Acide à basique	Volcanique	Moyenne

Groupe Magmatique	Origine Lave, cendre	Taille du grain Fin	Forme cristalline Anédrique, euédrique

TUF CRISTALLIN

Composé essentiellement de cristaux formés dans la lave mère. Les minéraux comprennent généralement des feldspaths, des pyroxènes ainsi que des amphiboles.

• **TEXTURE** Finement à moyennement grenue avec des masses cristallines enchâssées dans une gangue de cendre ou de cristaux. Cristaux souvent bien développés.

• **ORIGINE** Se forme quand une explosion par friction dans l'air sépare des cristaux formés antérieurement dans une lave fondue. Les cristaux se disposent pour former un dépôt sur la terre ou sous l'eau. Sous eau, la roche, stratifiée, prend les traits d'une roche sédimentaire.

Classification Acide à basique	Formation Volcanique	Couleur Moyenne

Groupe Magmatique	Origine Lave, cendre	Taille du grain Fin	Forme cristalline Anédrique

PIERRE PONCE

Constituée d'une variété de minéraux silicatés (feldspath et ferromagnésiens) ainsi qu'une grande quantité de verre. Composition généralement acide (plus de 65 % de silice au total), bien que la pierre ponce basaltique existe. Des zéolites peuvent remplir les cavités de la roche.

• **TEXTURE** Très scoriacée, avec de nombreux trous et cavités. Les vésicules peuvent se rejoindre pour former des passages allongés et des tubes. Densité si faible qu'elle flotte parfois facilement sur l'eau. Certaines variétés contiennent tant de bulles d'air qu'elles coulent en se remplissant d'eau.

• **ORIGINE** À partir de lave mousseuse lors d'éruptions volcaniques sous-marines. Quand cela se produit, d'énormes taches de pierre ponce dérivent en mer sur de longues distances. Peut aussi se former lors d'éruptions volcaniques terrestres.

Classification Acide à basique	Formation Volcanique	Couleur Moyenne

Groupe Magmatique	Origine Lave, cendre	Taille du grain Fin	Forme cristalline Anédrique

IGNIMBRITE

Matériel volcanique acide avec un pourcentage élevé de silice, habituellement en forme de quartz vitreux entouré des cendres et des fragments pyroclastiques (fragments solides éjectés lors d'une éruption volcanique), soudés ensemble. Composition similaire à la rhyolite.

• **TEXTURE** Finement grenue avec des structures rubanées. Des bandes de coulées ondulées peuvent être visibles sur le terrain. Les tessons vitreux de la roche ont souvent une forme en courbe quand ils ont été formés autour des bulles de gaz dans les coulées écumeuses originales de cendres, de tuff et de gouttes de lave.

• **ORIGINE** Se forme en dépôts depuis un nuage de gaz turbulent que l'on appelle aussi nuée ardente, consécutif à une éruption violente. Des nuages de gaz incandescent et des gouttes de lave coulent à grande vitesse près du sol, dévastant tout sur leur passage.

Classification Acide	Formation Volcanique	Couleur Pâle, moyenne

Groupe Magmatique	Origine Lave	Taille du grain Fin	Forme cristalline Anédrique

BOMBE EN CROÛTE DE PAIN

Les bombes volcaniques sont composées de lave. Plusieurs d'entre elles sont originaires des volcans acides. Elles ont alors un contenu élevé en silice et en quartz. Ces caillots de lave volcanique intermédiaire ont un contenu en silice de 55 à 65 %. Les volcans basiques sont principalement non explosifs et les bombes moins communément formées.

• **TEXTURE** Finement grenue, pouvant montrer des cristaux légèrement grossiers. La croûte peut être marquée et craquelée suite à l'impact sur le sol, et contenir des petits fragments de roches de l'encaissant arrachés autour des pipes volcaniques.

• **ORIGINE** Ce sont des caillots de lave petits à grands, éjectés d'un volcan et retombés sur le sol. Ces caillots sont faits de lave visqueuse qui refroidit sur l'extérieur lors du vol, formant une pellicule qui se craquelle lors de l'impact pour produire la surface « en croûte de pain ». Les bombes peuvent avoir plus d'un mètre de diamètre. En retombant dans des cendres volcaniques, elles forment souvent des cratères.

Classification Acide à basique	Formation Volcanique	Couleur Sombre

Groupe Magmatique	Origine Lave	Taille du grain Fin	Forme cristalline Anédrique

BOMBE EN FUSEAU

Elle est composée des mêmes matériaux que ceux extrudés par les volcans. Tendant à provenir des laves acides et intermédiaires les plus violentes, les bombes en fuseau présentent également cette composition. Très riches en silice, elles contiennent des minéraux tels que le quartz, le feldspath, le mica et quelques minéraux ferromagnésiens incluant la hornblende.

• **TEXTURE** Cristaux finement grenus qui nécessitent un examen microscopique. La forme en fuseau est le résultat de la lave en fusion se tordant en vol.

• **ORIGINE** Se forme en caillots de lave expulsés lors d'une éruption volcanique violente.

Classification Acide à basique	Formation Volcanique	Couleur Moyenne

Groupe Magmatique	Origine Lave	Taille du grain Fin	Forme cristalline Anédrique

LAVE CORDÉE

Souvent formée dans les éruptions de lave basique. Contient dès lors moins de 10 % de quartz, une proportion élevée de plagioclase, de l'augite et de petites quantités d'oxydes de fer. Cette composition donne une couleur sombre et un poids spécifique élevé.

• **TEXTURE** Laves souvent hautement vésiculaires (contenant beaucoup de cavités de bulles de gaz). Les cavités peuvent être remplies, à n'importe quel moment, de minéraux comme le quartz, la calcite et les zéolites. La roche devient alors amygdaloïdale.

• **ORIGINE** Se forme quand la lave mobile jaillit des volcans basiques et continue à couler à travers une croûte relativement solide mais plastique. Une lave à faible proportion de silice et contenu en gaz élevé est très mobile. La coulée de lave entraîne l'extension de la croûte, dessinant ainsi des motifs plissés et cordés. À Hawaii, où la lave cordée est commune, elle est appelée *pahoehoe*, terme géologique désormais reconnu.

Classification Basique	Formation Volcanique	Couleur Sombre

ROCHES MÉTAMORPHIQUES

Elles se forment à travers l'altération par la chaleur et/ou la pression de n'importe quelle roche existante. Le métamorphisme de contact, dû à la chaleur, donne une roche habituellement cristalline. Le métamorphisme général, dû à la chaleur et la pression, produit des foliations dans la roche où les minéraux ont été alignés par la pression et la recristallisation. Le métamorphisme dynamique transforme les roches selon les lignes de force dans une faille chevauchante.

Groupe Métamorphique	Origine Chaînes de montagnes	Taille du grain Fin	Classification Général

ARDOISE VERTE

Elle contient beaucoup de minéraux en relation avec la roche dont elle provient, la recristallisation étant réduite. Elle est formée de quartz, d'un peu de feldspath et de mica. La chlorite lui donne sa couleur verte.

- **TEXTURE** Finement grenue avec des grains de taille similaire.
- **ORIGINE** Se forme par métamorphisme général des sédiments finement grenus, argile ou cendres volcaniques. Les minéraux écailleux (mica et chlorite), alignés, lui donnent un clivage parfait ou schisteux.

Pression Basse	Température Basse	Structure Foliée

Groupe Métamorphique	Origine Chaînes de montagnes	Taille du grain Fin	Classification Général

ARDOISE NOIRE

Se forme depuis les roches pélitiques — argiles, mudstones, schistes et tuffs. Contient du quartz, des minéraux argileux, du mica et un peu de feldspath. La matière organique et la pyrite lui donnent sa couleur très sombre.

- **TEXTURE** Grain fin. Clivage schisteux produit par l'alignement des minéraux écailleux qui, tel le mica, la rendent facile à briser.
- **ORIGINE** Se forme lorsque des sédiments pélitiques finement grenus (mudstones, schistes) ont subi un métamorphisme général à basse température et basse pression là où se forment les montagnes plissées.

Pression Basse	Température Basse	Structure Foliée

Groupe Métamorphique	Origine Chaînes de montagnes	Taille du grain Fin	Classification Général

ARDOISE À PYRITE

Formée depuis les sédiments pélitiques. Contient beaucoup de minéraux d'origine. Composition : quartz, minéraux argileux, chlorite, mica, feldspath et, comme le nom le suggère, pyrite. Celle-ci peut avoir soit de petits cristaux finement disséminés, soit de larges porphyroblastes (cristaux distincts) enchâssés dans une gangue finement grenue. La pyrite est souvent en forme de cubes ou d'octaèdres.

• **TEXTURE** Finement grenue. Porphyroblastes seuls visibles à l'œil nu ; la gangue, finement grenue, ne peut être étudiée qu'au microscope. Comme chez les autres ardoises, le clivage est parfait (résultat de l'alignement des minéraux écailleux dû aux conditions de pression).

• **ORIGINE** Se forme à basse température et basse pression. Les cristaux distincts de pyrite grandissent en réponse au métamorphisme général.

Pression Basse	Température Basse	Structure Foliée

Groupe Métamorphique	Origine Chaînes de montagnes	Taille du grain Fin	Classification Général

ARDOISE À FOSSILES DÉFORMÉS

Contient beaucoup de minéraux associés avec les sédiments pélitiques d'origine, principalement le quartz, les minéraux argileux, le mica, le feldspath et la chlorite. Également de tout petits cristaux de pyrite. Les fossiles peuvent être préservés dans les ardoises formées depuis les argiles fossilifères, le métamorphisme étant de faible degré.

• **TEXTURE** Finement grenue avec quelques porphyroblastes de pyrite.

• **ORIGINE** Se forme par un métamorphisme général à faible degré. Les fossiles, tel ce brachiopode, peuvent conserver une forme identifiable, ou subir une déformation sous l'effet de la pression associée au métamorphisme.

Pression Basse	Température Basse	Structure Foliée

Groupe Métamorphique	Origine Chaînes de montagnes	Taille du grain Moyen	Classification Général

PHYLLITE

Contient des minéraux dérivés de ses origines prémétamorphiques et des minéraux néoformés. Le quartz est commun ; les feldspaths peuvent aussi être présents. Le mica et la chlorite dominent, lui donnant une couleur verdâtre ou grise, pâle et luisante.

• **TEXTURE** Roche foliée ; grain fin à moyen. Peut contenir de petits cristaux distincts (porphyroblastes) de grenat enchâssés dans la structure ondulée. Foliation résultant de l'alignement du mica et de la chlorite à des pressions basses à modérées. Peut aussi présenter des plis.

• **ORIGINE** Se forme à partir de sédiments argileux sous des pressions basses à modérées, avec une faible influence de la température. Ces conditions s'observent dans les parties supérieures de la croûte, lors de l'orogenèse.

Pression Basse, modérée	Température Basse	Structure Foliée

Groupe Métamorphique	Origine Chaînes de montagnes	Taille du grain Moyen	Classification Général

SCHISTE À GRENAT

Dérivant généralement de sédiments pélitiques, il est très riche en mica — souvent de la biotite sombre — et contient du quartz et du feldspath. Cristaux rouges distincts (porphyroblastes) de grenat d'environ 5 mm de diamètre, apparus dans la roche lors de changements de pression et de température.

• **TEXTURE** Moyennement grenue, plus grossière que l'ardoise ou la phyllite. Présente une schistosité, foliation ondulée produite par la tendance qu'a la roche à se déliter selon des plans de moindre résistance ; ceci est dû à la croissance parallèle des cristaux de mica. Peut présenter de petits plis.

• **ORIGINE** Se forme dans des conditions de métamorphisme général de moyenne intensité, moins profondément que la phyllite, donc à pression modérément élevée.

Pression Modérée	Température Basse à modérée	Structure Foliée

Groupe Métamorphique	Origine Chaînes de montagnes	Taille du grain Moyen	Classification Général

SCHISTE ONDULÉ

Contient beaucoup de quartz gris, de feldspath pâle, de biotite sombre, et de muscovite pâle. Ces minéraux suivent les plis de la roche et les micas forment des cristaux aplatis et brillants.

• **TEXTURE** Moyennement grenue. Minéraux groupés en bandes distinctes. La schistosité, foliation ondulée causée par le délitement de la roche selon des plans de moindre résistance, est accentuée par les cristaux de mica.

• **ORIGINE** Se forme à des pressions modérées et des températures basses à modérées, en profondeur, au niveau des plissements des ceintures montagneuses en formation.

Pression Modérée	Température Basse à modérée	Structure Foliée

Groupe Métamorphique	Origine Chaînes de montagnes	Taille du grain Moyen	Classification Général

SCHISTE À MUSCOVITE

Riche en muscovite pâle. Mica aligné sur les plans de foliation ondulée au sein de la roche. Contient également du quartz, du feldspath et un peu de biotite, éventuellement du grenat et de la chlorite.

• **TEXTURE** Moyennement grenue avec des cristaux de mica atteignant 2 à 3 mm. La schistosité, ou foliation ondulée, peut être soulignée par l'alternance de bandes riches et pauvres en muscovite.

• **ORIGINE** Se forme dans des conditions métamorphiques de degré moyen, à pressions modérées et température basse à modérée. Ces conditions entraînent typiquement l'altération des roches à base de boue et d'argile. Les autres roches sont aussi affectées par ce métamorphisme, tendant à montrer une foliation moins poussée et gardant leur structure d'origine.

Pression Modérée	Température Basse à modérée	Structure Foliée

Groupe Métamorphique	Origine Chaînes de montagnes	Taille du grain Moyen	Classification Général

SCHISTE À BIOTITE

Contient une proportion élevée de quartz, de feldspath et de mica. Particulièrement riche en biotite lui donnant une coloration sombre. Chimiquement associé aux sédiments pélitiques à partir desquels il se forme par métamorphisme.

• **TEXTURE** Moyennement grenue, avec des cristaux visibles à l'œil nu. On l'étudie néanmoins mieux à la loupe. Ce spécimen montre les paillettes sombres de mica alignées suivant la foliation.

• **ORIGINE** Se forme par métamorphisme de degré moyen à partir de sédiments pélitiques et d'autres roches, mais celles-ci peuvent ne pas devenir foliées.

Pression Modérée	Température Basse à modérée	Structure Foliée

Groupe Métamorphique	Origine Chaînes de montagnes	Taille du grain Moyen	Classification Général

SCHISTE À DISTHÈNE

Quartz, feldspath et mica le composent. Des lames bleues de disthène s'observent dans la gangue. Les cristaux de disthène peuvent reposer sur les surfaces de foliation. Autres minéraux : le grenat et la staurotide. Couleur générale grisâtre, parfois plus foncée.

• **TEXTURE** Moyennement à grossièrement grenue ; cristaux facilement visibles à l'œil nu. La disthène montre sa structure typique en lame et peut se présenter en amas ou suivre les surfaces de foliation.

• **ORIGINE** Se forme par métamorphisme général de haut degré, à des pressions et des températures assez élevées, à partir de roches sédimentaires, magmatiques, ou d'autres roches métamorphiques. La disthène est l'un des minéraux utilisés par les géologues pour cartographier les régions métamorphiques. Chaque zone est définie par un minéral formé à certaines conditions de température et de pression.

Pression Modérée	Température Modérée à élevée	Structure Foliée

Groupe Métamorphique	Origine Chaînes de montagnes	Taille du grain Grossier	Classification Général

GNEISS

Issu du métamorphisme général, il a souvent une composition très similaire à celle du granite. Contient abondance de quartz, de feldspath, ainsi que de la biotite et de la muscovite, éventuellement de la hornblende, du pyroxène et du grenat.

• **TEXTURE** Grossièrement grenue. Cristaux visibles à l'œil nu. Minéraux agencés en bandes claires contenant du quartz et du feldspath alternant avec des bandes foncées, très nettes ou à peine ébauchées, de minéraux ferromagnésiens. Cette zonation ne doit pas être confondue avec une stratification sédimentaire.

• **ORIGINE** Formée par métamorphisme général de haut degré à partir de toute autre roche préexistante. Minéraux séparés en lits par des températures et des pressions très élevées. Cet environnement métamorphique était probablement plus fréquent au Précambrien qu'actuellement, bien qu'il existe toujours en profondeur sous les chaînes de montagnes.

Pression Élevée	Température Élevée	Structure Foliée, cristalline

Groupe Métamorphique	Origine Chaînes de montagnes	Taille du grain Grossier	Classification Général

GNEISS PLISSÉ

Roche composée de bandes distinctes : les plus pâles sont riches en quartz et en feldspath, les plus sombres sont constituées de minéraux ferromagnésiens tels que la hornblende et la biotite. Ces lits sont souvent très nets. La composition peut être très similaire à celle du granite magmatique.

• **TEXTURE** Grossièrement grenue. Tous les minéraux sont facilement visibles à l'œil nu. Structure foliée soulignée par la séparation des minéraux et donnant l'impression que la roche était plastique lorsqu'elle s'est formée.

• **ORIGINE** Se forme à grande profondeur, dans des conditions de métamorphisme général de haut degré. À ce niveau, tous les types de roche sont altérés. Les sédiments (grès, argiles) ainsi que les roches magmatiques (dolérite, granite) peuvent tous se transformer en gneiss.

Pression Élevée	Température Élevée	Structure Foliée, cristalline

Groupe	Origine	Taille du grain	Classification
Métamorphique	Chaînes de montagnes	Grossier	Général

GNEISS ŒILLÉ

Roche contenant beaucoup de quartz, de feldspath et de mica, mais aussi de la hornblende. De larges « yeux » de feldspath — des porphyroblastes — forment des taches claires.

• **TEXTURE** La structure rubanée facilement identifiable du gneiss est un peu déformée par la structure œillée, mais le grain grossier est évident.

• **ORIGINE** Se forme aux plus hautes températures et pressions du métamorphisme général.

Pression	Température	Structure
Élevée	Élevée	Foliée, cristalline

Groupe	Origine	Taille du grain	Classification
Métamorphique	Chaînes de montagnes	Grossier	Général

GNEISS GRANULAIRE

Contient des proportions élevées de quartz gris pâle, de feldspath blanc et rose et de mica pâle et sombre. L'amphibole et le pyroxène peuvent être présents. Composition souvent granitique.

• **TEXTURE** Cristaux agencés en lits typiques du gneiss, avec des bandes sombres et pâles. Texture granulaire avec des cristaux enchevêtrés.

• **ORIGINE** Se forme dans des environnements métamorphiques de très haut degré, à grande profondeur.

Pression	Température	Structure
Élevée	Élevée	Foliée, cristalline

Groupe	Origine	Taille du grain	Classification
Métamorphique	Chaînes de montagnes	Grossier	Général

MIGMATITE

Combinaison de roche granitique pâle et acide contenant du quartz, du feldspath, du mica, et d'un matériau basique, sombre, riche en ferromagnésiens, dont beaucoup d'amphibole.

• **TEXTURE** Grossièrement grenue à texture granulaire montrant souvent une zonation comme le gneiss. Composants acides et basiques en taches et en lentilles.

• **ORIGINE** Se forme par métamorphisme de degré élevé.

Pression	Température	Structure
Élevée	Élevée	Foliée, cristalline

Groupe Métamorphique	Origine Base de la croûte	Taille du grain Grossier	Classification Général

Éclogite

Contient abondance de minéraux ferromagnésiens. Souvent constituée de taches de grenat rouge et de cristaux verdâtres de pyroxène.

• **Texture** Grossièrement grenue à texture granulaire, elle peut aussi être rubanée.

• **Origine** On pense qu'elle se forme dans des conditions de température et de pression extrêmes, à très grande profondeur.

Pression Élevée	Température Élevée	Structure Foliée, cristalline

Groupe Métamorphique	Origine Base de la croûte	Taille du grain Grossier	Classification Général

Granulite

Peut contenir du feldspath, de l'amphibole, du mica, du grenat, du pyroxène, du quartz, et de l'oxyde de fer comme minéral accessoire.

• **Texture** Grossièrement grenue avec une mosaïque de cristaux enchevêtrés qui peuvent être de taille similaire.

• **Origine** Comme l'éclogite, par métamorphisme à hautes pressions et températures dans les parties inférieures de la croûte.

Pression Élevée	Température Élevée	Structure Cristalline

Groupe Métamorphique	Origine Chaînes de montagnes	Taille du grain Grossier	Classification Général

Amphibolite

Contient un pourcentage élevé d'amphibole — généralement de la hornblende —, d'où sa couleur sombre et son nom. Aussi du feldspath, du pyroxène et du grenat.

• **Texture** Grossièrement grenue à texture granulaire ou foliée. Les cristaux de grenat forment des porphyroblastes. Dans les spécimens foliés, la hornblende peut se présenter parallèlement à la zonation ondulée de la roche.

• **Origine** Se forme dans divers types d'environnements métamorphiques.

Pression Élevée	Température Élevée	Structure Foliée, cristalline

Groupe Métamorphique	Origine Auréoles de contact	Taille du grain Cristallin	Classification Contact

MARBRE VERT

Composé principalement de calcite elle-même dérivée du calcaire d'origine. D'autres minéraux formés d'impuretés dans le calcaire comprennent la brucite, la serpentine et la forstérite — pouvant donner à la roche souvent blanche une coloration verdâtre.

• **TEXTURE** Cristalline. Examinée à la loupe, mais plus encore au microscope, montre une mosaïque de cristaux de calcite entrecroisés et fusionnés. Le calcaire d'origine contenait probablement des fossiles, mais ceux-ci auront été détruits lors de la recristallisation métamorphique.

• **ORIGINE** Se forme à partir de calcaire dans les zones de contact de larges intrusions magmatiques. Peut aussi se former là où les flux de lave ont chauffé et altéré le calcaire sous-jacent.

Pression Basse	Température Élevée	Structure Cristalline

Groupe Métamorphique	Origine Auréoles de contact	Taille du grain Cristallin	Classification Contact

MARBRE BLEU

Riche en calcite constituant le calcaire d'origine. Si le calcaire est impur, de nouveaux minéraux se développent lorsque la roche est altérée par une chaleur intense : la forstérite, la wollastonite, la brucite, la serpentine, le diopside et la trémolite. La coloration bleue qui rend ce marbre intéressant est due principalement au contenu en diopside.

• **TEXTURE** Cristalline, avec une mosaïque de cristaux de calcite fusionnés tout juste visibles à la loupe. Les autres minéraux sont enchâssés dans la gangue.

• **ORIGINE** Se forme lorsque du calcaire est intrudé par une roche magmatique ou recouvert de lave. La chaleur, alors, entraîne la recristallisation de la calcite, détruisant ainsi les structures d'origine, d'où la formation de nouveaux minéraux.

Pression Basse	Température Élevée	Structure Cristalline

Groupe Métamorphique	Origine Auréoles de contact	Taille du grain Cristallin	Classification Contact

MARBRE GRIS

Se forme, contrairement aux autres marbres, à partir de calcaires relativement purs, et contient donc peu de minéraux silico-carbonatés. Riche en calcite. Observé au microscope, montre de petites quantités de wollastonite, de brucite, de trémolite, de serpentine ou de diopside.

• **TEXTURE** Cristalline avec des cristaux de calcite enchevêtrés formant une roche pâle à surface tendre. Celle-ci, d'aspect « sucré », peut être facilement grattée au couteau. Les marbres entrent en effervescence dans l'acide chorhydrique dilué, ce qui est un test utile.

• **ORIGINE** Se forme dans les auréoles métamorphiques des roches magmatiques où les calcaires ont été chauffés et recristallisés, en particulier près des intrusions de granite.

Pression Basse	Température Élevée	Structure Cristalline

Groupe Métamorphique	Origine Auréoles de contact	Taille du grain Cristallin	Classification Contact

MARBRE À OLIVINE

Contient un pourcentage très élevé en calcite principalement dérivée de calcaire prémétamorphique. Également une variété de minéraux recristallisés produits par l'action de la chaleur et des fluides sur les impuretés du calcaire. L'olivine, formée de cette façon, se présente en cristaux granulaires brun verdâtre dans la gangue.

• **TEXTURE** Cristalline avec une masse de cristaux de calcite enchevêtrés. Diffère du calcaire d'origine dans lequel des pores peuvent séparer les grains de calcite. Fossiles rares, car la calcite est recristallisée. Les cristaux d'olivine sont granulaires.

• **ORIGINE** Se forme quand le calcaire d'origine est thermiquement métamorphosé par une roche magmatique généralement intrusive.

Pression Basse	Température Élevée	Structure Cristalline

Groupe Métamorphique	Origine Auréoles de contact	Taille du grain Fin	Classification Contact

CORNÉENNE À CORDIÉRITE

Contient une variété de minéraux ; sa formation dépend de la composition de la roche d'origine et des conditions de température du métamorphisme. Généralement sombre. Contient du quartz, du mica et de la cordiérite qui se développe durant le métamorphisme.
• **TEXTURE** Cristalline finement à moyennement grenue sans foliation (métamorphisme à chaleur directe et pression faible). Texture régulière : tous les cristaux sont de la même taille.
• **ORIGINE** Se forme dans les parties internes des auréoles métamorphiques de larges intrusions magmatiques (souvent de granite). Les minéraux dépendent partiellement de la proximité de l'intrusion. La cordiérite se forme très près du magma, les autres minéraux plus loin.

roche finement grenue gris sombre

Pression Basse	Température Élevée	Structure Cristalline

Groupe Métamorphique	Origine Auréoles de contact	Taille du grain Fin	Classification Contact

CORNÉENNE À PYROXÈNE

Contient beaucoup de quartz, de mica et de pyroxène. Celui-ci peut se présenter en porphyroblastes, mais d'autres minéraux sont parfois invisibles à l'œil nu. L'andalousite et la cordiérite peuvent également former des porphyroblastes. Couleur foncée, parfois grisâtre, verdâtre ou noire.
• **TEXTURE** Finement à moyennement grenue avec une taille de grain régulière et des porphyroblastes de pyroxène enchâssés. Le degré élevé de recristallisation élimine toutes les structures sédimentaires d'origine, dont la stratification. Fossiles détruits par la chaleur.
• **ORIGINE** Se forme dans les auréoles de contact d'intrusions magmatiques, particulièrement de granites et de syénites. Cette cornéenne s'observe très près de l'intrusion, plus près que la cornéenne à chiastolite et le schiste tacheté. À cette distance, la recristallisation de la roche est importante.

cristaux de pyroxène de couleur sombre

Pression Basse	Température Élevée	Structure Cristalline

Groupe Métamorphique	Origine Auréoles de contact	Taille du grain Fin	Classification Contact

CORNÉENNE À GRENAT

Généralement de couleur sombre. Présente des taches rougeâtres et des cristaux de grenat enchâssés dans la gangue. Contient aussi du quartz, du mica, du feldspath et des minéraux métamorphiques tels que la cordiérite et l'andalousite.

• **TEXTURE** Finement à moyennement grenue avec une texture rocailleuse dure. Les cristaux distincts de grenat lui donnent une structure porphyroblastique.

• **ORIGINE** Se forme dans les auréoles de contact de larges intrusions magmatiques qui peuvent être de granite, de syénite et de gabbro.

Pression Basse	Température Élevée	Structure Cristalline

Groupe Métamorphique	Origine Auréoles de contact	Taille du grain Fin	Classification Contact

SCHISTE TACHETÉ

Sombre avec des taches et des points plus foncés. Les points sont des minéraux métamorphiques comme la cordiérite. On retrouve aussi dans sa composition une bonne partie des minéraux non métamorphiques d'origine, tels le quartz et le mica.

• **TEXTURE** Finement grenue. Observées de près à la loupe, les taches sont indistinctes et peu nettes.

• **ORIGINE** Se forme dans les zones périphériques des auréoles de contact. Quand on se rapproche de l'intrusion, cette roche évolue en cornéenne.

Pression Basse	Température Élevée à modérée	Structure Cristalline

Groupe Métamorphique	Origine Auréoles de contact	Taille du grain Fin	Classification Contact

CORNÉENNE À CHIASTOLITE

Roche grise ou brunâtre contenant du quartz et du mica ainsi que de l'andalousite et de la cordiérite. Les cristaux en fines lames qui émergent de la gangue sont de la chiastolite, une variété de l'andalousite.

• **TEXTURE** Composée de cristaux finement grenus de taille régulière et enchâssant des porphyroblastes de chiastolite ; vus par l'extrémité, ils sont rhombiques et disposés sans orientation préférentielle.

• **ORIGINE** Se forme très près des intrusions magmatiques fournissant la chaleur du métamorphisme.

Pression Élevée	Température Modérée à élevée	Structure Cristalline

Groupe Métamorphique	Origine Auréoles de contact	Taille du grain Moyen	Classification Contact

MÉTAQUARTZITE

Contient nettement plus de 90 % de quartz, d'où son apparence pâle, comme du sucre. Grès d'origine riche en quartz, parfois associé à d'autres minéraux. À fort grossissement, on voit des minéraux tels le mica et le feldspath côtoyant des oxydes de fer.

• **TEXTURE** Finement à moyennement grenue à texture très régulière, avec les cristaux de quartz fusionnés formant une roche cristalline dure. Donc très différente de celle du sédiment arénacé (sableux) d'origine dans lequel il y avait des pores entre les grains.

• **ORIGINE** Se forme par métamorphisme de contact du grès près d'une large intrusion magmatique, et par métamorphisme général.

Pression Basse	Température Élevée	Structure Cristalline

Groupe Métamorphique	Origine Auréoles de contact	Taille du grain Fin, grossier	Classification Contact

SKARN

Essentiellement riche en calcite. Peut contenir de l'olivine, du pyroxène, du grenat, de la serpentine, de la trémolite et d'autres minéraux typiques des calcaires métamorphosés, tels la wollastonite et le diopside. Le grenat est généralement du grossulaire. La pyrite, la sphalérite, la galène et la chalcopyrite peuvent aussi être présentes.

• **TEXTURE** Grain variant entre fin et grossier, avec des cristaux euédriques de nombreux minéraux, souvent concentrés en taches ou en nodules arrondis.

• **ORIGINE** Cette composition minérale complexe résulte de la formation de la roche par métamorphisme de contact du calcaire par des intrusions généralement de syénite ou de granite. Les impuretés du calcaire, tout comme les fluides du magma, contenant du silicium, du fer et du magnésium, pemettent la genèse de ces différents minéraux. On trouve souvent dans le skarn des dépôts de minerais : cuivre, manganèse et molybdène, parfois à une échelle économiquement rentable.

Pression Basse	Température Élevée	Structure Cristalline

Groupe	Origine	Taille du grain	Classification
Métamorphique	Auréoles de contact	Fin	Contact

HALLEFLINTA

Contient des minéraux liés à sa composition prémétamorphique d'origine, le tuf volcanique. Donc beaucoup de quartz, enrichi en silice par métamorphisme. Fréquemment de couleur pâle, peut varier de brun à rose, vert, gris ou brun jaunâtre.

• **TEXTURE** Grain fin : le microscope est nécessaire pour étudier la composition minérale. Texture régulière avec un aspect rocailleux et cristallin. Se casse avec une fracture nettement esquilleuse et peut montrer une structure en couches liée à la stratification originale du tuf volcanique. Des textures porphyroblastiques avec de larges cristaux isolés sont parfois observées.

• **ORIGINE** Se forme par métamorphisme de contact de roches pyroclastiques – fragments éjectés par les volcans – en particulier celles de composition acide. En association avec les cornéennes.

Pression	Température	Structure
Basse	Élevée	Cristalline

Groupe	Origine	Taille du grain	Classification
Métamorphique	Zones de charriage	Fin	Dynamique

MYLONITE

Les minéraux contenus varient suivant l'altération métamorphique subie. Deux groupes principaux de matériaux : l'un, dérivé de fragments de roche, est appelé « farine de roche » ; l'autre consiste en minéraux cristallisés durant ou peu après le métamorphisme. Couleur claire ou sombre.

• **TEXTURE** Roche écrasée dont les particules se sont étirées en petits amas et lentilles. Tend à être finement grenue. Dans certains échantillons plus grossiers, la structure étirée peut être visible et les surfaces peuvent porter des striations.

• **ORIGINE** Lors de la formation de feuilles de charriages à grande échelle. Les roches proches du plan de charriage, subissant une déformation cisaillante importante, sont fragmentées et étirées dans la direction du charriage. Ceci se produit lors de l'orogenèse, surtout là où des charriages prennent place contre une partie immobile de la croûte.

Pression	Température	Structure
Déformation cisaillante	Basse	Striée

ROCHES SÉDIMENTAIRES

Se forment à la surface de la Terre, généralement au fond des océans, présentant des couches souvent visibles à l'œil nu. Les sédiments détritiques résultent de l'altération, de l'érosion et de l'accumulation de particules de roches déjà formées. Les sédiments organiques sont composés de fossiles et de matériaux dérivés d'organismes autrefois vivants. Les sédiments chimiques se forment par précipitation chimique de matériaux tels que la halite et la calcite.

Groupe Sédimentaire	Origine Marine, eau douce	Taille du grain Très grossier

CONGLOMÉRAT DE QUARTZ

Contient de nombreux grains pâles de quartz enchâssés dans une gangue beaucoup plus fine, laquelle peut comporter, suivant son mode de formation, plus de quartz, de fragments de roche, d'oxydes de fer ou de minéraux (mica, feldspath…).

• **TEXTURE** Grains de grande taille arrondis. Gangue angulaire ou arrondie. Contient rarement des fossiles de par sa nature grossière et les conditions souvent turbulentes de sa formation. Les structures en couche sont rares dans les petits échantillons.

• **ORIGINE** Se forme dans les systèmes où l'énergie est suffisante pour déplacer de gros fragments de matériau, notamment sur les plages et dans les rivières.

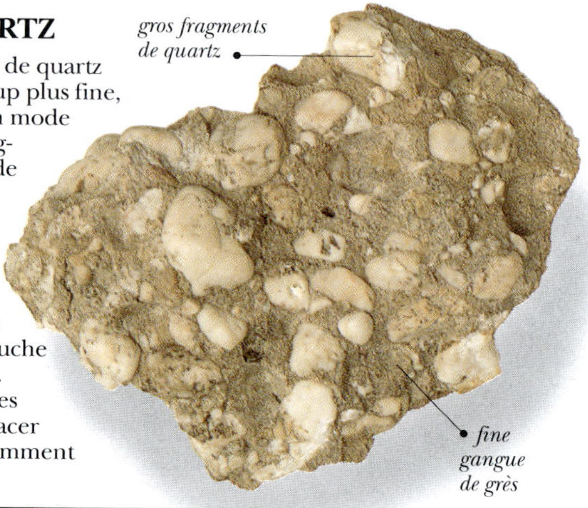

Classification Détritique	Fossiles Très rares	Forme du grain Arrondi

Groupe Sédimentaire	Origine Marine, eau douce	Taille du grain Très grossier

CONGLOMÉRAT POLYGÉNIQUE

Composé d'une variété de matériaux différents. Peut contenir des fragments de roches magmatiques, métamorphiques et sédimentaires ainsi que des particules de minéraux individuels. Fragments cimentés par une variété de minéraux dont le quartz, les oxydes de fer et la calcite.

• **TEXTURE** Grains arrondis ou quasi arrondis par l'action de l'eau. Dans la gangue, il peut y avoir quelques fragments angulaires plus petits entre les gros grains.

• **ORIGINE** Se forme dans les environnements de haute énergie, tels les cours d'eau puissants capables de déplacer les gros fragments de roche.

Classification Détritique	Fossiles Très rares	Forme du grain Arrondi

Groupe Sédimentaire	Origine Terre ferme, eau	Taille du grain Très grossier

BRÈCHE CALCAIRE

Contient des fragments de calcaire généralement enchâssés dans une masse de particules calcaires plus petites cimentées par de la calcite. Autres minéraux éventuels : quartz, fragments d'autres roches.

• **TEXTURE** Grains très gros et angulaires contrastant avec les fragments arrondis du conglomérat. Les particules peuvent contenir des fossiles.

• **ORIGINE** Se forme souvent sur la terre ferme, par exemple à partir des dépôts à la base des falaises. En s'infiltrant dans la falaise et les éboulis accumulés, l'eau dépose de la chaux cimentant les fragments de calcaire.

Classification Détritique	Fossiles Invertébrés	Forme du grain Angulaire

Groupe Sédimentaire	Origine Terre ferme, eau	Taille du grain Très grossier

BRÈCHE

N'importe quelle variété de minéral ou de fragment de roche peut la composer. Le contenu en minéraux et en roches dépend des roches d'origine.

• **TEXTURE** Des structures en couche ne sont généralement visibles qu'à grande échelle sur le terrain. Fossiles peu communs. Les gros fragments de roche et les minéraux sont angulaires, ainsi que la gangue environnante.

• **ORIGINE** Se forme souvent sur la terre ferme, à partir d'éboulis déposés à la base d'une falaise. Origine similaire à celle de la brèche calcaire, mais les fragments contenus ne sont pas calcareux. L'accumulation de gros fragments angulaires peut se produire, en particulier là où l'altération mécanique est active.

Classification Détritique	Fossiles Peu communs	Forme du grain Angulaire

Groupe Sédimentaire	Origine Glacier, nappe de glace	Taille du grain Fin

ARGILE À BLOCAUX

Peut contenir une grande variété de minéraux et de fragments dérivés de roches magmatiques, métamorphiques ou sédimentaires, selon le matériau sur lequel le glacier a progressé. Les fragments glaciaires inclus dans l'argile à blocaux, appelés blocs erratiques, ont été emportés de leur lieu d'origine par le glacier. Ils peuvent être utiles aux géologues pour établir précisément la direction du déplacement de la glace.

• **TEXTURE** Fragments principalement angulaires. Roche constituée de matériaux non classés de la taille de l'argile à celle de blocs.

• **ORIGINE** Se forme généralement comme dépôt de glaciers et de bancs de glace en fonte.

Classification Détritique	Fossiles Rares	Forme du grain Angulaire

Groupe Sédimentaire	Origine Terre	Taille du grain Fin

LŒSS

Contient une grande variété de minéraux et de fragments de roche minuscules. Loupe ou microscope nécessaires pour les étudier.

• **TEXTURE** Argile très finement grenue, éolienne, poreuse et d'aspect terreux. Médiocrement cimentée, ce qui la rend friable. Les grains peuvent être arrondis par l'action du vent et, même sur le terrain, la stratification peut être difficile à déterminer.

• **ORIGINE** Se forme par l'action de vents soufflant des régions glaciaires et transportant d'énormes quantités de sédiments poussiéreux. Le lœss déposé par le vent s'observe en couches épaisses, particulièrement en Chine, mais aussi en Europe de l'Ouest.

Classification Détritique	Fossiles Rares	Forme du grain Arrondi, angulaire

Groupe Sédimentaire	Origine Marine, eau douce, terre ferme	Taille du grain Moyen

GRÈS

Riche en quartz ; la majorité des grains en sont composés. Autres matériaux : petits fragments de roche, mica et feldspath. Quand le contenu en feldspath augmente, le grès est appelé arkose. Oxydes de fer également communs.

• **TEXTURE** Moyennement grenue. Grains généralement de taille similaire (bon classement), tendant à être angulaires ou arrondis selon que le grès s'est formé par l'action de l'eau ou par l'action du vent.

• **ORIGINE** Roches très communes se formant dans une grande variété de situations géologiques, marines ou continentales.

Classification Détritique	Fossiles Invertébrés, vertébrés, plantes	Forme du grain Angulaire, arrondi

Groupe Sédimentaire	Origine Marine	Taille du grain Moyen

GRÈS VERT

Sédiment détritique formé de fragments érodés et altérés de nombreux minéraux. Contient un pourcentage très élevé de quartz, de petits fragments de roche et des minéraux comme le mica et le feldspath. Coloration verte due à la présence de glauconie, sous forme de grains aplatis.

• **TEXTURE** Moyennement grenue. Majorité de grains angulaires. Ce sédiment est bien classé.

• **ORIGINE** Se forme dans un environnement marin. La glauconie se forme également dans ce milieu et son contenu en potassium permet d'évaluer l'âge radiométrique.

Classification Détritique	Fossiles Invertébrés, vertébrés, plantes	Forme du grain Angulaire

Groupe Sédimentaire	Origine Continentale, marine	Taille du grain Moyen

GRÈS ROUGE

Le quartz est son principal minéral. De petites quantités de mica et de feldspath sont aussi présentes. La couleur vient de l'oxyde de fer enrobant les grains et jouant un rôle de ciment faible. Les grains peuvent être ôtés par frottement des doigts.

• **TEXTURE** Sédiment bien classé à grains angulaires ou arrondis suivant le mode de formation. Sur le terrain, les structures en assises, dont des stratifications obliques, peuvent être observées. Des ripples marks et des fissures de dessication peuvent être visibles.

• **ORIGINE** Se forme souvent sur la terre, où le fer peut être oxydé, mais aussi dans l'eau.

Classification Détritique	Fossiles Invertébrés, vertébrés, plantes	Forme du grain Angulaire, arrondi

Groupe Sédimentaire	Origine Continentale	Taille du grain Moyen

GRÈS « GRAIN DE MILLET »

Contient une proportion élevée de quartz, éventuellement du feldspath et de très petits fragments de roche. Mica généralement absent. Fin enduit d'oxyde de fer fréquent sur les grains.

• **TEXTURE** Sédiment très bien classé, tous les grains de quartz étant de même taille (moyenne) et arrondis. Fossiles très rares.

• **ORIGINE** Se forme dans les environnements arides influencés par le vent, qui arrondit les grains de sable de quartz. Absence de fossiles due à l'environnement hostile. Sur le terrain, des assises de dunes à grande échelle peuvent être caractéristiques de cette roche, indiquant un dépôt continental.

Classification Détritique	Fossiles Rares	Forme du grain Arrondi

Groupe Sédimentaire	Origine Marine, eau douce	Taille du grain Moyen

GRÈS MICACÉ

Contient beaucoup de quartz ; aussi de petits fragments de roche et du feldspath. Sur les plans d'assise, surfaces où le sable s'est déposé, on observe de nombreux petits flocons de mica aplatis et brillants. Il peut s'agir de muscovite, de biotite ou des deux.

• **TEXTURE** Roche bien classée et moyennement grenue. Grains surtout angulaires, les paillettes de mica présentant la structure en flocon typique due au clivage.

• **ORIGINE** Le mica est un minéral rare dans les grès continentaux influencés par le vent car il est, de par son faciès floconneux, soufflé plus loin. Sa présence suggère un dépôt dans l'eau, en rivière, en lac ou en mer.

Classification Détritique	Fossiles Invertébrés, vertébrés, plantes	Forme du grain Angulaire, aplati

Groupe Sédimentaire	Origine Marine, eau douce	Taille du grain Moyen

GRÈS LIMONITIQUE

Riche en grains de quartz, il peut contenir de petits fragments de roche et des minéraux comme le feldspath et le mica. La limonite (minéral ferreux) peut donner une couleur jaunâtre ou brunâtre sombre.

• **TEXTURE** Sédiment bien classé, la plupart des grains étant de même taille. Fragments angulaires et enduits de limonite agissant comme un ciment. Comme dans les autres grès, les grains sont nettement disposés en strates bien que cela puisse ne pas être évident dans un échantillon réduit.

• **ORIGINE** Peut se former dans de nombreux environnements, dont la mer et l'eau douce.

Classification Détritique	Fossiles Invertébrés, vertébrés, plantes	Forme du grain Angulaire

Groupe Sédimentaire	Origine Marine, eau douce	Taille du grain Moyen

ORTHOQUARTZITE ROSE

Contient plus de 95 % de quartz. Grains maintenus par un ciment de quartz. Autres minéraux, visibles à la loupe : de petites quantités de feldspath ou des fragments de roche. Fossiles très rares.

• **TEXTURE** Roche moyennement grenue bien classée. Masse de grains de quartz avec un ciment de quartz. Peut prendre une apparence cristalline.

• **ORIGINE** Composée principalement de quartz, et peu de feldspath, on dit qu'il s'agit d'une roche très mature. Cela est dû aux longs processus d'altération, d'érosion et de sédimentation qui ont éliminé tous les matériaux moins résistants de la roche d'origine, en particulier le feldspath. Plus le temps d'altération est long, plus le feldspath se décompose et plus le quartz devient dominant.

Classification Détritique	Fossiles Rares : invertébrés	Forme du grain Angulaire

Groupe Sédimentaire	Origine Marine, eau douce	Taille du grain Moyen

ORTHOQUARTZITE GRIS

Essentiellement identique au précédent. Coloration grise due aux grains de quartz constitutifs. Contient plus de 95 % de quartz. Le ciment, également de quartz, lie puissamment les grains. Difficile à distinguer du métaquartzite (un grès altéré par métamorphisme), mais peut contenir des fossiles qui ne sont pas évidents dans le métaquartzite. On observe également une stratification et d'autres structures sédimentaires telles que la stratification oblique ou gradée. Ces éléments ne sont généralement pas visibles dans le métaquartzite.

• **TEXTURE** Moyennement grenue. Bon classement.

• **ORIGINE** Se forme dans les environnements marins et d'eau douce ; subit une érosion et une altération importantes. Vu la grande quantité de quartz, il s'agit d'un sédiment très mature.

Classification Détritique	Fossiles Rares, invertébrés	Forme du grain Angulaire

Groupe Sédimentaire	Origine Marine	Taille du grain Moyen, fin

GRAUWACKE

Contient beaucoup de quartz, de feldspath et de fragments de roche. Gangue faite d'argile, de chlorite, de quartz et de pyrite. Minéraux trop petits pour être vus à l'œil nu.
• **TEXTURE** Très médiocrement classé (grande variété de tailles de grain). Les gros fragments angulaires sont enchâssés dans une gangue de type argileux. Du matériel de la taille du sable est aussi présent.
• **ORIGINE** Sédiments marins formés de boue déposée par des courants rapides dans des environnements océaniques très profonds. Les plans de strate peuvent alors présenter une variété de sillons et de marques de rayure.

Classification Détritique	Fossiles Rares	Forme du grain Angulaire

Groupe Sédimentaire	Origine Marine, eau douce	Taille du grain Moyen

ARKOSE

Riche en grains de quartz : plus de 75 % de la roche. Contient aussi un pourcentage élevé de feldspath, variant de 25 % à près de 40 %. Les autres matériaux comprennent de petits fragements de roche et une faible quantité de mica.
• **TEXTURE** Grains angulaires généralement bien classés.
• **ORIGINE** Se forme dans plusieurs environnements dont la mer, l'eau douce et les dépôts continentaux. Roche dite immature de par la présence d'un pourcentage élevé de feldspath. Le sédiment formant cette roche doit être déposé rapidement ou dans un environnement aride afin d'éviter la décomposition du feldspath, qu'un long processus de désagrégation chimique, d'érosion, et de sédimentation altérerait.

Classification Détritique	Fossiles Rares	Forme du grain Angulaire

Groupe Sédimentaire	Origine Marine, eau douce, terrestre	Taille du grain Grossier, moyen

GRÈS DE QUARTZ

Contient plus de 80 % de quartz, un peu de feldspaths et de mica, éventuellement des fragments de roche de différents types, en fonction de la roche de la région d'où le sédiment est dérivé. Le minéral cimentant peut être du quartz et un ciment jaunâtre de limonite sur les grains est parfois évident.

• **TEXTURE** Grossièrement à moyennement grenue. Grains assez bien triés, souvent de la même taille et de forme angulaire. Les grès sont parfois pauvrement cimentés ; les grains individuels peuvent alors être ôtés avec les doigts.

• **ORIGINE** Se forme dans différents environnements, mais la plupart des grès se constituent dans l'eau, souvent dans des rivières et des deltas, une quantité raisonnable d'énergie suffisant à transporter les particules grossières.

Classification Détritique	Fossiles Invertébrés, vertébrés, plantes	Forme du grain Angulaire

Groupe Sédimentaire	Origine Marine, continentale	Taille du grain Grossier, moyen

GRÈS FELDSPATHIQUE

Contient un pourcentage élevé en quartz et jusqu'à 25 % de feldspaths. Le mica est présent, ainsi que de petits fragments de roches dérivés de la région d'origine. Composition similaire à l'arkose, qui est son équivalent gréseux. Roche de couleur brunâtre ; teinte rosâtre lorsque de l'orthose rose est présente. Un ciment de quartz ou d'oxydes de fer peut lier les grains.

• **TEXTURE** Grossièrement à moyennement grenue. Les grains sont angulaires, bien que le feldspath puisse avoir des surfaces aplaties lorsqu'il se casse selon le clivage. Relativement bien classé, la plupart des grains ayant la même taille.

• **ORIGINE** Se forme par précipitation rapide dans l'eau ou sur la terre ferme. Le feldspath se décompose au cours de la dégradation prolongée.

Classification Détritique	Fossiles Invertébrés, vertébrés, plantes	Forme du grain Angulaire

Groupe Sédimentaire	Origine Marine	Taille du grain Fin

SCHISTE NOIR

Contient du quartz, de l'argile et du mica, aussi de la pyrite disséminée et du carbone organique, ces deux derniers lui donnant une couleur gris sombre ou noire. Le contenu en pyrite peut résulter de la formation de la roche dans des conditions réductrices dans les eaux calmes en profondeur. Minéral en cristaux octaédriques cubiques ou discrets sur les plans de stratification. Les fossiles inclus dans ce schiste peuvent être remplacés par la pyrite.

• **TEXTURE** Très finement grenue avec les grains minéraux invisibles, sauf au microscope. Finement lamellée. Se brise aisément le long des plans de stratification, révélant parfois des fossiles aplatis.

• **ORIGINE** Se forme dans des conditions marines à grande profondeur. Les fossiles sont souvent des créatures marines telles que les mollusques.

Classification Détritique	Fossiles Invertébrés, vertébrés, plantes	Forme du grain Angulaire

Groupe Sédimentaire	Origine Marine, eau douce	Taille du grain Fin

SCHISTE FOSSILIFÈRE

Contient les mêmes minéraux que les autres schistes et donc beaucoup de quartz, argile et mica, mais aussi de la calcite, dérivée de son contenu en fossiles. Fossiles complets et nombreux fragments de fossiles.

• **TEXTURE** Ses grains fins ont préservé une grande variété de fossiles avec leurs détails, tels des brachiopodes. Autres fossiles communément trouvés : des mollusques, tels les ammonoïdes, bivalves et gastéropodes, et des arthropodes comme les trilobites et les graptolites — structures délicates qui ne sont pas trouvées dans les roches grossières. Plantes et vertébrés peuvent aussi être présents.

• **ORIGINE** Se forme habituellement dans des conditions marines mais peut aussi se présenter dans les corps aqueux terrestres. Les fossiles sont une bonne indication de l'environnement dans lequel la roche est formée (brachiopodes marins, par exemple).

Classification Détritique	Fossiles Invertébrés, vertébrés, plantes	Forme du grain Angulaire

Groupe Sédimentaire	Origine Marine, eau douce	Taille du grain Fin

SILTITE

Contient beaucoup de quartz avec un peu de feldspath et de mica. Également d'autres minéraux comme l'argile et de très petites particules de roche. Les fossiles ne sont pas rares.

• **TEXTURE** Finement grenue. Les fragments de roche individuels et les grains minéraux sont un peu trop petits pour être visibles à l'œil nu.

• **ORIGINE** Se forme dans une variété d'environnements sédimentaires, tant marins que d'eau douce. Les roches finement grenues, comme la siltite, peuvent s'accumuler dans des eaux relativement profondes. Le contenu en fossiles est révélateur de l'environnement précis du dépôt. À cause de la présence des feldspaths et d'autres minéraux à côté du quartz, la siltite est dite immature. Un processus d'altération à long terme décomposera le feldspath et les autres minéraux en laissant les grains de quartz.

Classification Détritique	Fossiles Invertébrés, vertébrés, plantes	Forme du grain Angulaire

Groupe Sédimentaire	Origine Marine, eau douce	Taille du grain Fin

MUDSTONE

L'argile et le quartz sont ses composants principaux. Le mica, le feldspath et les oxydes de fer sont aussi présents. Roche de couleur sombre contenant de la pyrite disséminée ou du carbone.

• **TEXTURE** Roche bien triée. Les grains, fins, ne peuvent être vus à l'œil nu. Le mudstone est très similaire aux schistes et peut contenir des fossiles, mais a moins de plans de stratification bien définis.

• **ORIGINE** Se forme dans une variété d'environnements résultant de la formation de dépôts de boues dans, par exemple, les océans et les lacs d'eau douce. Étudier les fossiles contenus dans un spécimen et les comparer avec le style de vie d'organismes semblables modernes, peut aider à définir le type d'environnement d'origine.

Classification Détritique	Fossiles Invertébrés, plantes	Forme du grain Angulaire

Groupe Sédimentaire	Origine Marine, eau douce	Taille du grain Fin

MUDSTONE CALCAREUX

Composé de particules calcaires, d'argile, d'un peu de quartz et de fragments détritiques. Les fossiles ne sont pas rares. Couleur pâle.

• **TEXTURE** Finement grenue. Particules non visibles à l'œil nu. La plupart des grains sont de taille identique mais la recristallisation peut les déformer. La roche se brise d'une façon distincte avec une fracture subconchoïdale légèrement courbée. Suite à la présence de calcite, entre en effervescence au contact de l'acide chlorhydrique froid.

• **ORIGINE** Se forme dans des conditions marines et peut être le résultat de l'accumulation d'organismes microscopiques. Son environnement d'origine peut être précisé par une étude du contenu en fossiles. Par exemple, les coraux indiquent un environnement marin.

Classification Calcaire	Fossiles Invertébrés, plantes	Forme du grain Angulaire

Groupe Sédimentaire	Origine Marine, eau douce, terre ferme	Taille du grain Fin

ARGILE

Roche composée de très petits grains de quartz, de mica et de feldspath aussi bien que des minéraux argileux desquels elle tire son nom. Les fossiles sont communément trouvés dans les argiles et sont une bonne aide à l'identification.

• **TEXTURE** Le grain est si fin que les minéraux individuels ne peuvent être vus, même avec une loupe. Humide, l'argile devient collante à cause d'un fin film d'eau cimentant les grains individuels.

• **ORIGINE** Se forme dans divers environnements. Elle peut se trouver dans des conditions marines profondes, dans les lacs et aussi sur terre. Les argiles glaciaires se développent suite à la pulvérisation des roches par l'action de la glace. Les minéraux argileux peuvent être formés par la décomposition de certains minéraux silicatés, tels les feldspaths. Les fossiles sont souvent bien préservés à cause de la finesse des grains.

Classification Détritique	Fossiles Invertébrés, vertébrés, plantes	Forme du grain Angulaire

Groupe Sédimentaire	Origine Marine, eau douce	Taille du grain Fin

MAËRL ROUGE

Contient beaucoup de matériaux détritiques. De composition similaire à l'argile. Pourcentage en calcite élevé. Couleur rouge due à l'oxyde de fer. Le quartz, le feldspath et le mica sont présents en plus des minéraux argileux.

• **TEXTURE** Finement grenue. Les grains, souvent de la même taille, peuvent être cimentés par la calcite. Microscope nécessaire pour un examen détaillé.

• **ORIGINE** Se forme dans divers environnements, particulièrement marins. Parfois en association avec des dépôts évaporitiques formés dans les bassins salins. Dans ce cas, strates possibles avec le gypse et l'halite.

Classification Détritique	Fossiles Invertébrés, vertébrés, plantes	Forme du grain Angulaire

Groupe Sédimentaire	Origine Marine, eau douce	Taille du grain Fin

MAËRL VERT

Contient du quartz détritique, du mica et du feldspath, mais aussi beaucoup d'argile. Coloration verdâtre due aux minéraux (glauconite, chlorite). Ce maërl a également un contenu élevé en calcite.

• **TEXTURE** Finement grenue. Particules individuelles visibles seulement au microscope. La calcite entraîne l'effervescence de la roche au contact de l'acide chlorhydrique dilué froid.

• **ORIGINE** Se forme dans des conditions marines et d'eau douce. Lorsque la glauconite est présente, cela indique que la roche aurait été formée dans un environnement marin. La glauconite contient aussi du potassium radioactif.

Classification Détritique	Fossiles Invertébrés, vertébrés, plantes	Forme du grain Angulaire

Groupe Sédimentaire	Origine Marine, lacs salés	Taille du grain Cristallin

SEL GEMME

L'halite le compose. Peut être coloré par des impuretés. Par exemple, le sel deviendra brun rougeâtre lorsque des oxydes de fer sont présents, l'argile et la matière détritique l'assombriront. Normalement blanc à incolore.

• **TEXTURE** Cristalline. Peut se présenter en couches disposées entre les plans de stratification. Sous pression, elles s'écoulent, formant des dômes et des culots qui s'injectent dans les autres strates.

• **ORIGINE** Se forme depuis les eaux salées, dans une séquence qui inclut d'autres minéraux (évaporites comme les dolomites et le gypse).

Classification Chimique	Fossiles Aucun	Forme du grain Cristallin

Groupe Sédimentaire	Origine Marine, lacs salés	Taille du grain Cristallin

GYPSE (ROCHE)

Même composition que le minéral gypse — sulphate hydraté de calcium.

• **TEXTURE** Roche cristalline. Son faciès fibreux est souvent visible dans les couches exposées. Couleur pâle se retrouvant en bandes dans certaines strates comme le maërl. Associé avec des minéraux comme l'halite, la sylvite. Roche tendre ; se raye avec l'ongle.

• **ORIGINE** Se forme dans une séquence qui inclut les évaporites telles que les roches dolomitiques et le maërl, provenant des eaux salées.

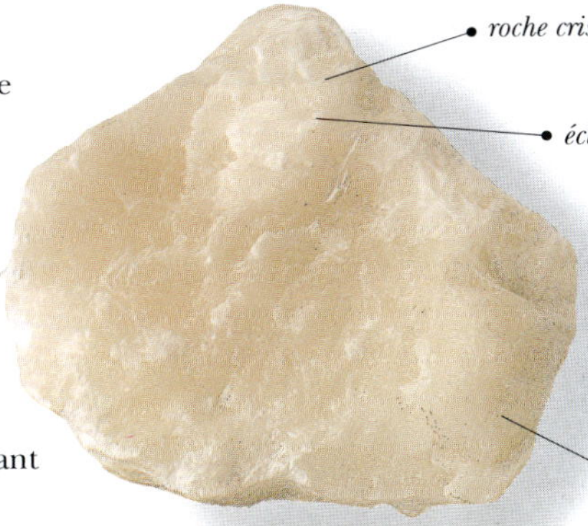

Classification Chimique	Fossiles Aucun	Forme du grain Cristallin

Groupe Sédimentaire	Origine Marine, lacs salés	Taille du grain Cristallin

SYLVINE (ROCHE POTASSIQUE)

Composée principalement de sylvine et d'halite. Contient de la sylvine cristalline pâle lorsqu'elle est pure, de la sylvine rouge orange quand elle est teintée par de l'oxyde de fer.

• **TEXTURE** Cristalline. Se retrouve dans des strates qui peuvent contenir de l'halite, du gypse et de la dolomite.

• **ORIGINE** Déposée depuis les eaux salées, cette roche se forme dans une séquence qui inclut d'autres roches — évaporites comme la dolomite, le maërl et le mudstone.

Classification Chimique	Fossiles Aucun	Forme du grain Cristallin

Groupe Sédimentaire	Origine Marine	Taille du grain Grossier

Calcaire pisolithique

Particules plus grandes que celles de l'oolithe, de la taille d'un petit pois et arrondies ou aplaties. Pisolithes formés de calcite précipitée autour d'un nucléus (grain de sable ou fragment de coquille). Ciment : la calcite.

• **Texture** Grossièrement grenue. Pisolithes pratiquement tous de même taille, souvent aplatis à l'inverse des oolithes sphériques. Les fossiles, communs, comprennent de nombreux invertébrés.

• **Origine** Se forme dans des zones marines peu profondes, comme les oolithes. Ces environnements favorisent la précipitation de calcite suite à l'agitation constante de l'eau de mer. Ces conditions furent souvent réunies dans le passé, en particulier durant le Mésozoïque.

Classification Chimique	Fossiles Invertébrés	Forme du grain Arrondi

Groupe Sédimentaire	Origine Marine	Taille du grain Moyen

Calcaire oolithique

Contient beaucoup de carbonate de calcium, mais aussi une petite quantité de quartz et d'autres minéraux détritiques. Fossiles très communs : ammonites, bivalves, brachiopodes, coraux…

• **Texture** Grains arrondis de taille moyenne composés de couches concentriques de calcite et maintenus par un ciment de calcite. Les oolithes arrondis sont faciles à voir à l'œil nu sur la gangue typiquement de couleur pâle.

• **Origine** Zones marines peu profondes, en eaux chaudes tropicales. L'action constante des marées, des courants et des vagues favorise la précipitation concentrique de la calcite.

Classification Chimique	Fossiles Invertébrés	Forme du grain Arrondi

Groupe Sédimentaire	Origine Marine	Taille du grain Fin

Craie

Calcaire très pur, formé de calcite et contenant peu de vase ou de boue. Principalement constituée du test de micro-organismes comme les coccolithes et les foraminifères, donc non observable sans microscope. Nombreux macrofossiles visibles à l'œil nu (ammonites, bivalves, brachiopodes, échinodermes). Peut contenir des matériaux détritiques, principalement du quartz ainsi que d'autres fragments de minéraux.

• **Texture** Tendre et pulvérulente très finement grenue. Entre fortement en effervescence au contact de l'acide chlorhydrique froid et dilué.

• **Origine** Formée dans des conditions marines durant le Crétacé. Les plateaux continentaux où la craie s'était déposée se situaient alors nettement plus profondément qu'aujourd'hui. La faible quantité de matériel détritique suggère que les zones continentales environnantes étaient de faible altitude et arides.

Classification Organique	Fossiles Invertébrés, vertébrés	Forme du grain Arrondi, angulaire

Groupe Sédimentaire	Origine Marine	Taille du grain Fin

Craie rouge

Calcaire finement grenu. Doit sa couleur à un composant détritique d'oxyde de fer (hématite). Peut aussi contenir des galets de quartz épars. Beaucoup des grains minuscules sont des microfossiles comme les coccolithes. Nombreux macrofossiles (bélemnites, ammonites, bivalves, échinodermes).

• **Texture** Grains petits. Particules individuelles minuscules, visibles seulement au microscope.

• **Origine** Se forme sans doute par sédimentation marine lente. L'agent colorant rouge, l'hématite, pourrait dériver de la surface d'un sol quasi latéritique. L'étude des fossiles de la craie rouge éclairera les conditions de sédimentation.

Classification Organique	Fossiles Invertébrés	Forme du grain Arrondi

Groupe Sédimentaire	Origine Marine	Taille du grain Grossier

CALCAIRE À CRINOÏDES

Essentiellement formée de calcite en cristaux fins ou plus grands pouvant dériver de squelettes animaux comme les crinoïdes. Les ossicules des tiges de crinoïdes sont des composés manifestes de cette roche.

• **TEXTURE** Les grands fragments sont les tiges brisées des crinoïdes. Il peut s'agir de pièces longues et cylindriques ainsi que d'ossicules arrondis isolés. Ils sont liés par une matrice de calcite massive.

• **ORIGINE** Formé dans des conditions marines. Doit son nom aux crinoïdes, espèces marines apparentées aux étoiles de mer et aux oursins. La présence des crinoïdes dans le calcaire à coraux suggère un habitat marin peu profond. D'autres fossiles communs se retrouvent dans ce calcaire : brachiopodes, mollusques, coraux.

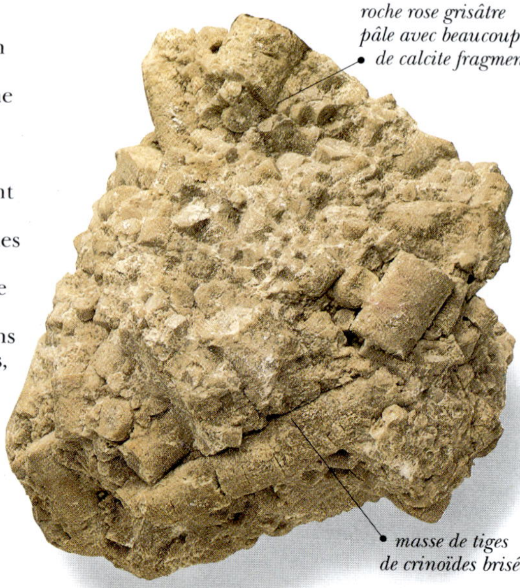

Classification Organique	Fossiles Invertébrés	Forme du grain Angulaire, arrondi

Groupe Sédimentaire	Origine Marine	Taille du grain Fin

CALCAIRE À CORAUX

Presque entièrement formé de débris calcaires de coraux fossiles. Les structures individuelles maintenues dans une matrice de boue riche en chaux sont appelées corallites. Cette boue, devenue calcaire, contient une proportion élevée de calcite ainsi que de petites quantités de matériau détritique comme l'argile et le quartz.

• **TEXTURE** Déterminée par le type de corail préservé dans la roche. Matrice finement grenue.

• **ORIGINE** Se forme dans un environnement marin que l'étude des coraux permet de préciser. La plupart des calcaires à coraux se forment sur le plateau continental. Riches en corail, ils peuvent contenir d'autres invertébrés d'eau marine peu profonde : brachiopodes, céphalopodes, gastéropodes, bryozoaires.

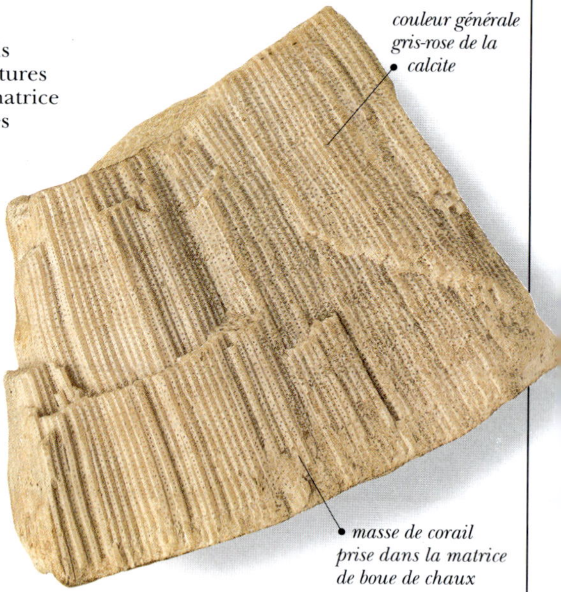

Classification Organique	Fossiles Invertébrés	Forme du grain Angulaire

Groupe Sédimentaire	Origine Marine, eau douce	Taille du grain Moyen, fin

CALCAIRE COQUILLIER

Nom général des roches calcareuses contenant une proportion élevée de coquilles fossiles, notamment une grande variété de coquilles de brachiopodes et de bivalves. Matrice généralement formée par la calcite. Toute coloration brunâtre peut être due à des minéraux détritiques et des oxydes de fer.

• **TEXTURE** Matrice moyennement ou finement grenue avec des fragments angulaires.

• **ORIGINE** Essentiellement marine, mais peuvent exceptionnellement se former dans des environnements dulçaquicoles. Comme pour beaucoup de roches riches en fossiles, ceux-ci permettent souvent de découvrir l'environnement précis dans lequel un spécimen s'est formé.

Classification Organique	Fossiles Invertébrés	Forme du grain Angulaire

Groupe Sédimentaire	Origine Marine	Taille du grain Fin

CALCAIRE À BRYOZOAIRES

Pourcentage de calcite très élevé. Contient également une très faible quantité de matériau détritique (quartz, argile) pouvant donner à la roche une couleur plus foncée que le gris pâle des calcaires plus purs. Il s'agit essentiellement d'une boue de chaux caractérisée par les structures en réseau des bryozoaires fossiles.

• **TEXTURE** Matrice de boue de chaux finement grenue et de texture régulière.

• **ORIGINE** Se forme dans des conditions marines, souvent dans des dépôts récifaux calcareux où des bryozoaires tels que *Fenestella* contribuent à lier les monticules de sédiment récifal. Ces calcaires sont également riches en mollusques, brachiopodes et autres invertébrés marins.

Classification Organique	Fossiles Invertébrés	Forme du grain Angulaire

Groupe Sédimentaire	Origine Eau douce	Taille du grain Moyen, fin

CALCAIRE LACUSTRE

Moins commun que le calcaire marin, il se distingue par la nature des fossiles contenus liés à des environnements dulçaquicoles. Comme les autres calcaires, il contient une proportion élevée de carbonate de calcium et peut aussi contenir du quartz et de l'argile détritiques.

• **TEXTURE** Matrice calcareuse cristalline. Cette roche consiste essentiellement en une boue calcaire avec de nombreuses coquilles enroulées de gastéropodes. La meilleure manière de déterminer si un calcaire est dulçaquicole ou marin est d'identifier les fossiles. Le pourcentage élevé de calcite entraîne une effervescence de la roche au contact de l'acide chlorhydrique dilué à froid.

• **ORIGINE** Se forme dans les lacs d'eau douce riches en chaux ; inhabituel dans l'entregistrement stratigraphique.

Classification Organique	Fossiles Invertébrés, plantes	Forme du grain Angulaire

Groupe Sédimentaire	Origine Marine	Taille du grain Fin

CALCAIRE NUMMULITIQUE

Contient un pourcentage très élevé de carbonate de calcium, principalement sous la forme de coquilles circulaires entières et fragmentées de fossiles du type foraminifère appelés *nummulites*. Ils sont cimentés par la calcite. Comme dans d'autres calcaires biogéniques composés principalement d'un type de fossile, d'autres fossiles peuvent être observés. Peut aussi contenir du matériau détritique, généralement du quartz.

• **TEXTURE** Matrice finement grenue. Fossile entier mesurant jusqu'à 2 cm de diamètre et de longueur variable.

• **ORIGINE** Se forme dans des conditions marines et souvent de manière locale. Les pyramides égyptiennes sont précisément faites de ce calcaire.

Classification Organique	Fossiles Invertébrés	Forme du grain Cristallin

Groupe Sédimentaire	Origine Marine	Taille du grain Moyen, fin

DOLOMITE

Contient plus de 50 % de dolomite, minéral composé de carbonate de calcium et de magnésium dont elle tire son nom. Les roches de dolomite présentent plus souvent une couleur brun crémeux que les autres roches carbonatées. L'altération accroît cette coloration. Ces roches contiennent généralement moins de fossiles que les calcaires, peut-être à cause de la recristallisation se produisant lors de leur formation.

• **TEXTURE** Régulière avec beaucoup de matériau cristallin qui maintient les fossiles et les grains détritiques ensemble.

• **ORIGINE** Se forme dans des environnements marins et peut résulter de l'altération de calcaires après la sédimentation initiale.

Classification Chimique	Fossiles Invertébrés	Forme du grain Cristallin

Groupe Sédimentaire	Origine Continentale	Taille du grain Fin

TUF CALCAIRE

Composé de carbonate de calcium, généralement de couleur pâle. Il devient rouge ou jaunâtre lorsqu'il est taché par du fer ou d'autres impuretés. Calcrète est le nom de la variété riche en galets. Il s'agit d'un dépôt poreux et généralement non stratifié. Le travertin est une forme, qui se présente en couches.

• **TEXTURE** Matériau cristallin pouvant contenir des galets et des grains de sédiment.

• **ORIGINE** Se forme lorsque du carbonate de calcium précipite dans des eaux riches en calcium, sur les falaises, dans les grottes et sur les parois des carrières, en particulier dans les régions calcaires. Des plantes et des mousses sont souvent recouvertes par du tuf et ainsi préservées en fossiles encroûtants et riches en calcium. Ce phénomène, très rapide, peut se produire en quelques mois.

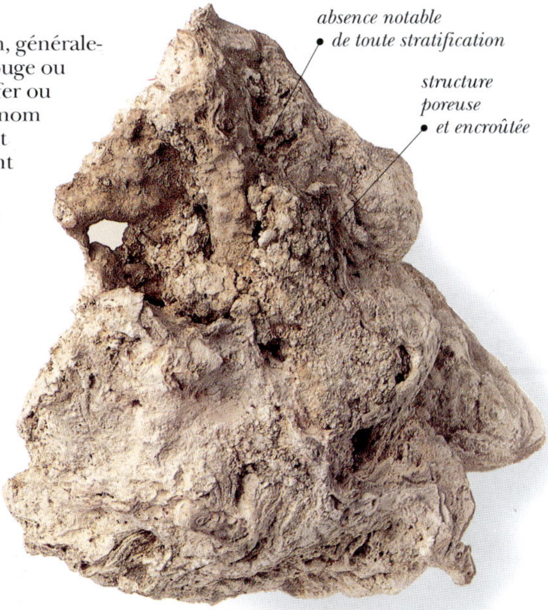

Classification Chimique	Fossiles Plantes, invertébrés	Forme du grain Cristallin

Groupe Sédimentaire	Origine Continentale	Taille du grain Cristallin

TRAVERTIN

Composé de carbonate de calcium pratiquement pur, il peut aussi contenir un peu de matériau détritique comme le quartz et l'argile. Les fossiles sont virtuellement absents. Roche très pâle, sauf lorsqu'elle contient du fer ou d'autres impuretés qui la colorent. Certains dépôts présentent des structures concentriques, arrondies et botryoïdales (en grappe de raisin).

• **TEXTURE** Formée de petits cristaux de calcite liant d'autres particules sédimentaires entre elles. Dans de nombreux cas, le travertin est stratifié et la roche structurée en couches.

• **ORIGINE** Se forme par précipitation de calcite à partir d'eau courante, souvent près des sources ou sous la surface comme dans les grottes calcaires où l'eau est abondante et riche en calcium.

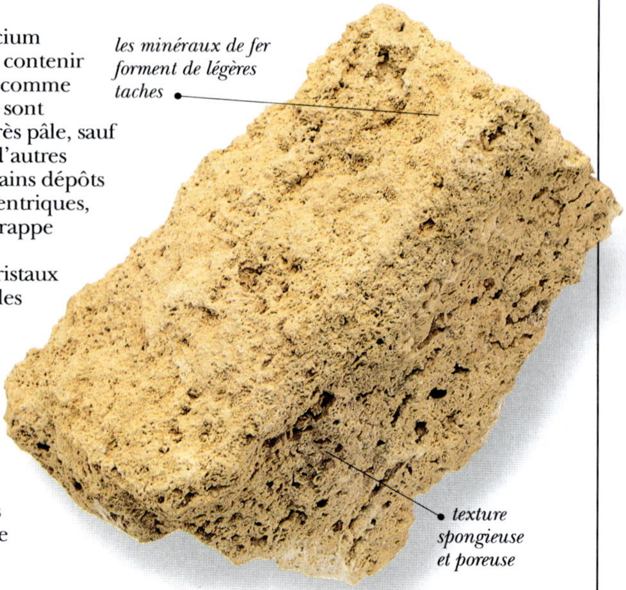

Classification Chimique	Fossiles Rares	Forme du grain Cristallin

Groupe Sédimentaire	Origine Continentale	Taille du grain Cristallin

STALACTITE

Structure sédimentaire de carbonate de calcium parfois tachée d'impuretés comme l'oxyde de fer.

• **TEXTURE** Se présente sous la forme de pendant qui descend du plafond des grottes, en particulier dans les régions calcaires. Tandis que les stalactites sont longues et effilées, les structures correspondantes s'élevant à partir du sol des grottes — les stalagmites — sont trapues et plus courtes. Les deux peuvent se rejoindre pour former des colonnes de calcite.

• **ORIGINE** Se forment par précipitation inorganique de carbonate de calcium à partir d'eau suintant dans les voûtes des grottes. La chaux se dépose par libération du dioxyde de carbone au contact de l'air, l'évaporation de l'eau accélérant le processus. L'eau riche en chaux s'écoulant goutte à goutte d'une stalactite entraîne la formation d'une stalagmite.

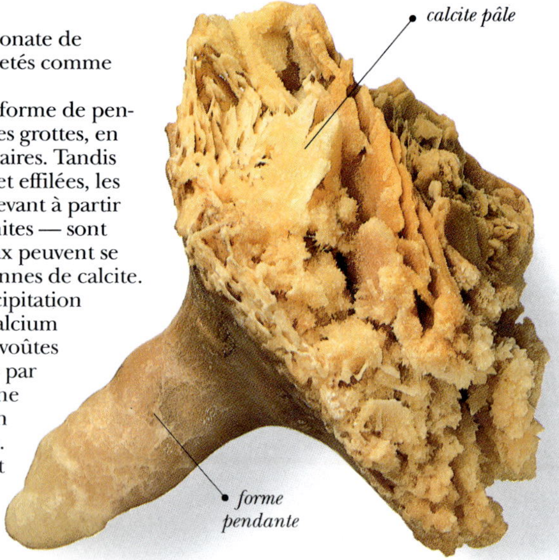

Classification Chimique	Fossiles Aucun	Forme du grain Cristallin

Groupe Sédimentaire	Origine Continentale	Taille du grain Moyen, fin

MINERAI DE FER RUBANÉ

Roches présentant une alternance de couches de matériau riche en fer, le principal étant l'hématite, et de silex, un matériau siliceux dur. Ceci produit une belle zonation sombre et rouge. La magnétite, la pyrite et la sidérite s'observent également dans les bandes riches en fer.

• **TEXTURE** Moyennement à finement grenues, ces roches ont subi une recristallisation poussée.

• **ORIGINE** Formées au Précambrien, il y a 2 000 à 3 000 millions d'années. Qu'elles se soient déposées ou non par précipitation dans des lacs ou des bassins fermés est matière à interprétation. Elles se présentent néanmoins dans de nombreux environnements sédimentaires, des situations intertidales peu profondes aux zones profondes. Dans certains endroits, on a trouvé des traces de formation dans des marécages et des vasières imbibées d'eau et certains géologues suggèrent un rôle important de l'activité organique dans la précipitation de l'association carbonate-sulfure. L'intervention éventuelle d'un phénomène organique est d'un intérêt considérable car, à l'époque de la formation, seuls des organismes très primitifs existaient.

Classification Chimique	Fossiles Aucun	Forme du grain Cristallin

Groupe Sédimentaire	Origine Marine	Taille du grain Moyen

MINERAI DE FER OOLITHIQUE

Contient des oxydes, des silicates et des carbonates de fer, ainsi que du quartz, du feldspath et d'autres minéraux détritiques. La roche peut avoir été d'abord riche en chaux, le remplacement convertissant ensuite la chaux en minéraux de fer. Dans de nombreuses roches de ce type, on trouve beaucoup de calcite. Les oolithes sont petits et arrondis.

• **TEXTURE** Les grains détritiques peuvent être angulaires. La calcite est un ciment commun entre les oolithes.

• **ORIGINE** Se forme dans les environnements marins ; la roche peut se modifier peu de temps après avoir été sédimentée ou peut déjà être riche en fer lors de la sédimentation.

Classification Chimique	Fossiles Invertébrés	Forme du grain Arrondi, angulaire

Groupe Sédimentaire	Origine Continentale	Taille du grain Moyen, fin

Houille

L'effet de la pression sur la lignite mène à la formation de houille ou « charbon domestique ». Dure, cassante et riche en carbone, elle présente des couches alternantes ternes et brillantes et peut contenir des éléments végétaux reconnaissables. Elle salit les doigts.

• **Texture** Régulière, avec une apparence de matériel fondu. De par sa structure, deux ensembles de joints à angles droits, elle se brise avec des fractures cubiques.

• **Origine** Se forme par accumulation de tourbe et modifications ultérieures suite à la pression et à la chaleur d'enfouissement, l'eau étant éliminée.

Classification Organique	Fossiles Plantes	Forme du grain Aucune

Groupe Sédimentaire	Origine Continentale	Taille du grain Moyen, fin

Anthracite

Se distingue par son contenu en charbon extrêmement élevé et associé à une proportion faible de matière volatile. Généralement non zoné.

• **Texture** Plus vitreuse et propre au toucher que la houille. S'enflamme à des températures nettement plus élevées que les autres charbons.

• **Origine** Se forme par accumulation de tourbe. On pense que l'accroissement de pression et plus particulièrement de chaleur a entraîné l'élimination des composés volatiles, formant ainsi un charbon de qualité supérieure.

Classification Organique	Fossiles Plantes	Forme du grain Aucune

Groupe Sédimentaire	Origine Continentale	Taille du grain Moyen, fin

Lignite

Charbon de couleur brune avec un contenu en carbone intermédiaire entre celui de la tourbe et de la houille. Contenant toujours une grande quantité de matériau végétal visible dans sa structure, elle est friable.

• **Texture** Moins compacte que les autres charbons. Contient beaucoup d'eau, de composés volatiles et d'impuretés.

• **Origine** Charbon de moindre qualité trouvé le plus souvent dans des strates tertiaires et mésozoïques où la matière végétale n'a pas été modifiée. Résulte aussi, occasionnellement, d'un enfouissement peu profond de tourbe.

Classification Organique	Fossiles Plantes	Forme du grain Aucune

Groupe Sédimentaire	Origine Continentale	Taille du grain Moyen, fin

TOURBE

Stade initial dans la transformation de matériau végétal en lignite et en houille. De couleur brun sombre à noire, elle contient environ 50 % de carbone ainsi que beaucoup de composants volatiles. Friable et facilement brisée dans la main.

• **TEXTURE** Nombreux fragments de plantes visibles, comprenant souvent de grandes racines. D'ordinaire humide, elle se casse inégalement quand elle est sèche. Il s'agit d'une roche tendre.

• **ORIGINE** Se forme par dépôt de débris de plantes sur le sol des forêts, des marais ou des landes. Les vastes dépôts de charbon utilisé actuellement comme combustible étaient, à l'origine, de la tourbe de forêt. Les tourbes qui s'accumulent aujourd'hui sont composées de mousses, de joncs et de roseaux. Par altération et reconstruction, les couches de base se compactent, s'assombrissent et se durcissent tandis que leur contenu en carbone augmente.

Classification Organique	Fossiles Plantes, invertébrés	Forme du grain Aucune

Groupe Sédimentaire	Origine Marine	Taille du grain Moyen, fin

JAIS

Classé dans les charbons pour son contenu élevé en carbone. Substance compacte trouvée dans les schistes bitumeux et laissant une trace brune. La fracture est conchoïdale et il est suffisamment dur pour bien se polir. Se forme rarement en gisements géographiquement étendus.

• **TEXTURE** Montre des structures de tissu de bois. Son éclat vitreux a été exploité pour en faire des ornements et des bijoux.

• **ORIGINE** Sa formation est discutée. On pense généralement qu'il s'est développé dans des strates marines à partir de souches et d'autres matériaux végétaux flottants qui, imbibés, ont coulé dans les boues marines. On le trouve dans des roches d'origine marine, au contraire des autres variétés de charbon se formant à partir de plantes accumulées à la surface de la terre.

Classification Organique	Fossiles Plantes	Forme du grain Aucune

Groupe Sédimentaire	Origine Marine	Taille du grain Fin

CHERT

Matériau sédimentaire riche en silice trouvé dans les calcaires et parmi les laves. De couleur pâle à foncée, il est généralement gris.

• **TEXTURE** Structure cryptocristalline médiocrement formée. Ses composants ne peuvent être vus qu'au microscope. Se brise avec une fracture inégale à subconchoïdale. Cette roche dure ne peut être rayée par le couteau.

• **ORIGINE** Se forme par accumulation de silice, peut-être sous forme colloïdale, sur le fond des mers. La silice peut venir de sources organiques telles que les spicules d'éponges.

Classification Chimique	Fossiles Invertébrés, plantes	Forme du grain Cristallin

Groupe Sédimentaire	Origine Marine	Taille du grain Fin

SILEX

Composé de silice, ce chert diffère des autres par sa couleur souvent noire. Sa fracture, conchoïdale, forme des fragments en lame de rasoir qui furent exploités comme outils tranchants par les hommes primitifs.

• **TEXTURE** Structure cryptocristalline à observer au microscope. Ce silex est dur avec un éclat vitreux.

• **ORIGINE** Se présente en bandes et en masses nodulaires dans les calcaires fins, en particulier dans la craie. Contient fréquemment des fossiles, dont des mollusques et des échinodermes.

Classification Chimique	Fossiles Invertébrés	Forme du grain Cristallin

Groupe Sédimentaire	Origine Marine	Taille du grain Cristallin

AMBRE

Cette résine de conifères, durcifiée et solidifiée, est tendre et présente un éclat résineux ou subvitreux. Varie de transparente à translucide. Des insectes et de petits vertébrés englués dans la résine d'origine sont parfois trouvés fossilisés dans l'ambre. Roche utilisée en bijouterie.

• **TEXTURE** Fracture conchoïdale. Structure presque cristalline.

• **ORIGINE** Se forme à partir de résine de conifères et s'accumule en dépôts sédimentaires.

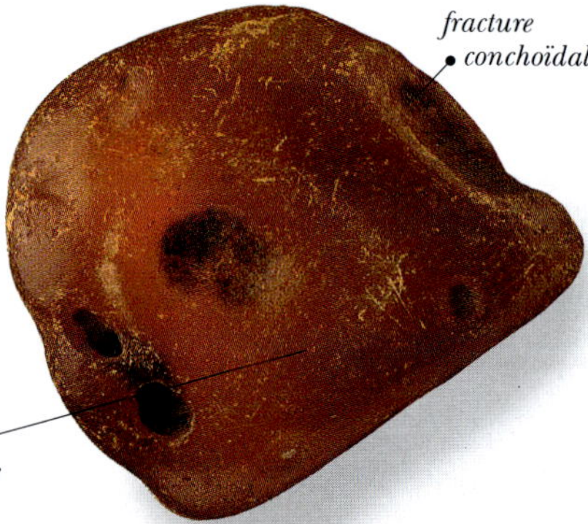

Classification Organique	Fossiles Vertébrés, invertébrés	Forme du grain Aucune

Groupe Sédimentaire	Origine Après dépôt	Taille du grain Cristallin

CONCRÉTION SEPTÉE

Larges masses nodulaires et arrondies de roche contenant divers minéraux, la calcite étant probablement le plus commun. Les concrétions contiennent du matériau de la strate environnante et des fissures comblées de calcite cristalline.

• **TEXTURE** La structure est celle de fissures radiaires et concentriques dans une rude coque externe. Lorsqu'on l'ouvre, cette structure veinée interne apparaît.

• **ORIGINE** Peut se former par ségrégation des minéraux lors de la diagenèse, processus qui transforme un matériau tendre de type boue en roche, et de leur concentration autour d'un noyau. Il peut s'agir d'un grain de sédiment ou même d'un fossile. Après formation de la concrétion, les fissures dites *septa* peuvent se développer durant la contraction.

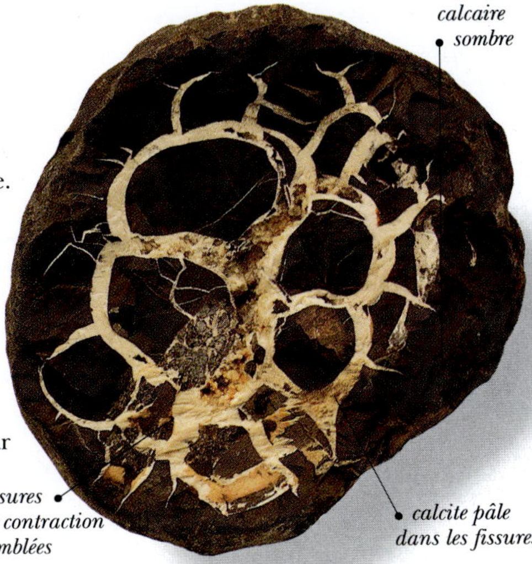

Classification Chimique	Fossiles Invertébrés	Forme du grain Cristallin

Groupe Sédimentaire	Origine Après dépôt	Taille du grain Cristallin

NODULE DE PYRITE

Composé de pyrite, sulfure de fer dur et de couleur doré-argenté. Altéré, devient noir ou jaune brunâtre. Surface externe généralement gris verdâtre ou brunâtre. Ces nodules sont communs dans des roches telles que le schiste argileux et l'argile.

• **TEXTURE** La structure interne de ces nodules arrondis est une masse radiaire de cristaux aciculaires développés à partir d'un point central. Ces nodules, de formes très variées (tubulaire, ovoïde…), peuvent même prendre une allure presque organique.

• **ORIGINE** Se forme communément dans les schistes argileux, les argiles et d'autres roches pélitiques, elles-mêmes riches en pyrite. La craie est une autre roche dans laquelle ils se forment. Leur genèse n'est pas entièrement comprise mais une précipitation autour d'un nucleus central paraît être une explication possible.

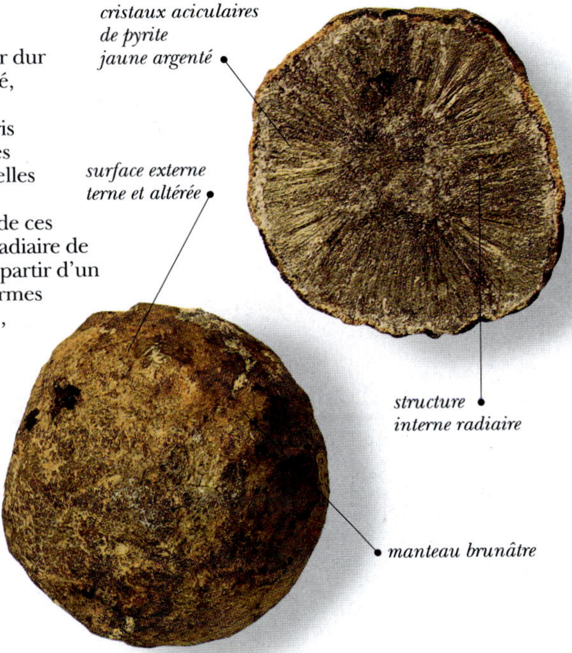

Classification Chimique	Fossiles Rares	Forme du grain Cristallin

Groupe	Origine	Taille du grain / Cristallisation
Météorite	Extraterrestre	Cristallin

Météorites métalliques

Météorites composées de 50 % de métal et de 50 % de silicate. Le métal est le ferronickel, les silicates sont des minéraux observés dans beaucoup de roches terrestres dont l'olivine, le pyroxène et le plagioclase.

• **Texture** Semblables à des roches avec une surface à composants divers dont des cristaux. Les minéraux silicatés, comme l'olivine, peuvent être ôtés par altération, donnant à la surface un aspect piqué.

• **Origine** Météorites rares ne représentant que 4 % des météorites connues, elles aident les géologues à comprendre comment des éléments se combinent avec le fer ou la silice par fonte et regel. Elles donnent une idée des planètes à noyau riche en fer et à cortex silicaté.

Classification	Forme	Composition
Minerai de fer	Angulaire, arrondie	Métal, silicate

Groupe	Origine	Taille du grain / Cristallisation
Météorite	Terrestre ?	Cristallin

Tectites

Vitreuses et riches en silice, on pensa que ces roches étaient des météorites. Néanmoins, leur distribution sur Terre et leur composition ont aujourd'hui conduit les scientifiques à suggérer une origine terrestre. Leur composition est proche de celle de roches volcaniques, avec un contenu en silice élevé et beaucoup d'oxydes de potassium, de calcium et d'aluminium.

• **Texture** De petite taille, de 200 à 300 g, en disque ou ovoïde. Surface lisse ou rugueuse.

• **Origine** Matière à polémique, les tectites pourraient résulter de la fonte de roches terrestres sous l'impact d'une météorite ou de la fonte d'une météorite lors du passage dans l'atmosphère. Il est improbable qu'ils aient été éjectés par un énorme volcan de la Lune, comme ce fut suggéré.

Classification	Forme	Composition
Tectite	Arrondie	Silicate

Groupe Météorite	Origine Extraterrestre	Taille du grain / Cristallisation Cristallin

CHONDRITES

Représentent le plus vaste groupe de météorites classées comme pierres. Contiennent des silicates, surtout du pyroxène et de l'olivine, et de petites quantités de plagioclase et de ferronickel.

• **TEXTURE** Structure en chondrules — petits grains sphériques. Forme générale variable mais souvent arrondie ou en dôme. Les spécimens angulaires se sont fragmentés sous l'impact.

• **ORIGINE** Incertaine. Leur composition semble être celle du manteau de corps formant les planètes, les planétésimaux. Ils donnent les dates radiométriques mesurées les plus anciennes — 4 600 millions d'années — soit la date probable de formation du système solaire.

Classification Chondrite	Forme Arrondie	Composition Silicate, métal

Groupe Météorite	Origine Extraterrestre	Taille du grain / Cristallisation Cristallin

ACHONDRITES

Composition similaire aux chondrites, bien que plus variable, mais structure différente. Contiennent, comme les roches terrestres, une proportion élevée de silicate, beaucoup de pyroxène et d'olivine, ainsi que de petites quantités de plagioclase.

• **TEXTURE** Plus grossièrement grenues que les chondrites ; absence de chondrules.

• **ORIGINE** Ressemblant aux roches du manteau et de la croûte basaltique de la Terre, elles peuvent être volcaniques. Elles peuvent aussi venir des planétésimaux (corps formant les planètes).

Classification Achondrite	Forme Angulaire	Composition Silicate

GLOSSAIRE

LES TERMES TECHNIQUES ont été évités autant que possible, mais leur emploi est indispensable dans ce type de manuel. Les termes ci-dessous, pour beaucoup particuliers à des minéraux ou à des roches, sont définis de manière concise. Certaines définitions sont simplifiées et généralisées ; les exemples ont été évités. De nombreux mots clefs sont également expliqués et illustrés en couleurs dans l'introduction de cet ouvrage.

• **ACICULAIRE**
Faciès minéral en aiguilles.
• **ADAMANTIN (ÉCLAT)**
Éclat particulièrement brillant similaire à celui du diamant.
• **AMPHIBOLES**
Groupe de silicates ferromagnésiens, constituants importants des roches magmatiques.
• **AMYGDALE**
Remplissage secondaire d'une vésicule dans une roche magmatique par des minéraux tels que le quartz, la calcite et le groupe des zéolites.
• **ANÉDRIQUE**
Cristal médiocrement formé.
• **APLATI (FACIÈS)**
Faciès minéral avec de fins cristaux aplatis.
• **ARÉNACE**
Roche sédimentaire riche en sable.
• **AURÉOLE**
Zone altérée par métamorphisme de contact autour d'une intrusion magmatique ou sous flux de lave.
• **BATHOLITHE**
Très large intrusion discordante de roche magmatique, profondément dans la croûte terrestre et généralement étendue sur de nombreux kilomètres.
• **BON CLASSEMENT**
Lorsque, dans une roche sédimentaire, tous les grains ont la même taille.
• **CEINTURE OROGÉNIQUE**
Région de la croûte terrestre active ou anciennement active où se forment les montagnes.
• **CHEMINÉE VOLCANIQUE**
Fissure par laquelle s'échappe la lave.
• **CLIVAGE**
Manière dont certains minéraux se brisent le long de plans liés à leur structure atomique.
• **CLIVAGE ARDOISIER**
Structure de certaines roches issues du métamorphisme général permettant leur délitement en feuillets.
• **CLIVAGE BASAL**
Clivage parallèle au plan basal du cristal, par exemple dans le mica.
• **CONCORDANT**
Suivant des structures rocheuses existantes.
• **CONCHOÏDALE (FRACTURE)**
Fracture arrondie ou en forme de coquille dans des minéraux et des roches.
• **CONCRÉTION**
Morceau de roche généralement arrondi, souvent sous forme d'une masse discrète de quelques centimètres de diamètre, dans une couche de schiste argileux ou d'argile.
• **CRISTAUX EN TRÉMIE**
Cristaux creusés comme les faces « en escaliers » de cristaux de halite.
• **CRISTAUX MACLÉS**
Cristaux croissant ensemble, avec une surface cristallographique commune.
• **CRYPTOCRISTALLIN**
Cristaux très petits visibles à fort grossissement.
• **DATATION RADIOMÉTRIQUE**
Diverses méthodes donnant l'âge absolu des minéraux et des roches par étude de la dégradation des éléments radioactifs.
• **DENDRITIQUE (FACIÈS)**
De forme arborescente.
• **DÉTRITIQUE**
Groupe de roches sédimentaires formées de fragments et de grains de roches préexistantes.
• **DISCORDANT**
Coupant à travers des structures rocheuses existantes.
• **DÔME DE SEL**
Large masse intrusive de sel.
• **DYKE**
Intrusion magmatique discordante en couche.
• **EAU MÉTÉORIQUE**
Eau de l'atmosphère.
• **ÉBOULIS**
Masse de fragments de roche non consolidée s'accumulant souvent sous une paroi rocheuse et résultant de l'altération de cette falaise.
• **ÉCLAT**
Manière dont un minéral réfléchit la lumière.
• **ÉOLIEN**
Lié au vent. Certains traits des roches sédimentaires, comme les couches d'une dune, sont des structures éoliennes.
• **EUÉDRIQUE**
Cristal bien formé.
• **ÉVAPORITE**
Minéral ou roche formé par assèchement d'eau salée.
• **FARINE DE ROCHE**
Poussière de roche très finement grenue résultant souvent d'une activité glaciaire.
• **FELDSPATHS**
Important groupe d'alumino-silicates.
• **FERROMAGNÉSIEN**
Minéral riche en fer et en magnésium. Il s'agit de silicates denses, sombres, comme les olivines, pyroxènes et amphiboles.
• **FILON**
Couche de matériau minéral généralement discordant.
• **FILON-COUCHE**
Intrusion magmatique en couches concordantes.
• **FILONS HYDROTHERMAUX**
Fractures dans les roches où circulent des fluides à haute température déposant des minéraux. Souvent riches en minerais et minéraux précieux.
• **FOLIE**
Orientation parallèle de minéraux en paillettes.
• **FOSSILE**
Toute trace de vie passée préservée dans les roches cristal-

lines : os, coquilles, traces de pas, excréments, galeries…

• **GANGUE**
Aussi appelée matrice. Masse de roche enchâssant de plus grands cristaux.

• **GRANULAIRE**
Présentant des grains ou en grains.

• **HÉMIMORPHIQUE**
Cristaux présentant des extrémités de formes différentes.

• **HYPABYSSALE**
À une profondeur assez faible dans la croûte terrestre.

• **INCLUSION**
Matériau différent de l'hôte le contenant. S'applique aux minéraux et aux roches.

• **LACCOLITHE**
Masse de roche intrusive au sommet en dôme ; base souvent aplatie.

• **LAMELLAIRE**
En fines échelles, plateaux ou paillettes.

• **LAMELLE (FACIÈS EN)**
Cristaux en forme de lame.

• **LAVES EN COUSSINS**
Masses de laves formées au fond des océans, arrondies comme des oreillers.

• **MAGMA**
Roche fondue qui peut se solidifier en profondeur ou émerger en lave.

• **MASSIF (FACIÈS)**
Faciès minéral sans forme définie.

• **MATRICE**
Voir Gangue.

• **MÉTALLIQUE (ÉCLAT)**
Semblable au métal frais.

• **MÉTASOMATIQUE**
Processus de modification des minéraux par remplacement des atomes constitutifs par les fluides circulants.

• **MICROCRISTALLIN**
À petits cristaux seulement visibles au microscope.

• **MINÉRAL ACCESSOIRE**
Tout minéral d'une roche non pris en compte dans sa composition chimique.

• **MINÉRAL ESSENTIEL**
Minéral déterminant dans la composition d'une roche magmatique. Le quartz est un minéral essentiel du granite.

• **MINÉRAL SECONDAIRE**
Tout minéral formé dans une roche après la formation de celle-ci.

• **MINÉRAUX ARGILEUX**
Groupe d'alumino-silicates communs dans les roches sédimentaires.

• **OOLITE**
Petit grain sédimentaire arrondi souvent en calcite, à structure en couche.

• **OSSICULE**
Fragment de tige de crinoïde, créature du groupe des Échinodermes.

• **PÉLITIQUE**
Sédiment de boue ou d'argile.

• **PHÉNOCRISTAL**
Grand cristal enchâssé dans la gangue d'une roche magmatique et lui donnant une structure porphyrique.

• **PISOLITE**
Grain sédimentaire à structure interne concentrique, de la taille d'un petit pois.

• **PLACER**
Minéraux se déposant souvent en conditions alluviales ou sur une plage à cause de leur poids spécifique élevé ou de leur résistance à l'altération.

• **PLAN DE FAILLE**
Type de faille (cassure dans les roches de la croûte) présentant un déplacement à angle faible, la roche ancienne étant poussée au-dessus de la roche plus jeune.

• **PLUTON**
Large masse de roche magmatique intrusive.

• **PORPHYRIQUE**
Texture de roche magmatique avec d'assez grands cristaux enchâssés dans la gangue.

• **PORPHYROBLASTIQUE**
Texture de roche métamorphique avec d'assez grands cristaux enchâssés dans la gangue comme le grenat dans le schiste.

• **PSEUDOMORPHE**
Minéral ayant la forme externe d'un autre minéral.

• **PYROCLASTE**
Fragment volcanique tel que la cendre ou la pierre ponce.

• **RECRISTALLISATION**
Formation de nouveau cristaux dans une roche sans fusion.

• **RÉSINEUX (ÉCLAT)**
Présentant le reflet de la résine.

• **RÉTICULE**
Présentant une structure en filet ou en réseau.

• **ROCHE ACIDE**
Roche magmatique contenant plus de 65 % de silice totale, plus de 10 % de quartz, beaucoup de feldspath et de mica.

• **ROCHE BASIQUE**
Roche magmatique contenant de 45 % à 55 % de silice totale, moins de 10 % de quartz, et riche en minéraux ferromagnésiens.

• **ROCHE INTERMÉDIAIRE**
Roche magmatique avec 65 % à 55 % de silice totale.

• **ROCHE LOCALE**
Roche entourant une intrusion magmatique ou sous un flux de lave.

• **ROCHE ULTRABASIQUE**
Roche magmatique avec moins de 45 % de silice totale.

• **RUGUEUX**
Fracture à surface grossière avec de petites protubérances comme sur la fonte de fer.

• **SCHILLÉRISATION**
Beau jeu de couleurs produit par de minuscules inclusions en bâtonnets, par exemple d'oxyde de fer.

• **SCHISTOSITE**
Structure ondulée produite par alignement des minéraux dans de nombreuses roches issues du métamorphisme général.

• **SCORIACE**
Lave ou autre matériau volcanique creusé de très nombreuses cavités.

• **STRATIFICATION**
Superposition de roches sédimentaires. Les couches ou strates sont séparées par des plans de stratification.

• **STRATIFICATION CLASSE**
Structure sédimentaire où les grains grossiers cèdent la place aux grains plus fins en s'élevant dans une couche.

• **TERNE (ÉCLAT)**
Non réfléchissant.

• **TERREUX (ÉCLAT)**
Sans reflets.

• **TEXTURE**
Taille, forme et relations entre les grains ou les cristaux d'une roche.

• **TEXTURE GRAPHIQUE**
Intercroissance de feldspath et de quartz dans certaines roches magmatiques.

• **TEXTURE VITREUSE**
Roche magmatique sans cristaux suite à la vitesse de refroidissement.

• **VÉSICULE**
Bulle de gaz dans la lave laissant un creux après solidification.

• **VITREUX (ÉCLAT)**
Reflet du verre.

• **ZÉOLITE**
Groupe de minéraux contenant de l'eau de cristallisation qui peut être éliminée par chauffage.

Index

D

E

F

G

H

I

J

K

L

M

CRÉDITS PHOTOGRAPHIQUES
Toutes les photographies sont de Harry Taylor sauf : C. Pellant 6 (h, d), 16 (b, g), 17 (b), 18 (b, g et d), 19 (h, d et b, g), 30 (b, g et d), 31 (b, g), 32 (b, g), 33 (h, d(3) et m), 34 (h, d), 35 (h, d et b, g), 37 (m, g), 38 (b, g), 39 (m, g et d) ; C. Keates (Natural History Museum) 17 (h, m et b), 24 (b, d), 25 (m, b, et b, d et g) ; C. M. Dixon/Photosources 26 (b, d et b, g).